논어의 형식미학

임태승 지음

목 차

머리말

제1장
교육의 형식: '三亦'句의 신화철학적 의미

    1. 상황과 의도

    2. 문헌고고학적 語義 분석

    3. '學習'의 신화철학적 이해

    4. '孔門'의 재구성

제2장
數의 형식: "吾日三省"의 '三'字 해석

    1. 숫자 형식의 기호학적 운용

    2. '三'字 해석의 갈래

    3. '三'字의 문헌고증학적 분석

    4. 孔門에서의 '三'의 의미와 성격

제3장

제도의 형식: '八佾'의 유가적 상징작용

1. 공자의 "八佾, 舞於庭" 비판
2. 舞佾說과 '八'의 奧秘
3. 규정의 案出, 위반의 의미
4. 樂舞言語와 상징작용
5. 力顯에서 聖顯으로

제4장

모양의 형식: "觚不觚, 觚哉, 觚哉."에 대한 심미적 분석

1. 형식의 준수
2. 觚: 내재 속성
3. 不觚: '名—형상' 패러다임
4. 觚哉觚哉: '名—역할' 패러다임
5. 의미 있는 형식

제5장

몸의 형식: 기호권력으로서의 聖의 표상

1. 기호형식과 권력
2. 텍스트: 『論語·鄕黨』

3. 텍스트의 이미지화: 『孔子聖蹟圖』

　　4. 이미지의 재생: 『聖賢像讚』

　　5. 이미지의 텍스트化: 시각이데올로기로서의 동작

　　6. 기호권력이자 문화자본으로서의 유가적 몸

제6장

인격의 형식: 君子와 小人의 이분법적 기능

　　1. 유가적 사회정책과 君子

　　2. 正面形象과 反面形象의 신화적 기원

　　3. 君子와 小人의 대비에 나타난 이분법적 가치

　　4. 새도매저키즘과 속죄양의 망탈리테

　　5. 談論 지배의 순환 고리

제7장

심미의 형식: 문인회화 양식의 미학적 의미와 기능

　　1. 양식의 미학

　　2. 형식에 대한 향수, 카시러

　　3. 형식에 대한 준수, 공자

　　4. 아이콘과 코드, 문인

머리말

형식미학 관점에 의한 내재적 접근

『論語』는 儒學에서 가장 중요한 텍스트이다. 『논어』는 유학의 표상이다. 그렇기에 유교문화권인 동아시아에서의 『논어』연구는 그 역사가 상당하다. 『논어』에 대한 이해는 유학 내지 동아시아의 역사에 대한 이해와 직결된다. 이러한 『논어』에 대한 이해에는 자고로 여러 가지 입장과 시각이 있어왔다.

『논어』에 대한 접근법은 크게 두 가지로 구분할 수 있다. 하나는 『논어』를 哲學의 영역에서 이해하는 것이고, 다른 하나는 『논어』를 經學의 영역에서 익히는 것이다. 유학이 국가의 공식 이데올로기였던 朝鮮은 경학의 시대였다. '經'이라는 말이 의미하는 바가 만고불변의 진리이기 때문에, 경학으로서의 유학은 납득하고 검증해야 할 개념과 명제가 아니라 인간이 당연히 배우고 따라야 하는 綱領으로 이해되었다. 이 말은 『논어』가 일방향적 논지를 제시하는 지침서이자 교과서였음을 의미한다. 『논어』의 이러한 경학적 이해와 구현은 왕조국가의 봉건시대에서는 허용될 수 있다. 하지만 이제 연구의 場에서 유학은, 그리고 『논어』는 더 이상 경학의 테두리 내에 갇혀서는 안 된다.

　우리가 『논어』를 철학적 인식과 지향으로 바라본다면, 공자의 선진적 교육방식 및 현대사회에도 여전히 유효하고 탁월한 가치와 준거들을 그 안에서 넘치도록 발견하고 터득할 수 있다. 필자가 이 책의 내용을 연구하게 된 동기이자 목적은 바로 『논어』를 철학의 盤上에 올리고자 함이다. 경학적 고정관념을 버리고 철학 텍스트라는 시각으로 『논어』를 분석하고 연구해야만, 『논어』의 진면목과 공자의 참 뜻을 제대로 헤아릴 수 있을 것이다.

　『논어』는 그 구절 하나하나가 모두 연구대상이다. 모범해석이나 표준해석은 있을 수 없다. 연구방법론에는 시각과 입장이 매우 중요하다. 필자가 이 책에서 다룬 『논어』의 연구방법론은 두 가지이다. 하나는 형식미학의 관점에 의한 분석이고, 다른 하나는 내재적 접근법에 의한 분석이다. 後者에 의해 필자는 反주자학적 이해를 추구했으며, 아울러 朱熹의 농단을 걷어내고 孔孟 본연의 사상으로 돌아가자는 복고주의적 연구태도를 견지했다. 前者에 의해서는, 공자가 '형식'을 매우 중시한 점에 착안하여 필자는 『논어』라는 텍스트에 대해 미학적 분석을 시도하였다. 『논어』의 곳곳에는 형식과 연관된 여러 가지 문제가 표출되어 있다. 그것들을 공자 당시의 시점과 상황에 입각한 내재적 접근에 의해 살펴봄으로써, 기존의 표피적이고도 낭만적인 해석과 이해가 얼마나 허무맹랑한 것인지를 밝히고 싶었다. 이러한 필자의 의도와 결론에 대해 마찬가지로 누군가가 허무맹랑한 것이라고 이의를 제기한다면, 기꺼이 쟁론을 마다하지 않겠다. 또한 누군가 진지한 철학적 입장에서 잘못을 지적하고 대안을 제시해 준다면, 기쁘게 받아들이고 바로잡을 것이다.

『논어』에서 공자가 중요하게 거론한 '형식'의 문제를, 미학적 시각으로 오랫동안 천착해왔다. 이 책은 그 결과물들을 다시 증보하고 재정리하여 한 자리에 담은 것이다. 이 연구가 『논어』를 경학이 아닌 철학의 텍스트임을 인증하고, 유학이 경학이 아닌 철학이어야 함을 인식하는 계기가 되었으면 하는 소망이다. 허나 이 희망마저 과다하다면, 이 논술이 다만 『논어』와 유학에 대한 연구의 다양성을 넓히는 또 하나의 입장으로 허용되기를 바랄 따름이다.

2017. 1. 3.

필자 씀.

제1장

교육의 형식:
'三亦'의 신화철학적 의미

1. 상황과 의도
2. 문헌고고학적 語義 분석
3. '學習'의 신화철학적 이해
4. '孔門'의 재구성

1. 상황과 의도

'不亦'의 反語法으로 연결된 『論語』의 첫 세 문장¹은, 『논어』의 첫머리에 출현한다는 상징적 의미 때문이기도 하지만 더 크게는 孔子의 立說 근거와 의도가 포괄적으로 제시되어 있다는 점에서 고래로 많은 주목을 받아왔다. 이 세 구절을 정확히 이해하는 것은 곧 공자 자신 뿐 아니라 초기 유가의 근원과 지향점이 무엇이었는지를 파악하는데 매우 관건적인 일이다. 근원과 지향점을 정확히 분석하는 것은 당시 상황 및 이와 연관된 공자의 의도를 정확히 이해하는 일이기도 하다. 이를 위해서는 철학적 내지 정치학적 관점 뿐 아니라 문명사적 및 교육사적 관점에 의한 접근도 필요하다. 그런데 큰 틀에서의 이러한 거시적 고찰은 자칫 거친 추단에 그칠 수도 있으나, 이러한 염려는 또 다른 경로의 엄정한 분석틀, 즉 객관적인 語義 분석에 의해 불식될 수 있을 것이다.

'三亦' 문장의 정확한 의미를 파악하기 위해서는 문장 해석의 직접적 근거가 되는 여러 핵심 語義에 대한 엄밀한 분석과 당시 상황에 대한 객관적 추론이 병행되어야 한다. 필자는 이를 위한 방법론으로 문헌고고학적 어의 분석과 신화철학적 문맥 고찰을 사용하기로 한다. 문헌고고학적 어의 분석은 내용 파악의 단서가 될 주요 단어들, 즉 '學·習·悅·朋·方·來·樂·知·慍·君子' 등의 정확한 의미를 주로 다른 출처에서의 同語 용례와 비교하여 규정하는 것이다. 한편 신화철학적 문맥 분석은 '三亦' 문장의 배경을 시공간적으로 고찰함으로써 당시의 상황에 기초하여 공자의 입설 근거와 의도를 추론하는 방법이다.

필자는 문헌고고학적 어의 분석과 신화철학적 문맥 고찰에 의해 '三亦'의 세 구절을 다음과 같이 해석한다.

"〈스승이 口述의 방식으로 전해준 역사내용을 암기 형식에 의해〉 배우고 때때로 익히면 〈역사의 교훈과 세상의 道를 터득하게 되니〉 또한 기쁘지 아니한가? 뜻을 따르고자 하는 〈면식이 없던〉 이들이 먼 곳으로부터 와 孔門에 합류하면 〈점차 우리의 이상이 확산되니〉 또한 즐겁지 아니한가? 〈언어와 관습이 다른 먼 곳의〉 사람들이 〈가르쳐준 詩와 禮를〉 제대로 알지 못해도 화내지 않으면 〈않고 계속 教學하면〉 또한 군자가 아니겠는가?"

이하 이 글에서는 이러한 해석의 근거와 분석 機制를 제시함으로써 立說의 타당성을 개진해 보도록 하겠다. 필자는 다만 이러한 궁구에 의해 朱熹의 '集註本 『論語』' 이전에 존재했고 漢代의 '儒家' 이전에 실재했던, 이른바 '孔門'의 명제와 이상이 어떤 것이었는지 추론해 보고자 한다.

2. 문헌고고학적 語義 분석

(1) "學而時習之, 不亦說乎."

이 첫째 구절의 의미를 적절하게 이해하기 위해서는 '學'·'習'·'說' 등 세 글자의 語義를 파악해야 한다.

우선 '學'은 모르던 상태에서 알게 되는 깨달음[2]의 과정을 뜻한다. 이 배움의 과정 혹은 상황을 구체적으로 표현한 말이 본받음[3]이다. 또한 다른 사람을 청해서 자기가 모르거나 이해되지 않는 지식이나 할 수 없는 기능을 익히고 나아가 이를 전수하는 것이 學이다.[4] 다시 말해서 배움이란, 그것이 지식이든 양식이든 전수된 바를 그대로 닮고자 함 혹은 이행하고자 함이란 뜻이다.[5] 가르칠 때 본떠서 모방하게 하는 과정을 學이라 했기에, 고대에 학습하는 장소를 또한 學이라 했다. 學이 動詞로부터 왔으므로 학습장소로서의 學

은 傳習하는 곳의 통칭이 되었다.[6]

새가 반복해서 날갯짓을 하는 것이 '習'의 원래 의미이다.[7] 이로부터 확장되어, '習'은 기능을 반복해서 연습하거나 지식 혹은 기재된 바를 반복해서 암송하는 것을 의미한다.[8] 즉 과정을 중시하는 것이다.[9]

'學'과 '習'을 함께 살펴보자면, '學'은 스승이나 연장자에게 모르는 것에 대해 가르침을 받는 것, 傳授에 중점을 둔다. 반면 '習'은 배워서 이미 알고 있는 것을 스스로 반복적으로 연습하는 것이다. 즉 實踐에 중점을 둔다. 그러나 '學'은 물론 傳授에 중점을 두긴 하지만, "受敎傳業曰學."의 예문에서 보았듯이, 受敎(受業)와 授敎(授業, 傳業)를 모두 포괄하는 개념이다. 반면 '習'은 스승으로부터 受業한 다음 다시 후학에게 授業하기까지, 그 사이의 익힘의 과정을 말한다. 고대에 '學'은 책의 지식을 배우는 것만 의미했던 것이 아니고, 習도 책만 익히는 것을 의미했던 것이 아니다. 다음 절에서 자세히 살필 것이지만, 孔子는 제자들에게 詩(樂)와 禮를 중점적으로 가르쳤고, 따라서 배운 바를 어떤 것은 복습하고 어떤 것은 연습해야 했다.

說은 곧 悅을 뜻하는데, 이는 외부 요인에 의해 나오는 흥분된 유쾌함이다. 이 의미는 원래 '說'(다른 사람을 권유·설복)로부터 파생되었기에 서로 통하는 글자로 쓰였다. 悅은 처음엔 다른 사람의 말에 설복·감동함을 말하나, 나중에 사람 혹은 사물에 대한 기쁨을 표시하는 말이 되었다.[10]

(2) "有朋自遠方來, 不亦樂乎."

이 둘째 구절의 의미를 정확하게 이해하기 위해서는 '朋'·'方'·'來'·'樂(락)' 등 네 글자의 語義를 파악해야 한다.

'朋'은 같은 목적을 위해 함께 모인 무리를 말하며, '友'는 서로 도우며 우호적이고 같은 뜻을 공유하기 위해 결합한 관계를 말한다.[11] 同門으로서의 朋은 좀 더 포괄적인 개념이고 同志로서의 友는 좀 더 친밀한 관계를 나타내는 말이라 할 수 있다.[12] '朋'은 같은 부류의 사람들이 무리를 이뤄 결합하는 것을 말하기도 한다. 즉 서로 비교하여 모여서 同類가 되는 것이 朋이다.[13] 한편 '朋黨'[14]이란 말처럼 약간 부정적인 의미에서 사적인 이익을 추구하기 위한 모임을 뜻하기도 한다.

'方'은 원래 '國'과 상대적인 개념이었다. 商周시기에 國都(수도) 이외의 변방 지구를 四國 혹은 四域이라 했는데, 이는 왕의 권력이 미치는 곳이었다. 한편 왕권 통치 범위 밖의 地區를 당시에는 四方 혹은 多方이라 불렀다.[15] 또한 方國이란 말은 四方의 각 부족과 각 제후국을 가리켰다.[16] 나중에 方은 本國의 대칭적 의미에서 작아져 지방 혹은 중앙의 대칭이 되었다. 이로부터 方은 중앙과 상대되는 지방 혹은 먼 곳, 중앙 이외의 四方의 광대한 地區, 혹은 話者가 있는 곳에서 인접한 지구나 지역 등의 의미를 지니게 된 것이다. 方國은 四方의 諸侯國을 뜻하니[17], 이 둘째 구절에서의 '遠方'은 곧

머나먼 方國을 의미하게 된다.[18] 후에 이 方의 의미는 방위에 중점을 둔 지역을 뜻하게 되었다. 즉 한 나라 안에서의 일정 방위에 위치한 지역을 가리킨 것이다. 그러니 동부 지역은 東方, 서부 지역은 西方이 된다. 이때 東方이나 西方의 어휘는 방위에 중점이 둔 것이니, 이로부터 方의 의미는 지역을 뜻하는 데서 점차 방위를 뜻하는 것으로 변했다.[19]

'來'는 방향 및 행동과 관계된 글자인데, 같은 범주의 동사인 '去'·'歸'·'還'·'回'·'往' 등과 비교를 통해 그 의미를 명확히 알 수 있다. 歸·還·回[20]는 모두 어디로 갔다가 다시 원래 자리로 되돌아간다는 의미로, 去의 반대말이자 去를 전제로 하는 말이다. 즉 去가 A지점을 떠나 B지점으로 가는 것이라면, 歸·還·回는 B지점을 떠나 다시 A지점으로 되돌아옴을 뜻한다. 따라서 歸·還·回는 去를 전제로 한 후속행동이며, 이 두 부류는 起點도 다르고 방향도 다르다. 반면 '來'는 '往'[21]과 반대의 뜻으로, 알지 못하는 다른 곳에서 이곳으로 오는 편도를 말한다.[22] 온 사람의 입장에선 '이곳'이 初行인 것이다.

'樂'의 本義는 樂器·音樂[樂(악)]이다. 처음엔 음악〈樂器: 외부요인〉이 내면에 불러일으키는 감정을 나타냈으며, 그로부터 나중에 널리 즐거운 정서를 가리키는 樂(락)의 뜻이 되었다. 앞서 첫째 구절에서의 悅은 외적 요인에 의한 깨달음의 기쁨을 뜻하고, 여기 둘째 구절에서의 樂은 외적 요인에 의한 내적 즐거움을 말한다. 悅과

樂은 모두 外界에 의해 생긴 즐거움을 뜻하나, 다만 悅은 說服이 야기한 共感의 철저한 깨달음에 의한 즐거움 혹은 의견 일치에 의한 즐거움을 뜻하고, 樂은 외계의 사물이 일으킨 內心의 유쾌함을 뜻하는 구별이 있다.[23]

(3) "人不知而不慍, 不亦君子乎."

이 셋째 구절에서는 '知'·'慍'·'君子'의 語義를 이해하는 것이 관건이다.

'知'는 '識'과 함께 외재 사물의 사람에 대한 반영을 가리킨다. 하지만 그 반영의 방식은 둘이 서로 다르다. '知'는 감각기관으로부터 感受[24]된 바깥의 각종 자극이 머리에 반영되는 것을 말한다. 즉 간접 혹은 연관 단서로 추리하여 알게 된 지식이나 이치를 뜻한다.[25] 반면 '識'은 사람의 기억과 분별의 능력, 주로 시청각적인 感知와 대뇌의 기억 및 분별시스템을 통한 認知를 말한다.[26]

'慍'은 비교적 가벼운 화냄이나 심리적 불만을 뜻한다.[27] 이러한 심리상태는 내부에 품고 있는 노여움 혹은 불만은 있지만 말이나 행동 등 겉으로 드러내지 않으며, 설혹 드러내더라도 단지 얼굴에만 표시가 나는 정도이다.[28] 이는 격렬한 분노를 나타내는 憤이나 감정의 충동으로 理智力을 상실한 상태를 나타내는 忿, 혹은 극렬한 심정의 충동을 나타내는 怒 등과 대비되는 심리상태이다.

'君子'는 원래 군주나 지체 높은 사람의 자식을 이르는 말이었으나 이후 덕을 이룬 사람[29]을 칭하게 되었다. 유가적 노력에 의해 '修己'가 완성되면 비로소 군자에 도달하는 것이고 생래적인 聖人과 거의 비슷하게 된다. 그러나 聖人과 똑같지는 않다.[30] 聖人이 먼저이고 군자는 그 다음인 것이다.[31] 이 점을 차치하고서라도 어쨌든 누구나 다 聖人이 될 수 있다는 것은 사실상 불가능한 일이다. 그래서 君子라는 대안적 인물형상이 현실적 기제로 기능한 것이다. 聖人이라는 嚮導를 제시했다는 점, 그리고 聖人에서 君子로 그 인물 전형[嚮導]을 교체했다는 점은 공자와 원시유가의 중요한 공로이다. 그리고 이 君子像은 마침내 그들 사유체계의 가장 핵심적 가치가 되었다.[32] 顧頡剛에 의하면 孔子가 거론한 군자[33]는 다음의 네 가지로 그 특징을 요약할 수 있다. 즉 군자는 禮儀(恭·敬)가 있으며 感情(仁·惠)이 있고 理智(知·學)를 갖추었으며 인간됨의 宗旨(義·勇)가 있는 인격체이다.[34]

3. '學習'의 신화철학적 이해

'三亦'의 구절을 이해하는 물꼬는 '學'의 내용과 의미를 파악하는 데서 찾을 수 있다. 공자가 말한 '學'의 내용을 郭沫若[35]과 馮友

蘭[36]은 '禮·樂·射·御·書·數'의 '六藝'라고 이해한 바 있다. 또 馬一浮도 孔學은 '六藝之學'이라 했지만, 여기서의 六藝는 六經 즉 『詩經』·『書經』·『禮記』·『樂記』·『易經』·『春秋』를 가리킨다.[37] 하지만 六藝 혹은 六經이 學의 내용이 된 것은 아마도 이른바 '孔門私學'이 학립된 이후의 일일 것이며, 孔門의 태동 단계 내지 孔門이 형성되어 가는 과정 중의 공자 당시엔 '學'의 내용이 '詩'와 '禮'였을 것이다.[38] 이 점은 다음 두 가지 방증으로부터 추론할 수 있다. 하나는 『論語』의 다른 구절에 나타난 일단의 용례들이고, 다른 하나는 공자가 실행했던 중국 고대 敎學시스템의 정황이다. 먼저 『論語』의 다른 구절들에 나타난 용례를 보자. 詩·禮가 '學'과 연계된 『논어』의 구절 가운데 '學'이라는 행위동사의 목적어가 구체적으로 명시된 경우는 대개 아래 표에 나타난 바와 같다.

<표1: 『論語』에서의 '學'의 내용>

주제어	편 명	내 용
詩	「季氏」	不學詩, 無以言.
	「陽貨」	子曰, 小子何莫學夫詩. 詩, 可以興, 可以觀, 可以群, 可以怨. 邇之事父, 遠之事君, 多識於鳥獸草木之名. 子謂伯魚曰, 女爲周南召南矣乎. 人而不爲周南召南, 其猶正牆面而立也與.
	「子罕」	顔淵, 喟然歎曰, …… 夫子, 循循然善誘人, 博我以文.

禮	「季氏」	不學禮, 無以立.
	「堯曰」	不知禮, 無以立也.
	「衛靈公」	衛靈公, 問陳於孔子. 孔子對曰, 俎豆之事, 則嘗聞之矣, 軍旅之事, 未之學也. 明日, 遂行.
	「子路」	樊遲, 請學稼. 子曰, 吾不如老農. 請學爲圃. 曰, 吾不如老圃. 樊遲出. 子曰, 小人哉, 樊須也. 上, 好禮則民莫敢不敬, 上, 好義則民莫敢不服, 上, 好信則民莫敢不用情, 夫如是則四方之民, 襁負其子而至矣. 焉用稼.
	「子罕」	顔淵, 喟然歎曰, …… 夫子, 循循然善誘人, …… 約我以禮.

여기서 '詩'는 오늘날 우리가 『詩經』으로 이해하고 있는, 이른바 '역사'[39]를 의미한다. 또 '禮'는 작게는 개개인의 행동 방식에서 크게는 등급의 위계표현에 이르는 삶과 제도의 질서 체계로서의 禮法이라고 할 수 있다.

다른 한편 '學'의 내용으로서의 '詩'와 '禮'는 각각을 교육했던 周代 五學인 '成均'[40]·'瞽宗'[41]과 밀접하게 연계된다. 商·周代의 官學인 瞽宗 및 成均으로부터 춘추시기의 孔門私學에 이르기까지, 上古의 敎學체제는 書寫방식이 아닌 口述방식, 즉 암송으로 이루어졌다.[42] 문자 발명 이후 書寫문명이 일찍이 識字와 讀經으로 先史시기의 暗誦歌詠의 學을 대체했지만, 여전히 原型의 명칭이 그때껏 사용되고 있었고, 또 설령 문자가 있던 시절이라 해도 교육적 효과와 因習의 측면에서 '암송'은 여전히 중요한 교육법이었던 것이다. 문자의 탄생과 지식의 축적은 있었지만 서사도구가 여전히 미비 혹은 불충분한 상황 아래, 암기를 연결 고리로 한 지식 전수는 당시 최선이자 최상의 교육 방법이었다.[43] 예컨대, 앞의 예문에서 보듯이 孔子가 詩를 읽을 것을 강조한 것도 암송을 통해 古代를 이해할 것을 주문한 것이라 할 수 있다.[44] 이러한 점은 아래 〈표2〉에 보이는 바, 『論語』 내에 다양한 표현으로 등장하는 '암기와 학습의 관계'에 대한 내용으로부터 확인할 수 있다.

〈표2: 『論語』에 나타난 암기와 학습의 관계〉

편명	내용
「雍也」	哀公問, 弟子孰爲好學. 孔子對曰, 有顔回者好學, 不遷怒, 不貳過, 不幸短命死矣. 今也則亡, 未聞好學者也.
「述而」	子曰, 黙而識之, 學而不厭, 誨人不倦, 何有於我哉.
	子曰, 不憤不啓, 不悱不發, 擧一隅, 不以三隅反, 則不復也.
	子曰, 蓋有不知而作之者, 我無是也. 多聞, 擇其善者而從之, 多見而識之, 知之次也.
	子曰, 若聖與仁, 則吾豈敢. 抑爲之不厭, 誨人不倦, 則可謂云爾已矣.
「先進」	南容, 三復白圭, 孔子, 以其兄之子, 妻之.
	季康子問, 弟子孰爲好學. 孔子對曰, 有顔回者好學, 不幸短命死矣. 今也則亡.
「子路」	子曰, 誦詩三百, 授之以政, 不達, 使於四方, 不能專對, 雖多, 亦奚以爲.
「季氏」	陳亢, 問於伯魚曰, 子亦有異聞乎. 對曰, 未也. 嘗獨立, 鯉趨而過庭. 曰, 學詩乎. 對曰, 未也. 不學詩, 無以言, 鯉退而學詩. 他日, 又獨立, 鯉趨而過庭. 曰, 學禮乎. 對曰, 未也. 不學禮, 無以立, 鯉退而學禮. 聞斯二者. 陳亢, 退而喜曰, 問一得三. 聞詩聞禮, 又聞君子之遠其子也.
「陽貨」	子曰, 小子, 何莫學夫詩. 詩, 可以興, 可以觀, 可以羣, 可以怨. 邇之事父, 遠之事君. 多識於鳥獸草木之名. 子謂伯魚曰, 女爲周南召南矣乎. 人而不爲周南召南, 其猶正牆面而立也與.
「子張」	子夏曰, 日知其所亡, 月無忘其所能, 可謂好學也已矣.

詩는 '韻'과 '詩言志'의 두 가지 의미를 내포한다. 따라서 詩는 '古'의 史를 내용으로 담고, 암기가 쉽도록 韻을 달은 口傳문학의 교과서인 것이다. 詩는 음악적 형식(押韻)을 통해 표현될 때 가장 효과적인 기억과 전달이 이루어진다.45 사실상 '詩·歌·舞'는 모두 '言志'를 위한 형식이라 할 수 있다.46 이러한 내용은 곧 고대 전통에서의 詩歌舞一體라는 특성을 잘 보여준다. 여기서 '詩歌舞'는 궁극적으로 '樂'이라 總稱된다. '詩'는 내용이고, '歌'는 암송이 용이하게 음운을 붙인 것이며, '舞'는 음운이 붙은 내용을 신체로 표현한 것이다. 또한 이 舞는 禮의 시각적 顯示이기에 사실상 樂의 종결자이며, 따라서 유가예악문화에서 극히 중요한 요소라 할 수 있다. 『論語』에서 "詩에서 일어나고, 禮에 서며, 樂에서 완성한다."47라고 했는데, 여기서 왜 '樂에서의 완성'이 종점인지를 잘 알 수 있다.48 한편 禮를 배우고 익힌다는 것은 '君臣之義'와 '長幼之序'라는 봉건질서의 토대를 몸으로 체득함을 의미한다.49 그리고 이것을 國學의 하나인 瞽宗이라는 전문 학교에서 교육했다는 것은 禮가 先王이 天下를 다스린 요체이자 당금의 天下를 가르치는 大法임을 의미한다. 공자 당시의 춘추시기는 이러한 禮學의 기반이 무너졌기에, 공자에게 있어 復禮는 중차대한 목표였고 그를 위해 禮를 가르치고 익히는 것을 극력 강조50하였던 것이다.

'學'의 내용이 詩와 禮라면, 다음 단계는 이것을 익히고 실천하는 것이 관건이다. 연습과 실천의 두 가지 의미를 지닌 '習'의 단계가 이어지는 것은 그래서 당연하다.[51] 押韻을 붙여 기계적인 내용의 기억을 반사적으로 唱하거나 誦했던 口頭 훈련의 노력이 바로 반복을 기본적인 특색으로 하는 '習'의 의미이다.[52] 예컨대, "溫故而知新"[53]의 대목도 "學而時習之"와 마찬가지로 학습방식을 말한 것이다. 여기서 공자가 말한 '溫'은 바로 '習'이다. 공자에게 있어 道統의 전수는 무엇보다 중요했고, 그 당시의 교학시스템에서는 이러한 道統의 전수가 口述과 口傳에 의해 이루어졌던 것이다. 口傳의 내용은 부단히 반복되는 連唱 가운데 살아있는 것이니, 매번 입으로 연창을 하여 전달하는 것이 바로 '習'이며 또한 이러한 것을 반복하는 것이 바로 '溫故'이다.[54] 『論語』에 나타난 바, 口傳의 방식을 통한 역사 전수의 예는 아래 〈표3〉에서 볼 수 있다.

〈표3: 口傳문화와 유관한 『論語』 구절〉

편명	내용
「學而」	學而時習之, 不亦說乎.
「爲政」	子曰, 學而不思則罔, 思而不學則殆.
	六十而耳順.
	吾與回言終日.[55]
「公冶長」	回也聞一以知十.
「述而」	德之不修, 學之不講, 聞義不能徙, 不善不能改, 是吾憂也.
	默而識之, 學而不厭, 誨人不倦, 何有於我哉.
「子罕」	夫子循循然善誘人, 博我以文, 約我以禮.
	子曰, 語之而不惰者, 其回也與.

「先進」	南容三復白圭, 孔子以其兄之子妻之.
	子曰, 回也, 非助我者也. 於吾言, 無所不說.
	季康子, 問弟子, 孰爲好學. 孔子對曰, 有顏回者, 好學, 不幸短命死矣. 今也則亡.

앞뒤 세대 간 교육의 전수가 口述에 의했던 당시 상황에 비춰본다면 "學而時習之"에서의 '學'은 사실상 '授受', 즉 授業과 受業의 의미를 동시에 포괄하는 것이라 할 수 있다. '學'의 本義는 요즘 말하는 학습이 아니라 敎學 또는 배움의 쌍방이 서로 참여하는 과정이다.[56] 즉 道統이란 점에서 볼 때 각기 儒者는 道(최초엔 詩·禮〈좁은 의미에서의 六藝〉, 나중에 六經)의 전수자이자 전달자인 것이다.

4. '孔門'의 재구성

'朋'과 '君子'의 성격 및 그들에 얽힌 당시 정황은 이른바 '孔門'의 저간이 어떠했는지를 살펴보는데 유효한 단서를 제공해준다. "學而時習之"가 개별적인 혹은 집단 내부의 敎學·修學의 과정이라면, "有朋自遠方來"는 유가(더 실질적으로는 孔門) 道統의 확산이다.[57] "有朋自遠方來"는, 공자 내지 孔門의 주장과 신념에 대한 심정적 혹은 이념적 동의를 기반으로 하여 타 지역의 모르는 무리[58]가

와서 스스로 弟子[59]가 되어 孔門의 독특한 敎學·修學의 과정에 동참함을 말한다.[60] 당시는 천하 분할의 시기였고, 때문에 勢를 모으는 것이 관건이었으므로 "有朋自遠方來"는 孔門의 확장이라는 면에서 得勢[61]를 보여주는 아주 중요한 현상이거나 혹은 그들의 매우 간절한 염원의 표현인 것이다.[62]

"學而時習之, 不亦說乎. 有朋自遠方來, 不亦樂乎"(「學而」)와 "近者說, 遠者來"(「子路」)의 두 대목을 연계하여 보면, 詩와 禮를 배우고 익혀 실천하면 가까이 있는 사람(사회)이 즐겁게 되고, 이러한 은택이 널리 알려지면 먼 곳에 있는 이들도 모이게 된다는 것이 당시 孔門의 이상이었음을 알 수 있다. 즉 '내적 완성(修身)'[63]으로부터 '정치적 완성(治國平天下)'으로의 확장을 기도한 것이다. 그리고 그 확장의 과정, 즉 내적 완성과 정치적 완성의 중간 지점에 "有朋自遠方來"·"遠者來"라는 요건이 자리하고 있다. 예컨대, 孔門의 高弟인 曾子가 계율로 정한 바의 날마다 검토해야 할 세 가지 사항("吾日三省吾身"), 즉 "爲人謀而不忠乎. 與朋友交而不信乎. 傳不習乎."[64](「學而」)의 내용은 모두 순수한 도덕적 명제에 기반 한 개인적 修身의 문제가 아니라 특정한 정치적 목표를 지닌 結社團體의 유지와 강화를 위해 수행해야 할 행동지침이다. 그런데 어쨌든 공자 혹은 孔門의 최종 이상이 "治國平天下"였던 만큼, 궁극적으로 이를 실현하기 위한 주안점은 〈濟民을 위한 따위의〉 실용적이고 미시적인 방책보다는 〈救世를 지향한〉 거시적 정치이념의 宣傳戰에 더 경도되었음을 알 수 있다.[65] 이는 누가 뭐래도 당시의 혼란상에서 어쩔 수 없는 당면 과제였다. 이 혼란이라는 면은 孔門의 특성을 잘 보여주는 한 요소이다. '혼란'과 '朋의 신분'은 일정 정도 연관이 있다. 무수한 정변으로 말미암아 특정 개인의 신분은 급격한 변동을 겪게 마련이다. 공자는 葉公이 정치를 물었을 때 "遠者來"[66]를 요건으로 거론했는데, 이 遠者엔 '民'[67]도 포함된다.[68] 이는 공자가 孔門 구성원의 자격을 폭넓게 규정[69]한 것과 접맥되는 내용이다. 또 이는 공자 내지 孔門이 현재의 신분에 상관하지 않고 구성원의 기본 자격을 각지의 士·人·民으로 설정했다는 점을 반영한다. 이만 하면 가히 得勢의 총력전이다.

그런데 같은 지역 혹은 국가의 영역과 경계를 달리하는 다른 지역·다른 나라(遠方)로부터 무리(朋)가 와서 하나가 되었다는 점 자체만으로는 得勢를 논할 수 없다. 그들이 진정한 同門이 되기 위해서는 지난한 '學·習'의 수련과정을 거쳐야 한다. 하지만 그들은 당연히 언어와 관습 및 지적 수준이 다를 것이다. 군자는 공자가 聖人을 대체하여 새롭게 설정한 救世의 要員('행위주체'로서의 agents)이다. 공자는 書寫문화가 口傳문화를 대체하는 과도기에서 여전히 전통 가치관의 史傳을 중요한 책무로 여기고, 이를 위해 口述이라는 전통적 교육방식을 보존하였다. 그는 입과 귀 사이의 부단한 반복훈련을 통해 詩와 禮에 함축된 역사의 道統을 체득함으로써 心身이 하나로 합일되는 높은 인격 수양의 경지에 이를 것을 강조했다. 이 과정을 한편으론 익힘(習)으로써 修學하고 다른 한편으로 그 익힘을 바탕으로 敎學하는 행위주체가 바로 군자인 것이다. 이른 시기의 맹인 樂師보다 좀 더 문명화된 양식으로 詩와 禮를 遠方에서 온 朋에게 敎學을 해야 할 군자가 그들의 不足과 不及에 성내서야 되겠는가? 講學의 내용을 이해하지 못하거나 제대로 복습하지 않더라도 인내심을 가지고 대해야 한다.[70] 이 일은 救世의 저력을 축적하는 사업이며, 게다가 그는 聖人의 자질을 온축하고 있다는 군자가 아닌가. "人不知而不慍, 不亦君子乎"의 대목은 바로 이런 의미일 것이다. 더욱이 『論語』 내의 다른 용례를 보더라도 "人不知"는 '사람들이 나를 알아주지 않는 것'으로 해석할 수 없다. 『論語』에서 통상 '남이 나를 알아주지 않는 것'은 "不己知" 혹은 "不吾知"로 표현되기 때문이다.[71] 따라서 "人不知"는, 당시 '學'의 과정에 비춰보았을 때, '사람들이 〈敎學의 내용을〉 이해하지 못하는 것'으로 파악함이 마땅하다.

한편 孔門의 특성으로 짚을만한 또 하나의 요소는 공자의 정체 및 이와 연관된 원시유가 정치이념의 확산 내지 孔門 확장 전략의 성격이다. 공자는 이른바 '옛 일'에 유념했고 정통했으며, '옛 일'을 현재에 구현코자 전력을 기울였고 후세에 온전히 전하고자 몰두했다. 우선 『史記·孔子世家』와 『論語』에 나타난 공자와 '옛 일'의 관계에 관한 記事를 살펴보자.

<표4:『史記・孔子世家』와『論語』에 나타난 '옛 일'에 관한 記事>

주제 구분		내 용	出 典	유관 기사 出典
'옛 일'에 대해 공자가 누군가에게 물음		魯南宮敬叔言魯君曰, 請與孔子適周. 魯君與之一乘車, 兩馬, 一竪子俱, 適周問禮, 蓋見老子云.	『史記・孔子世家』	『孔子家語・致思/觀周』,『禮記・曾子問』
		孔子學鼓琴師襄子	『史記・孔子世家』	『孔子家語・辯樂解』,『論語・微子』,『淮南子・主術訓』
		去葉, 反於蔡. 長沮桀溺耦而耕. 孔子以爲隱者, 使子路問津焉.	『史記・孔子世家』	『論語・微子』
		楚狂接輿, 歌而過孔子, …… 孔子下, 欲與之言. 趨而去, 弗得與之言.	『史記・孔子世家』	『論語・微子』
'옛 일'에 대해 누군가가 공자에게 물음		齊景公與晏嬰來適魯, 景公問孔子曰, 昔秦穆公國小處辟, 其霸何也. 對曰, 秦, 國雖小, 其志大. 處雖辟, 行中正. 身擧五羖, 爵之大夫, 起纍紲之中, 與語三日, 授之以政. 以此取之, 雖王可也, 其霸小矣. 景公說.	『史記・孔子世家』	『孔子家語・賢君』,『說苑・尊賢』
		季桓子穿井得土缶, 中若羊. 問仲尼云得狗. 仲尼曰, 以丘所聞, 羊也. 丘聞之, 木石之怪夔罔閬, 水之怪龍罔象, 土之怪墳羊.	『史記・孔子世家』	『孔子家語・辯物』
		吳伐越, 墮會稽, 得骨節專車. 吳使使問仲尼, 骨何者最大.	『史記・孔子世家』	『孔子家語・辯物』,『國語・魯語』
		有隼集於陳廷而死, 楛矢貫之, 石砮, 矢長尺有咫. 陳湣公使使問仲尼.	『史記・孔子世家』	『孔子家語・辯物』
		靈公問兵陳. 孔子曰, 俎豆之事則嘗聞之, 軍旅之事未之學也.	『史記・孔子世家』	『論語・衛靈公』
		林放, 問禮之本. 子曰, 大哉, 問.	『論語・八佾』	
		顔淵問爲邦. 子曰, 行夏之時, 乘殷之輅, 服周之冕, 樂則韶舞.	『論語・衛靈公』	

	定公十三年夏, 孔子言於定公曰, 臣無藏甲, 大夫毋百雉之城.	『史記·孔子世家』	
	孔子之時, 周室微而禮樂廢, 詩書缺. 追跡三代之禮, 序書傳, 上紀唐虞之際, 下至秦繆, 編次其事.	『史記·孔子世家』	
	古者詩三千餘篇. 及至孔子, 去其重, 取可施於禮義. 上采契后稷, 中述殷周之盛, 至幽厲之缺.	『史記·孔子世家』	
	孔子晚而喜易, 序彖繫象說卦文言.	『史記·孔子世家』	
	孔子謂季氏, 八佾舞於庭, 是可忍也, 孰不可忍也.	『論語·八佾』	
'옛 일'에 정통함[72]	三家者以雍徹, 子曰, 相維辟公, 天子穆穆, 奚取於三家之堂.	『論語·八佾』	
	子曰, 夏禮, 吾能言之, 杞不足徵也. 殷禮, 吾能言之, 宋不足徵也. 文獻不足故也, 足則吾能徵之矣.	『論語·八佾』	
	季氏旅於泰山. 子謂冉有曰, 女不能救與. 對曰, 不能. 子曰, 嗚呼, 曾謂泰山, 不如林放乎.	『論語·八佾』	
	子曰, 禘自既灌而往者, 吾不欲觀之矣.	『論語·八佾』	
	子入大廟, 每事問. 或曰, 孰謂鄹人之子, 知禮乎. 入大廟, 每事問. 子聞之, 曰是禮也.	『論語·八佾』	
	然則管仲, 知禮乎. 曰, 邦君, 樹塞門, 管氏, 亦樹塞門, 邦君, 爲兩君之好, 有反坫, 管氏亦有反坫, 管氏而知禮, 孰不知禮.	『論語·八佾』	
'옛 일'에 기반 한 예 지능력	夏, 魯桓釐廟燔, 南宮敬叔救火. 孔子在陳, 聞之曰, 災必於桓釐廟乎. 已而果然.	『史記·孔子世家』	『孔子家語·六本/辯物』, 『說苑·權謀』
	子張問, 十世可知也. 子曰, 殷因於夏禮, 所損益可知也. 周因於殷禮, 所損益可知也. 其或繼周者, 雖百世可知也.	『論語·爲政』	
	子曰, 鳳鳥不至, 河不出圖, 吾已矣夫.	『論語·子罕』	

'옛 일'의 傳授	子曰, 予欲無言. 子貢曰, 子如不言, 則小子何述焉.	『論語·陽貨』
	衛公孫朝問於子貢曰, 仲尼焉學. 子貢曰, 文武之道, 未墜於地, 在人. 賢者, 識其大者, 不賢者, 識其小者, 莫不有文武之道焉. 夫子焉不學, 而亦何常師之有.	『論語·子張』

여기 공자의 '옛 일'은 가까이는 그토록 되돌아가고자 했던 西周 시기의 典章과 禮法이자 멀리는 堯舜의 덕성에 기반 한 '無爲之治'의 事績이며, 현재에 구현하고 후세의 기억에 물려주고자 했던 필생의 '業'이다. 그렇기에 공자는 先知者로부터 '옛 일'을 들어 알고자 했고[73], '옛 일'을 묻는 이나 어기는 이[74]에게 실상을 알려주고자 했으며, '옛 일'의 정통함으로 터득한 叡智로써 세상을 향해 '나루터로 가는 길'을 말해주고자 했다. 여기 '先知者—옛 일—口述·口傳—詩(樂)·禮'의 일환으로부터 '학습("學而時習之")—孔門("有朋自遠方來")—군자("人不知而不慍")'의 일련은 공자의 내력 혹은 정체성을 여지없이 드러낸다. 그것은 다름 아닌 '巫—祝—史—儒'의 계통이다. 이상의 서술로 보면, 공자의 위치는 '巫·祝'의 내력을 이어받은 채 '史'와 '儒'를 중간에서 잇는 지점에 처해 있다. 口述·口傳이라는 敎學방식에서는 여전히 옛 '史'의 전통을 계승 혹은 답습했지만, 공자를 온전히 '史'의 영역 내에만 정류시키지 않고 '儒'의 鼻祖로 존치하는 이유는 그가 단순히 역사를 전수한 것이 아니라 역사에 나름의 가감을 거쳐 天人之際에 연결함으로써 윤

리나 이념 혹은 교훈 내지 天命을 도출했기 때문이다. 따라서 공자 시대의 초기 원시유가를 뜻하는 孔門은 '史'에서 '儒'로의 移替期[75]에 발전적으로 존재했던, 도덕집단이라기보다는 정치집단에 가까운 結社體라고 봐야 한다. 예컨대, 말머리를 다시 '學'의 내용인 '詩·禮'로 돌려 보면, 공자가 그토록 詩와 禮의 공부를 강조한 이유도 결국, 詩는 역사의 교훈과 행위 준칙의 전범을 담고 있고 禮는 조화로운 사회 유지와 개인 성립의 근거이기 때문이다. 따라서 孔門에게는 詩가 단순한 지식의 습득이 아니라 역사의 이해이고 전승이자 기초적인 정치 훈련[76]인 셈이고, 禮 역시 마찬가지로 단순한 교양의 습득이 아니라 정치 훈련인 것이다. 이처럼 '學'의 내용이 詩와 禮인 궁극적인 목적은, 따라서 정치참여라 할 수 있다.[77]

  비록 공자가 堯舜을 傳述하고 『詩』·『書』·『易』 등을 撰述했다는 기록은 여기저기 보이지만, 오히려 『論語』에는 그러한 기록이 없다. 공자는 口述에 의해 講學을 했을 뿐, 三經 등을 저술하지는 않았을 것이다. 찬술을 했다는 내용은 분명 유가경전에 공자의 권위를 가미하기 위해 후세 儒者들이 각색한 내용일 것이다. '孔門'이 아닌 '儒家'의 진정한 면모는 漢代 이래 비로소 갖추어졌으며, 평생 비주류로 갓길만 훑으며 周遊·漂流했던 공자로서는 생전에, 아쉽게도, 아마 孔門이 훗날 그토록 의젓한 儒家가 될 줄은 상상조차 못했을 것이다. 생애 내내 포기하지 않았던 공자는 궁극적으로 실패하지 않은 것이다.

제2장

數의 형식: "吾日三省"의 '三'字 해석

1. 숫자 형식의 기호학적 운용
2. '三'字 해석의 갈래
3. '三'字의 문헌고증학적 분석
4. 孔門에서의 '三'의 의미와 성격

1. 숫자 형식의 기호학적 운용

　공자 당시 유가 태동기의 정황과 성격은 어떠했으며 그것들을 구축한 것이 어떤 機制였는지를 밝히는 것은, 본격적인 유가가 성립된 漢代 이전 유가의 원형과 모태가 어떤 것이었는지를 규명하는데 매우 중요한 일이다. 필자는 "吾日三省吾身."의 문장으로부터 이 작업의 단서를 추출하고자 한다.

　제자 가운데 孔子의 道를 가장 깊이 터득[78]한 曾子는 『論語·學而』에 "吾日三省吾身. 爲人謀而不忠乎. 與朋友交而不信乎. 傳不習乎."라는 말을 한 것으로 전해진다. 曾子의 이 언급은 그가 일상적으로 어떠한 성찰의 삶을 살았는지에 대한 정보만을 단순히 제공하는 데 그치지 않는다. 여기에는 좀 더 심층적인 함의가 내포되어 있다.

　"吾日三省吾身."의 의미, 다시 말해서 曾子의 의중을 정확히 이해하기 위해서는 文意 고찰만으로는 부족하고 이 단락의 이면과 배후 및 주변을 아우르는 文脈을 살펴보아야 한다. 여기서 그 맥락의 중요한 요소로 두 가지를 상정할 수 있다. 하나는 당시 상황과 관련된 孔門의 結社體的 지향이고, 다른 하나는 '三'이라는 숫자 형식과 그것의 기호학적 운용이다.

    논술 전개의 실마리는 '三'이라는 숫자로부터 비롯될 것이다. 우선 이 숫자의 성격이 實數인지 虛數인지를 규정해야 한다. 그 다음 이 숫자의 구체적 내용이 어떠한 의미를 담고 있는지 밝혀야 한다. 마지막으로 그 내용으로부터 孔門의 성격을 읽어내야 한다. 이 과정에서 숫자 형식이라는 기호가 공문의 성격이라는 의미를 어떻게 구축하는지에 대한 기호학적 분석이 수반될 것이다. 이 일련의 작업이 순조롭게 진행된다면, 우리는 孔門이 어떠한 形成體인지, 그리고 공자의 孔門과 曾子의 孔門에 어떠한 차이가 있는지 좀 더 가깝게 추론해 볼 수 있을 것이다.

2. '三'字 해석의 갈래

    고래로 많은 학자들이 '三'자의 해석에 의견을 제시해 왔다. 그러한 견해들은 대체로 세 가지로 분류된다. 하나는 '三'이 '여러 번'의 뜻이라는 것이고, 다른 하나는 '三'이 '세 가지'의 의미라 하며, 마지막은 '三'이 '세 번, 세 차례'를 말한다는 것이다. 여기서 첫 번째의 경우는 三이 虛數임을 말하고, 두 번째와 세 번째의 경우는 三이 〈반성의〉구체적 횟수나 종류를 나타내는 實數임을 말한다. 三이 實數냐 虛數냐는 "吾日三省吾身." 문장의 심층적인 의미를 밝히는 데 중요한 관건이다. 이하 세 가지 해석의 견해를 각각 살펴보자.

첫째, 三이 '여러 번'을 뜻하는 경우이다. 예컨대 楊伯峻이 '三'을 '여러 번'으로 해석하였다.

> "三省에서의 三은 '여러 번'이라는 뜻이다. 고대에 동작의 성질을 갖는 동사 앞에 숫자가 있으면, 이 숫자는 일반적으로 그 동작의 횟수를 나타낸다. 그런데 三, 九 등은 보통 횟수가 많은 것을 나타내므로 실제의 수로 볼 필요는 없다."[79]

李澤厚도 宦懋庸이 『論語稽』에서 밝힌 견해를 『論語集釋』에서 인용하면서 '三'을 '여러 번'으로 해석하였다.[80] 宦懋庸의 견해를 보자.

> "『說文』에서는, 陽의 수 一과 陰의 수 二가 합쳐서 三이 된다고 하였다. 『史記·律曆志』에서는, 수는 一에서 시작되어 十에서 끝나며 三에서 완성된다고 하였다. 대개 수는 三에 이르면 陰과 陽이 마구 섞이는 변화가 나타나 마침내 완성을 보게 된다. 그러므로 옛사람

들은 여러 번, 많이, 오래 등을 나타내는 수를 모두 三으로 말했다."[81]

荻生徂徠 또한 이 대목을 "나는 날마다 여러 번 내 자신을 살핀다."로 이해하였다. 여기서 荻生徂徠의 견해를 보자.

"『荀子』에 三이 參으로 되어 있으나, 세 가지에 해당하는 조목은 없다. …… 三은 去聲으로 읽는다. 朱熹는 '이 세 가지로 날마다 그 몸을 살핀다.'고 해석했는데, 옛 말을 알지 못했다고 할 수 있다."[82]

荻生徂徠가『荀子』에도 같은 '三省'의 대목[83]이 나오지만 여기엔 세 가지 항목이 없다고 한 것과 '三'字는 去聲으로 읽는다고 한 것은 三을 '여러 번'으로 해석해야 함을 말한다.[84] '三省'에서의 '三'을 '세 가지 일'로 이해하면 이는 '省'의 목적어격이 되어 '三'이 자연수(平聲)의 의미를 갖게 되고, '여러 번'으로 이해하면 이는 '省'의 부사어격이 되어 '三'이 '省'이라는 동사가 어떻게 실행되는지에 영향을 주는 使役의 의미를 갖게 된다. 그런데 '三'자에는 平聲과 去聲의 두 讀音이 있는데, 동사의 행위를 규정하는 의미로서의 '三'은 去聲으로 읽는다.[85] 따라서 荻生徂徠가 '三'자를 去聲으로 읽어야 한다는 것은 역시 '三'을 '여러 번'으로 이해해야 한다는 점을 말한 것이다.[86]

둘째, 三이 '세 가지'를 뜻하는 경우이다. 이는 '三'이 뒤에 이어 나오는 "爲人謀而不忠乎"·"與朋友交而不信乎"·"傳不習乎"의 '세 가지' 사항을 말한다는 것이다. 이에 대한 최초의 견해는 皇侃의 『論語義疏』에 나온다.

"曾子는 말했다. '나는 평소 매일 세 가지 잘못[三過]을 조심하여, 내 몸에 허물이 있는지를 스스로 살폈다.'"[87]

여기 '三過'의 三은 명백히 '세 가지'를 뜻한다. 朱熹도 같은 구조의 주석을 남겼다.

"曾子는 이 세 가지[三者]로 매일 스스로를 반성하여, 잘못이 있으면 고치고 없으면 더욱 노력하였다."[88]

여기서의 '三者'의 三 역시 명백히 '세 가지'를 뜻한다. 한편 현대의 南懷瑾이 "曾子는 매일 다만 세 가지 일로 자신을 살폈다."[89]고 한 바 있으며, James Legge[90]나 R. Ames & H. Rosemont, Jr.[91]같은 서양 학자들도 대개 '三'을 '세 가지'로 해석하였다.

셋째, 三이 '세 차례, 세 번'을 뜻하는 경우이다. 예컨대 錢穆는 '三省'을 '세 번 反省'[92]으로 해석 한 바 있다. 또 丁若鏞이 『論語古今註』에 소개한 藤의 견해도 三을 '세 차례'로 해석하고 있다.

"藤은 말하였다. '대개 三字가 문장 앞에 있으면 세 차례를 말한다. 예컨대, 三復白圭(白圭의 詩를 세 차례 반복하여 읊다.), 三以天下讓(천하를 세 번 양보하다.) 등이 그러하다. 문장 말미에 있다면 가짓수를 나타낸다. 예컨대, 君子所貴乎者三(군자가 중요하게 여기는 것이 세 가지이다.), 君子之道三(군자의 도리는 세 가지이다.) 등이 그러하다.'"[93]

단순한 듯 보이는 "吾日三省吾身."의 三에 대한 해석이 이상 살펴본 바처럼 세 갈래로 분분한 까닭은, 고래로 三을 단순한 자연수로뿐 아니라 철학적 혹은 우주론적인 의미를 부여한 특별한 수로 인식했기 때문이다. 다른 대목과 달리 "吾日三省吾身."의 문장이 『논어』 내에 출현하는 위치와 그 문장의 발설자가 曾子라는 점은 이 문장을 좀 더 심층적으로 이해할 필요를 가중시킨다. 그리고 그 심층적인 이해에 三의 정확한 의미가 무엇인지가 중요한 관건이 된다.

3. '三'字의 문헌고증학적 분석

"吾日三省吾身."에서의 '三'의 명확한 의미를 규정하기 위해서는 『논어』내에 출현하는 같은 문장 구조의 다른 용례를 검토하는 문헌고증학적 분석이 하나의 방법이 될 수 있다. 구체적 분석 방법은 숫자가 문장 구조 안에서 어떠한 연결 관계를 갖는지 용례를 살펴보는 것이다.

『논어』내에 一에서 十까지의 숫자 가운데 명사와 연결되는 경우나 문장 말미에 나오는 경우는 모두 예외 없이 '~ 가지' 혹은 '~ 차례'를 의미하는 實數로 쓰였다.[94] 한편 "吾日三省吾身. 爲人謀而不忠乎. 與朋友交而不信乎. 傳不習乎."의 문장은 숫자(三)와 동사(省)가 바로 연결 되고 수적으로 직접 연계된 내용, 즉 세 가지 사항이 의미상 목적어로서 바로 뒤이어 구체적으로 제시된 구조로 되어 있다. 그런데 이러한 문장 구조를 보이는 경우는 『논어』내에 오직 "吾日三省吾身."문장이 유일하기 때문에 유사한 경우의 용례를 방증으로 삼아야 할 필요가 있다. 좀 더 포괄적인 예로써의 유사한 용례는 '숫자가 동사 앞에 쓰인 경우'와 '숫자가 놓인 위치와 상관없이 그 숫자의 해당 내용이 뒤이어 바로 제시되는 경우'이다.

먼저 숫자가 동사 앞에 쓰인 경우는 아래 표에 나타난 바와 같이 『논어』에 모두 아홉 문장이 나온다. 그런데 각기 문장에서의 숫자의 의미와 성격에 대해서 여러 해석의 견해가 일치하지 않는다. 몇몇 해석[95]을 예로 들어 정리하면 다음과 같다.

<표5: 숫자가 동사 앞에 쓰인 경우>

번호	篇	用例	數	數의 해석 (數의 성격)		
				楊伯峻[96]	Legge[97]	儒文硏[98]
1	公冶長	令尹子文三仕爲令尹, 無喜色. 三已之, 無慍色.	三	세 번 (實數)	세 번 (實數)	세 번 (實數)
2		季文子三思而後行.	三	여러 번 (虛數)	세 번 (實數)	세 번 (實數)
3	述而	子以四敎. 文, 行, 忠, 信.	四	네 가지 (實數)	네 가지 (實數)	네 가지 (實數)
4	泰伯	三以天下讓, 民無得而稱焉.	三	여러 번 (虛數)	세 번 (實數)	세 번 (實數)
5		三分天下有其二, 以服事殷.	三	세 개 (實數)	세 개 (實數)	세 개 (實數)
6	鄕黨	子路共之, 三嗅而作.	三	몇 번 (虛數)	세 번 (實數)	세 번 (實數)
7	先進	南容三復白圭, 孔子以其兄之子妻之.	三	몇 번 (虛數)	여러 번 (虛數)	세 번 (實數)
8	憲問	桓公九合諸侯, 不以兵車, 管仲之力也. 如其仁, 如其仁.	九	여러 번 (虛數)	모두 (虛數)	數로 보지 않음
9	微子	柳下惠爲士師, 三黜. …… 直道而事人, 焉往而不三黜.	三	여러 번 (虛數)	세 번 (實數)	세 번 (實數)

이상 살펴본 몇몇 학자들의 해석 뿐 아니라 근현대의 많은 해석가들이 고래의 여러 주석을 인용하며 제시한 숫자 해석은 일치하지 않는다. 따라서 이 유형의 사례에선 객관적인 기준에 의해 숫자가 實數인지 虛數인지를 판정할 수 없다.

그렇다면 이번엔 숫자가 놓인 위치와 상관없이 그 숫자의 해당 내용이 뒤이어 바로 제시되는 경우를 살펴보자. 이 경우는 "吾日三省吾身."의 문장 구조와 동일한 형태이기 때문에 참고의 의미가 크다. 역시 〈표5〉에 적시했던 학자들의 해석을 함께 정리하면 다음과 같다.

〈표6: 숫자의 해당 내용이 뒤이어 바로 제시되는 경우〉

번호	篇	用 例[99]	數	수의 해석상 성격		
				楊伯峻[100]	Legge[101]	儒文硏[102]
1	爲政	一言以蔽之, 曰. ①思無邪.	一	實數	實數	實數
2	公冶長	有君子之道四焉. ①其行己也恭, ②其事上也敬, ③其養民也惠, ④其使民也義.	四	實數	實數	實數
3	述而	子以四敎. ①文, ②行, ③忠, ④信.	四	實數	實數	實數
4	泰伯	君子所貴乎道者三. ①動容貌, 斯遠暴慢矣. ②正顔色, 斯近信矣. ③出辭氣, 斯遠鄙倍矣.	三	實數	實數	實數
5	子罕	子絶四. ①毋意, ②毋必, ③毋固, ④毋我.	四	實數	實數	實數
6	憲問	子曰. 君子道者三, 我無能焉. ①仁者不憂. ②知者不惑. ③勇者不懼.	三	實數	實數	實數
7	季氏	孔子曰. 益者三友, 損者三友. ①友直, ②友諒, ③友多聞, 益矣. ①友便辟, ②友善柔, ③友便佞, 損矣.	三	實數	實數	實數
8	季氏	孔子曰. 益者三樂, 損者三樂. ①樂節禮樂, ②樂道人之善, ③樂多賢友, 益矣. ①樂驕樂, ②樂佚遊, ③樂宴樂, 損矣.	三	實數	實數	實數
9	季氏	孔子曰. 侍於君子有三愆. ①言未及之而言謂之躁, ②言及之而不言謂之隱, ③未見顔色而言謂之瞽.	三	實數	實數	實數

10		孔子曰. 君子有三戒. ①少之時, 血氣未定, 戒之在色. ②及其壯也, 血氣方剛, 戒之在鬪. ③及其老也, 血氣旣衰, 戒之在得.	三	實數	實數	實數
11	季氏	孔子曰. 君子有三畏. ①畏天命, ②畏大人, ③畏聖人之言.	三	實數	實數	實數
12		君子有九思. ①視思明, ②聽思聰, ③色思溫, ④貌思恭, ⑤言思忠, ⑥事思敬, ⑦疑思問, ⑧忿思難, ⑨見得思義.	九	實數	實數	實數
13		陳亢退而喜曰. 問一得三. ①聞詩, ②聞禮, ③又聞君子之遠其子也.	三	實數	實數	實數
14	陽貨	孔子曰. 能行五者於天下爲仁矣. 請問之. 曰. ①恭, ②寬, ③信, ④敏, ⑤惠.	五	實數	實數	實數
15	微子	周有八士. ①伯達, ②伯适, ③仲突, ④仲忽, ⑤叔夜, ⑥叔夏, ⑦季隨, ⑧季騧.	八	實數	實數	實數
16	子張	子夏曰. 君子有三變. ①望之儼然, ②卽之也溫, ③聽其言也厲.	三	實數	實數	實數
17	堯曰	子張曰. 何謂五美. 子曰. ①君子惠而不費, ②勞而不怨, ③欲而不貪, ④泰而不驕, ⑤威而不猛.	五	實數	實數	實數
18		子張曰. 何謂四惡. 子曰. ①不敎而殺謂之虐. ②不戒視成謂之暴. ③慢令致期謂之賊. ④猶之與人也, 出納之吝謂之有司.	四	實數	實數	實數

이상 해석에서 보듯이, 뒤이어 숫자의 구체적 내용이 열거되어 제시되는 문장에선 그 숫자가 명백히 實數로 이해되고 있다. 여기선 구체적 내용의 제시 여부가 숫자의 성격을 규정하는 데 결정적 요인임을 알 수 있다. 그런데 앞 장에서 살펴보았듯이 "吾日三省吾身." 문장에서의 三이 뒤에 그 수량의 내용이 제시됨에도 불구하고 실수가 아닌 허수로 이해되는 경우도 있는 것은 무슨 연고일까? 이는 아마도 고대에 三과 九가 算數의 일정 마디에서 한계로 인식되어 '여러', '몇몇' 등으로 이해되던 관습이 『논어』의 가장 처음 등장하는 "吾日三省吾身."의 문장 구절에서 상기되었기에, 많은 주석가들의 견해가 이 구절에서 점화되어 논란이 일었던 듯싶다. 하지만 三이라는 숫자만 보더라도 이후 『논어』에 출현하는 모든 三에 그러한 잣대로 주의를 기울여 해석한 各家의 苦心은 더 이상 보이지 않는다. 일단 〈표5〉에서 보더라도 三의 해석은 各色이다.

그러함에도 〈표6〉에서는 各家의 의견이 완전히 통일되어 있는데, 이는 우연의 일치라기보다는 암묵적인 인식의 일치가 있기 때문이라 생각한다. 단순히 뒤에 좀 더 구체적으로 제시된 내용이 수의 객관적 증빙의 자료가 되지 않았느냐는 말이 아니다. 수의 實數 여부와 수량에 합치하는 내용 사이에 일종의 법칙이 있다는 것이다. "吾日三省吾身."의 문장에 대한 阮元의 주석은 그 양자의 함수관계를 잘 설명해주고 있다.

"옛사람들의 簡策은 번거롭고 무거웠다. 그래서 입과 귀로 암송을 통해 그 내용을 전한 경우가 많았고 간책을 통해 눈으로 전수한 경우는 적었다. 또한 〈일정 분량을 정리하여〉 數目으로써 내용을 요약한 것은 百官과 萬民으로 하여금 쉽게 암송하고 기억하게 한 것이다. 『書經·周書』의 洪範九疇와 周官이 특히 대표적인 예이다. 『論語』에 數目으로써 내용을 요약한 것, 예컨대 一言·三省·三友·三樂·三戒·三畏·三愆·三疾·三變·四敎·絶四·四惡·五美·六言·六蔽·九思 등은 모두 암기를 통해 口述한 것을 전해 받아 기억하는 古法의 예를 보여주는 것이다."[103]

이 내용으로부터 '암기를 통해 口述한 것을 전해 받아 기억'하는 암송 방식이 『논어』에 나타난 공자의 교육방법이라는 점과 그러한 구술 및 암송 교육이 많은 사람에게 쉽게 적용되도록 하기 위해 역사 내용을 특정한 몇 가지 數目으로 요약하는 효율적 방식을 채용했음을 알 수 있다. 또한 이로부터 공자 당시 비록 簡册 등과 같은 書寫의 조건이 있었음에도 불구하고, 역사교훈 및 인륜도덕 등 강학내용을 암기의 방식에 의해 전수·전달하는 口述이 여전히 공자의 교육방식의 중점임도 확인 할 수 있다. 이러한 맥락에서 "吾日三省吾身."에서의 三 뿐 아니라 『논어』에 출현하는 一言·三友·三樂·三戒·三畏·三愆·三疾·三變·四敎·絶四·四惡·五美·六言·六蔽·九思 등에서의 각기 숫자는 모두 實數임을 알 수 있다. 다시 말해서 각기 數目은 그 내용의 의미나 가치 등 중요성보다는 암송의 편리성과 효율성에 비중을 둔 口述 문화의 산물이라는 것이다. 따라서 편의성에 기반을 둔 형식체계가 원시유가의 내용체계 구성에 선제적 영향을 주었음을 알 수 있다.

4. 孔門에서의 '三'의 의미와 성격

"吾日三省吾身."의 내용은 비록 曾子가 발설한 것이지만, 앞서 살펴본 바처럼, 實數로서의 '三'의 내용구성과 암송을 통한 '授受 전승'〈學〉이라는 운용방식은 孔子가 孔門私學에서 가장 주요하게 사용했던 교육방법이며, 曾子 역시 공자의 교육방법을 그대로 답습하였음을 알 수 있다. 이 점은 "吾日三省吾身."에 뒤이어 나오는 "爲人謀而不忠乎. 與朋友交而不信乎. 傳不習乎."의 내용을 맥락적 관계를 통해 이해함으로써 확인할 수 있다. 이 구절과 맥락적 관계를 지닌 것은 『논어』의 첫머리에 나오는 '三亦'의 문장이다.

제1장에서 살펴본 바대로, 三亦 문장의 해석의 관건은 '學習', '遠方', '人不知' 등 세 항목이다. 孔門私學의 유가사적 위치와 성격을 감안하여 語義 분석을 하면 이 내용은 다음과 같이 이해될 수 있다. 첫째, 學習은 口述 방식의 교육체계에서 가장 핵심적인 사

항으로, 전승된 '역사로서의 詩와 제도로서의 禮'를 스승으로부터 암송 형식으로 배우고 익히는 것을 말한다. 둘째, 遠方은 언어와 습속이 다른 먼 나라 혹은 지역을 말한다. 셋째, 人不知는 다른 사람이 강학된 내용을 잘 이해하지 못함을 말한다. 이러한 기본적인 이해를 바탕으로 三亦의 문장을 해석하면 다음과 같다.

"〈스승이 口述의 방식으로 전해준 역사내용을 암기 형식에 의해〉 배우고 때때로 익히면 〈역사의 교훈과 세상의 道를 터득하게 되니〉 또한 기쁘지 아니한가? 뜻을 따르고자 하는 〈면식이 없던〉 이들이 먼 곳으로부터 와 孔門에 합류하면 〈점차 우리의 이상이 확산되니〉 또한 즐겁지 아니한가? 〈언어와 관습이 다른 먼 곳의〉 사람들이 〈가르쳐준 詩와 禮를〉 제대로 알지 못해도 화내지 않으면〈않고 계속 敎學하면〉 또한 군자가 아니겠는가?"[104]

그렇다면 이번엔 曾子의 三省을 보자. 앞의 三亦에 대한 해석과 같은 맥락으로 이해하면 다음과 같다.

"〈언어와 관습이 다른 먼 곳으로부터 온 同門으로서의〉 사람들을 위해 도모함에 충실치 못한 점은 없었는가? 〈같은 목적을 위해 함께 모인 同門으로서의〉 朋이나 〈같은 뜻을 공유한 同志로서의〉 友와 교류함에 믿음을 주지 못한 점은 없었는가? 〈스승으로부터〉

傳受 받은 내용을 완전히 익히지 않은 채 제자들에게 傳授한 점은 없었는가?"[105]

공자가 정치결사체[106]로서의 孔門을 창설하면서 구성한 운용방식은 "'學而時習之, 不亦說乎.' → '有朋自遠方來, 不亦樂乎.' → '人不知, 而不慍, 不亦君子乎.'"이고, 이는 "내적 완성 → 확산 → 전승"의 로드맵을 의미한다. 반면 공자를 계승하여 孔門을 이끌게 된 曾子의 운용방식은 공자와 반대 순서이다. 즉 "'爲人謀而不忠乎.' → '與朋友交而不信乎.' → '傳不習乎.'"의 운용방식은 "전승 → 확산 → 내적 완성"의 로드맵이다. 공자가 내적 완성으로부터 정치적 완성으로 나아갔다면, 증자는 정치적 완성으로부터 내적 완성으로 나아갔음을 알 수 있다. 이는 曾子가 한편으로는 공자로부터 받아들이는 제자의 입장과 다른 한편 후학 제자들에게 전파해야 하는 관리자 입장의 중간 내지는 두 입장 모두에 처해 있었던 정황에서 공자와 반대 순서의 로드맵을 운용했을 것이며, 이는 또한 曾子의 孔門이 공자의 孔門보다 더욱 정치결사체적 성격을 두드러지게 보여주는 실례라고 할 수 있다.[107]

三省의 문장이 三亦의 문장과 같은 맥락이면서 차이를 보이는 점으로부터, 결론적으로 우리는 다음과 같은 의미를 읽을 수 있다. 첫째, 孔子가 제기한 三亦의 내용을 曾子가 계승했다는 점이다. 다만 이는 道統의 계승보다는 結社體 규정 형식의 계승이라 할 수 있다. 둘째, 그 계승의 성격이 발전적 심화의 면모를 보인다는 점이다. "배우고 익히는 것"에서 "익힌 바를 전하는 것", "먼 곳에서 오는 사람"에서 "그 사람들과 어떻게 지낼 것이냐"를 궁구하는 것, "그 사람들을 훈육하는 것"에서 "그 사람들을 어떻게 잘 훈육할 것인가"를 궁구하는 것 등이 그 내용이다. 셋째, 공자〈주창자〉에게서 일반사항이었던 핵심사항을 曾子〈계승자〉는 數的 규정을 통하여 典範化 했다는 점이다. 넷째, 당시 政治結社體로서의 孔門의 指向에서 가장 중요한 점이 '전승', '확산', '내적 완성'의 세 가지 사항이었다는 점이다.

 이상 살펴본 바대로, 공자의 三亦과 曾子의 三省으로부터 거꾸로 孔門의 성격을 재구성할 수 있다. 각기 중점사항 및 운용 방식상 로드맵의 상이는 공자의 孔門과 曾子의 孔門이 성격상 분명한 차이가 있음을 보여주며, 이는 창시의 입장과 유지의 입장의 차이를 보여주는 것이기도 하다. 그러나 이러한 차이에도 불구하고, 서서히 원시유가가 형성되어가는 과정 중의 孔門의 성격이 어떠했는가라는 점 또한 분명하게 드러난다. 『논어』의 다른 구절들에서 절실히 확인할 수 있는 바처럼, 공자든 曾子든 개인의 도덕적 자질과 국가의 王道的 자질을 부단히 그리고 층실히 강조하였다. 그럼에도 불구하고 三亦과 三省의 내용은 孔門의 무리들의 궁극적인 지향이 내적 완성에 기반한 정치적 완성임을 보여준다. 이는 유가이념의 근간이라 할 수 있는 『大學』의 八條目에도 그대로 반영되는 바이다. 나아가 特記할 만한 것은, 孔門이 하나의 조직으로서 유지될 수 있고 또 스스로의 사명과 이상을 교육적 차원에서 터득하고 이해하는데 '三'과 같은 형식체계가 매우 유용하고 효율적인 방식으로 공헌했다는 점이다. 이는 단지 孔門의 성격을 이해하는데만 유효한 것이 아니라 孔門 이래 유가의 진면목을 형식미학의 차원에서 분석하는데 매우 중요한 機制라는 점에서 큰 의미가 있다.

제3장

제도의 형식: '八佾'의 유가적 상징작용

1. 공자의 "八佾, 舞於庭" 비판
2. 舞佾說과 '八'의 奧秘
3. 규정의 案出, 위반의 의미
4. 樂舞言語와 상징작용
5. 力顯에서 聖顯으로

1. 공자의 "八佾, 舞於庭" 비판

『論語·八佾』에 魯의 大夫인 季氏가 공자로부터 혹독한 비판을 받는 대목이 여러 차례 나온다. 그 가운데 해당 편의 맨 첫머리에 나오면서 또한 가장 많이 알려진 것이, 大夫로서 응당 四佾舞를 누렸어야 할 그가 天子의 전용인 八佾舞를 僭用하였다는 "八佾, 舞於庭"의 구절이다. 그러면 공자는 이 부분을 왜 그리 심각하게 여겼을까?

팔일무를 하나의 상징이라 한다면, 그것은 계급의 차이에 따른 등급 간 위계질서를 유지하고 담보하는 상징작용만을 단순히 수행하는 것은 아닐 것이다. 佾舞에 있어 "天子用八, 諸侯用六, 大夫用四, 士用二"는 일단 규정(禮)이자 형식이며 상징이다. 그리고 이 세 요소의 총합은 공자의 正名觀을 적실하게 보여주는 표지이다. 상징은 권력을 재생산할 뿐 아니라 전통을 만들고 이끌어가는 기제이다. 그런데 이렇게 전통을 생성하고 유지하는 힘은 '형식'으로부터 나온다. 八佾은 하나의 형식으로서 거대한 전통의 담론을 표상하는 상징적 아이콘이다.

  이 장에서는 팔일무를 사례로 하여 유가 형식이 갖는 定式性과 그것의 상징작용을 고찰하고자 한다. 우선 팔일무의 유래와 의미에 대해 살펴봄으로써 '八'이라는 定式의 규정 및 그러한 규정의 위반이 갖는 의미를 파악하고, 다음으로 유가적 형식으로서의 팔일무가 하나의 樂舞言語로서 어떠한 상징작용을 수행하는지 고찰하도록 한다.

2. 舞佾說과 '八'의 奧秘

  공자가 季氏를 비판한 대목을 역으로 생각해 보자. 天子는 가장 막강한 권력과 富를 소유한 자이다. 그런 그가 자신의 전용 樂舞로 단지 64명만의 팔일무를 쓴다니 의아해 하지 않을 수 없다. 百佾舞도 불가능한 것은 아닐 터인데, 왜 겨우 '八'佾舞였을까? 그 해답의 단서는 『左傳』의 다음 記事에 담겨 있다.

  "九月에 仲子의 사당이 다 되어서 樂舞를 거행하고자 하였다. 公이 衆仲에게 꿩의 꼬리를 단 기를 가지고 춤을 추는 사람의 수를 물었다. 衆仲이 답하기가 이렇다. '天子는 八佾舞를 쓰고, 諸侯는 六佾舞를 쓰며, 大夫는 四佾舞를 쓰고, 士는 二佾舞를 씁니다. 무릇 樂舞라는 것은 여덟 가지 악기의 소리를 조화시키고, 이로써 八方의 풍류에 알맞게 하는 것입니다. 그렇기에 八佾로부터 아래로 정한 것입니다.'"[108]

이 대목에서 알 수 있는 것은 두 가지이다. 하나는 天子로부터 士에 이르기까지 계급에 따라 舞佾의 숫자에 등급이 있다는 점이다. 다른 하나는 佾舞 가운데 가장 높은 등급인 '八'의 유래가 八音, 八風 등 다른 요소의 '八'과 연관된 고려라는 점이다.

『說文解字』에 이르기를 "佾은 춤의 행렬이다."[109]라고 하였다. 그렇다면 舞佾은 춤의 한 열이 된다. 이러한 舞佾의 인원수에 대해서는 고래로 두 가지 설이 있어 왔다.[110] 첫 번째 설은 다음과 같다. 天子는 八八의 六十四人, 諸侯는 六六의 三十六人, 卿大夫는 四四의 十六人, 士는 二二의 四人이다.[111] 두 번째 설은 다음과 같다. 天子는 八八의 六十四人, 諸侯는 六八의 四十八人, 卿大夫는 四八의 三十二人, 士는 二八의 十六人이다.[112] 이 두 설은 천자의 경우만 인원수가 일치하고 다른 경우는 인원수가 모두 다르다. 여기서 문제의 핵심은 舞佾의 한 열이 등급에 따라 각기 다르냐 아니면 8명으로 고정된 것이냐이다. 결론적으로 말하자면 두 번째 설이 옳다. 그 근거는 다음의 기사에 있다.

"대저 樂舞라는 것은 여덟 가지 악기의 소리를 조화시키는 것이다. 八音이 지극한 조화에 이르게 되어야 비로소 樂이 이루어진다. 그러므로 반드시 여덟 사람으로 한 열을 만드는 것이다. 天子로부터 士에 이르기까지 내려가면서 둘씩 없애는 것인데, 이는 곧 두 열씩 감하는 것을 의미한다. 杜預는 매 列도 2인씩 감한다고 생각하였는데, 이 경우 士에 이르러 4인만 남게 된다. 그렇다면 어떻게 樂이 이루어질 수 있겠는가! 내(傅隆)가 보기에 服虔이 『左傳』에 注하기를, 天子는 八八의 六十四人, 諸侯는 六八의 四十八人, 卿大夫는 四八의 三十二人, 士는 二八의 十六人이라 했는데, 이치에 아주 합당한 견해이다."[113]

앞서 衆仲과 여기 傅隆의 견해에 의하면, 八佾의 기원이 成樂의 조건인 八音과의 합치를 위해 '八'이라는 숫자를 상징적으로 援用했음에 있다는 것을 알 수 있다. 당시의 전통적 사유방식에 의하면, 쇠[金]·돌[石]·흙[土]·가죽[革]·줄[絲]·나무[木]·박[匏]·대[竹] 등 여덟 가지의 재질로 된 악기들을 함께 연주하면 거기서 어우러지는 소리가 천지신명도 감동시키는 지극히 조화로운 음이 된다고 생각하였다. 그리하여 이 八音의 상징성을 다시 한 번 드러내기 위하여 佾舞의 각 열의 여덟 명은 八音을 내는 각각 하나의 악기를 쥐게끔 하였다.[114] 제후 이하 매 列마다 둘씩 감하게 되면 각 佾은 八

음을 낼 수 없게 되며, 따라서 근본적으로 佾舞 자체가 성립되지 않게 된다.

하나의 佾이 팔음을 나타내는 여덟 가지 악기를 각기 하나씩 든 여덟 명으로 이루어진다는 점은, 이 팔음이 八卦·八方·八風과 깊이 연관되어 있음을 보면 더욱 명확해 진다.

<표7: 八卦·八方·八風·八音, 八音재료 관계>[115]

八卦	坎	艮	震	巽	離	坤	兌	乾
八方	北	東北	東	東南	南	西南	西	西北
八風	廣莫風	融風	谷風	清明風	凱風	涼風	閶闔風	不周風
八音	塤	管	鼓	笙	琴	磬	鐘	柷敔
八音재료	土	竹	皮	匏	絲	石	金	木

여기서 보는 것처럼 八音이란 단순히 음악적 조화를 고려한 것 이상이다. 따라서 舞佾은 八音 및 이것과 연관된 보다 폭넓은 우주적, 정치적 조화의 의미까지도 포괄하고 있는 것이다.

결론적으로, 佾은 행렬인데 한 열의 인원수는 8이다. 이는 변할 수 없는 수량단위(定式)이다. 그리고 舞佾의 數는 列數인데 이는 변할 수 있다. 『左傳·隱公五年』에 나오는 八·六·四·二는 모두 佾數 혹은 列數를 가리키는 것이다.[117] 그 가장 완벽한 조화를 일구어 내는 '八'이라는 수를 다시 한 번 중첩한 것이 바로 이 팔일무인데, 최고의 조화를 상징하는 이 '八'佾舞를 至尊인 天子가 독점했던 것이다.

3. 규정의 案出, 위반의 의미

天子가 이 至高無上의 '八'이라는 象徵權을 독점하여 누리는 이유는 단순하다. 고대에 천자는 天神에 대한 제사 등 중요한 제사를 독점하였다.[118] 天神과 始祖神의 보살핌으로 국가가 유지, 발전되고 자신의 권력이 보전되고 있다고 믿기 때문에 어떻게든 그들을 잘 모시는 것이 중요하다. 그들의 영혼을 최상으로 모시기 위해선 가장 조화로운 음을 만들어내는 '八'이라는 숫자를 天子가 독점해야만 하는 것이다. 따라서 계급이 밑으로 내려 갈수록 舞佾의 수를 감소한 것은 祭祀權 내지 조상신들과의 交通權에 대한 삭감으로 이해할 수 있다. 祭神들을 덜 감동시키는 만큼 명운은 협소해진다. 그래서 제후 이하 신하들이 각기 계급에 맞는 등급의 佾舞를 봉헌하게끔 하였고, 그 결과에 맞는 명운만을 누리게끔 하였다. 이런 맥락에서 볼 때, 일개 諸侯나 大夫가 팔일무를 사용했다는 것은 사소한 규모 차이의 문제가 아니라 국가모반의 의미를 갖는 아주 중요한 僭濫의 사건이다.[119] 『論語·八佾』에는 八佾의 僭用과 더불어 여러 가지 '위반'의 사례가 비판되고 있다.

"季氏가 八佾舞를 뜰에서 춤추게 했다."[120]

"三家에서 제사를 마치고 『詩經』雍章의 음악에 맞추어 祭物을 철

거하였다."¹²¹

"季氏가 泰山에서 旅祭를 지냈다."¹²²

周代에 봉건제도와 종법제가 혼합된 이후 禮樂의 의의는 새롭게 바뀌었다. 정치제도 면에서 서로 다른 예악은 서로 다른 사회적 신분지위를 대표하니, 이로써 예악은 각기 정치계층에게 무형의 권력이 되었다. 사회에서의 예악은 점차 婚·喪·嫁·娶와 사교생활 각 방면의 禮俗과 倫常의 규범이 되었고, 이에 따라 사회질서유지에 막대한 영향을 미쳤다.¹²³ 이 때문에 西周시기 제정된 禮의 명목은 다양했고, 등급이 엄격했으며, 내용 또한 비단 祭祀 한 방면만이 아니었다. 天子의 宴會, 諸侯의 互見, 大夫의 외교사절로써 다른 나라에 가는 것, 鄕大夫의 長老賢者에 대한 宴飮 등 통치계층의 각종 관계를 조정하는 禮儀로 기능하였다. 따라서 서로 다른 등급에는 서로 다른 규격을 제정하였고 僭上할 수가 없었다.¹²⁴

그런데 東周시기에 이르러 강고하던 예악의 위세가 꺾이면서 위반의 사례가 속출하게 된다. 위에서 본 몇 가지의 위반에 대해 공자가 개탄한 것은 큰 틀의 질서를 염두에 둔 까닭으로 이해해야 할 것이다. 이러한 비판은 正禮樂(예악을 바로잡음), 즉 예악 規定의 糾正을 도모하는 것이다. 하지만 공자가 의도한 正禮樂의 참뜻은 단순히 국가계급이나 사회등급의 옹호에 있는 것이 아니다. 더 깊은 뜻은 그로부터 한층 더 고차원적인 機制로서의 正名에 있다. 이름을 바로잡는다는 것은 곧 이름을 준수한다는 것이고, 그 이름의 정체성을 담고 있는 형식을 준수한다는 것이다. 예컨대 여기서의 형식이란 바로 팔일무에서의 '八'이라는 舞佾이다. 형식의 준수는 곧 규정의 준수를 의미한다. 예악규정은 바로 자신의 명분과 역할을 준수하는 것과 직결된다. 따라서 팔일무 등과 같은 집단적 禮儀에서부터 개인의 신체와 연관된 세세한 禮法에 이르기까지, 공자가 案出해낸 규정들은 궁극적으로 '준수의 의지'를 겨냥하고 있는 것이다.

우리가 말하는 전통이라는 것의 실질 혹은 본질은 바로 이러한 '定量으로서의 형식'이다. 또한 正名의 본질은 바로 이러한 이미 고정된 형식을 준수(반복)한다는 것이다. 형식이 바뀌면 그 형식(記表/아이콘)이 내포하고 있는 규약(記意/코드)이 흔들리게 된다. 그러면 규약에 의해 유지되는 사회도 혼란해진다. 그래서 그 사회규약을 받쳐 주는 定量의 형식(전통)을 공자는 중시한 것이며, 이 때문에 '형식의 위반'[125]을 비판한 것이다. 공자 입장에서 일반대중의 '형식에 대한 존중과 준수'는 도덕성 강화의 가장 중요한 통로이다.

4. 樂舞言語와 상징작용

앞서 살펴본 대로 '八'이라는 형식은, 신화적 原型과 관련된 우주적 의미 및 祭祀權과 연결된 정치적 의미를 상징적으로 포괄한다. 그런데 여기서 눈여겨 볼 점은, 이 八이라는 본질적 의미가 소외되고 끝내는 그 본질이 儀式性으로 상징화된다는 점이다. 이 부분은 '본질의 상징화 과정'[126]으로 잘 설명될 수 있다.

본질이 상징화하는 데는 세 가지 과정을 겪는다. 먼저 본질의 形象化가 진행되고 그 다음 본질의 疎外化가 이루어지며 마지막으로 본질의 象徵化가 완성된다. 첫 번째 단계는 본질이 변이하는 과정이고, 두 번째 단계는 본질의 소외과정이며 마지막 단계는 상징이 현현하는 과정이라 할 수 있다. 이러한 세 가지 과정은 화이트헤드(A. N. Whitehead)가 상징작용과 지각의 관계를 설명한 데서 잘 나타난다. 그는 의자라는 사물을 예로 들어 이 관계를 분석한다. ① 우리가 의자를 지각하는 순간 우리가 본 것은 단지 색깔 있는 모양일 뿐이다. ② 그 다음 색깔 있는 모양으로부터 색깔과는 아무런 관계도 없는 온갖 종류의 목적에 이용될 수 있는 대상의 관념에로의 이행은 아주 자연스러운 것으로 생각되며 ③ 마지막으로 그리하여 색깔 있는 모양은 우리의 경험에 있어서 어떤 다른 요소의 상징인 것처럼 생각된다. 그럼으로써 색깔 있는 모양을 볼 때 우리는 우리의 행동을 그런 다른 요소에 대하여 조절한다는 것이다.[127] 본질의 형상화는 사람의 지각에 본질이 형상적인 특성만으로 남게 됨을 말한다. ①항에서는 의자라는 본질을 지각한 이후 색깔과 모양이라는 形狀을 얻게 된 다음에는 반대로 색상이나 모양으로부터 의자라는 본질을 다시 획득하는 것은 어렵다. 이는 지각과 경험의 상실로 인해 형상이 본질로 회귀하는 것이 어려움을 말하는 것이다. 지각과 경험은 색상과 모양으로부터 의자라는 본질을 획득하는 능력을 일컫는 것인데, 지각과 경험이 상실될 수 있다는 것은 그것들이 一回性 혹은 一過性이라는 특성을 갖기 때문이다. 지각과 경험의 상실로 인해 형상이 본질로 회귀하는 것이 어려운 까닭은 고의로 의자라는 본질을 묵살하는 경우가 있을 수 있고, 또는 형상으로부터 우러나오는 어떤 상징적인 것에 대한 공동 관념을 표시함으로써 심리적 동일감이나 안정을 획득하는 것에 의해, 의자라는 본질로 되돌아가는 것을 기피하는 경우가 있을 수 있기 때문이다. 전자는 예술가의 특성이고 후자는 비예술가의 타성이다. 이로부터 본질은 변이되는 과정을 겪게 된다. 본질이 변이된다는 것은 본질의 소외로 자연스럽게 이어진다. 의자라는 사물이 시각적 감관을 통해 어떤 특정한 색상과 모양으로 지각된 이후에는 오로지 그러한 형상만 남게 되는데, 이 특정한 형상은 이제 의자라는 본질과는 상관없이 단지 형상만으로 존재하며 이 특정한 형상은 아무런 제약 없이 의자 이외의 온갖 종류의 사물이나 현상이나 혹은 관념 등과 자유롭게 어울릴 수 있도록 예비 되어 있다. ②항에서의 '대상의 관념에로의 이행'은 이러한 의미이다. 이행이 완료되었을 때 본질은 더 이상 존재하지 않는다. 이것이 본질의 소외이다. ③항에 이르러 마침내 본질은 그 상징적인 모습을 드러내게 된다.[128]

팔일무를 예로 들어 볼 때, ❶知覺者가 팔일무의 공연을 본 다음 그에게는 '八'이란 舞佾의 형상이 남게 되며, ❷지각자는 이후 팔일 내지는 팔일무가 갖는 근본 의의로서의 본질은 잊은 채 '八'이란 舞佾의 형상만 간직하게 될 것이며, ❸이러한 '八'이란 형상은 이후 天子와 연계됨으로써 '숫자와 등급'이 조합된 지각활동에 적용될 것이다. ❶항은 본질의 형상화이고 ❷항은 본질의 소외화이며 ❸항은 본질의 상징화이다. 여기 마지막 본질의 상징화 단계에서, 기존에 획득된 형상을 다른 요소에 대해 연관 짓는 데에는, 그러나 조건이 수반된다. 다름 아닌 형상과 연계된 인식 활동이다. 팔일무의 상연에는 舞者들의 움직임이 순서·방향·자세·완급 등의 기호체계로 표현된다. 이러한 동작기호의 체계는 아이콘과 코드의 조합관계로 구성된다. 여기서 코드는 본질이고 아이콘은 상징이다. 따라서 코드를 담지한 각각의 아이콘은 시각적 이데올로기를 담고 있다. 이 때문에 팔일무의 아이콘 즉 동작기호는 樂舞言語라 할 수 있다. 비언어체계로서의 악무가 언어체계로서의 이데올로기를 소통시키고 있다는 것이다. 이 때문에 '八—天子'의 조합은 '八—天子—祭祀權'의 조합으로 확장된다.

무용이 신체를 통하여 인간의 사상과 감정을 미학적 법칙 아래 표현하는 예술이라면, 팔일무의 동작기호는 판토마임의 원리에 의해 잘 설명될 수 있다. 마임(Mime)은 목소리 대신 신체로 말하는 것으로서 단지 몸짓과 몸동작으로 대본의 구성을 나타내는 극예술 형태이다.[129] 팔일무에서의 악무언어 역시 신체의 표현으로 드러나는 시각적 이데올로기이다. 이러한 면모는 우선 「大武」에 잘 나타나 있다.

「大武」는 周代의 樂舞인데, 武王이 '伐紂'한 군사적 행동을 묘사한 것이다. 『禮記·樂記』에 공자가 賓牟賈에게 말해 준 「大武」의 내용이 묘사되어 있다. 여기에 나타난 각각의 마임 동작과 그것이 함축하고 있는 의미를 대조해보면 다음과 같다.

<표8: 「大武」의 마임 동작과 의미 대조>

마임 동작		함축된 의미	
「樂記」원문[130]	해석[131]	「樂記」원문	해석
總干而山立	손으로 방패를 쥐고 산처럼 우뚝 서는 것	武王之事	武王이 제후들이 이르기를 기다리는 것
發揚蹈厲	손을 내뻗어 떨치고 발로 땅을 세차게 내딛는 모습이 기세 있고 위풍당당한 것	大公之志	殷나라의 紂王을 토벌하려는 太公의 의지
武亂皆坐	끝날 무렵에 모두 무릎을 꿇는 것	周召之治	周公과 召公이 文德 즉 禮樂을 일으켜서 무력으로 다스리는 일을 그만 둔다는 것
夾振之而駟伐	춤의 행렬 양쪽에 두 사람이 金鐸을 휘두르니 舞者가 곧 분발하여 鐸소리의 리듬에 따라 사방으로 창과 방패를 휘두르는 것	盛威於中國	武王이 사방을 정벌하여 자신의 위력을 천하에 크게 나타내는 것

樂舞言語와 상징작용 63

分夾而進	두 줄로 나뉘어 전진하는 것	事蚤濟	빠른 시일 내에 천하를 통일하려는 의지
久立於綴	춤추는 자리에서 오랫동안 서서 기다리는 것	待諸侯之至	武王이 제후들의 도착을 기다리는 것

여기 「大武」의 사례에서 보았듯이, 동작마임과 함의의 관계로 이루어지는 그 악무 자체는 아이콘(동작기호)의 구성을 통한 텍스트에 다름 아니다. 따라서 그 동작기호는 텍스트, 그리고 그 텍스트가 담고 있는 강령이나 원칙 등 이데올로기를 현시하는 악무언어라는 것이다. 그리고 이 악무언어는 다음과 같은 텍스트의 줄거리가 진행되는 과정 속에서 시각적 이데올로기를 현시해 낸다.

<표9: 「大武」의 진행과정>

단계	내용	
	「樂記」원문	해석
一成	北出	武王이 북쪽에 있는 殷나라의 紂王을 토벌하려고 출발
二成	滅商	紂王을 소멸
三成	南	승리하여 남쪽으로 귀환
四成	南國是疆	남쪽의 조그만 나라가 귀순
五成	分, 周公左, 召公右	周公과 召公이 周를 나누어 다스림
六成	復綴, 以崇天子	舞者가 각기 원래의 위치로 돌아감으로써 武王에 대한 숭상을 표상

판토마임의 원리, 춤에서의 몸의 기호체계가 보여주는 규율, 그리고 舞佾에서의 숫자의 상징성이라는 이 삼자의 조합은 일정한 定式

性을 창출하여 담론을 생산해낸다. 여기서의 담론, 즉 시각적으로 현시된 이데올로기는 정치적 통치와 사회적 일치라는 효용을 위해 기능하는 종법제도나 도덕성 등을 말한다. 판토마임이든 악무든 그것들은 몸으로 보여주는 기호체계(icon)로 뜻(code)를 전달하려는 것이다. 定式性을 바탕으로 한 이러한 기제는 儀式이 궁극적으로 의도하는 聖顯[132]의 구조 속에 사람들을 편입시킴으로써 그들을 儀式이라는 통과의례를 거쳐 그 儀式 자체가 근본적으로 의도한 사유구조의 인간형으로 변모시킨다.

5. 力顯에서 聖顯으로

『논어』 전반에서 인간을 통제하고 지배하는 '힘'의 원천은 구체 사물에서 상징물로 이미 바뀌어져 있다. 즉 공자의 시기에는 이미 인간의 意識을 이끄는 원동력이 '협박〈폭력적 위협〉'[133]·'九鼎'[134]·'깃발·도끼'[135] 등과 같은 권력을 현시적으로 보여주는 구체 사물로부터 祭儀에서 보이는 儀式性이나 예악의 禮儀性 같은 상징물로 바뀐 것이다. 九鼎은 '역대에 걸쳐 정통왕조를 상징하는 상징물'[136]이며 斧鉞과 깃발 역시 권력을 상징하는 물건이다. 九鼎·斧鉞·깃발 등은 권력과 상징의 결합상의 원시적인 양상이다. 권력과 상징의 원시적 결합단계를 지나면 권력은 상징물을 통해 상징적으로 드러난다. 다시 말해서 공자시대는 실물(具象物)보다는 禮樂이나 儀禮에서의 상징적 형식――禮樂이나 禮儀에서의 동작, 숫자, 모양, 횟수, 색깔, 방위 등――이 더 상징작용을 발휘하는 '상징부호'의 단계에 진입한 것이다.

九鼎·斧鉞·깃발 등 권력의 상징물이 내포하고 있는 이른바 力顯[137]은 권력의 상징성이 좀 더 인문적인 儀式性이나 儀禮性으로 바뀌면서 聖顯으로 質變하게 된다.[138] 팔일무는 이러한 聖顯을 드러내는 儀式性 혹은 儀禮性의 좋은 본보기이다. 佾舞에서 聖顯은 두 가지 定式, 즉 舞佾과 악무언어에서 생겨난다. 舞佾은 숫자형식에 의한 계량적 기호이고, 악무언어는 동작형식에 의한 이미지 기호이다. 의례의 중요 기능은 성스러움의 상징적 현현, 즉 聖顯이다. 여기서의 상징은 시각적 이데올로기를 보여주는 것이다.

공자는 "盡善盡美"論과 "樂則韶舞"論으로 武樂을 폄하하고 韶樂을 부각시킨 바 있다. 여기서 韶樂은 '文'의 聖顯을 보여주며, 반면 武樂은 '武'의 聖顯을 보여준다. 공자가 武樂을 韶樂과 대비하여 언급한 내용을 보자.

> "공자가 舜의 음악인 韶에 대해서는, '지극히 아름답고, 또 지극히 선하다.'라고 하고, 周나라 武王의 음악인 武를 비평하기를, '지극히 아름답기는 하나, 지극히 善하지는 못하다.'라고 하였다."[139]

여기서 武樂이 盡美에 그칠 뿐 盡善하지 못하다는 평은 그것의 동작기호 즉 악무언어가 일정 부분 武의 聖顯을 담고 있다는 점을 비판하여 부정한 것이며, 韶樂을 진선진미로 평가한 것은 그것이 주는 文의 聖顯을 높인 것이다.

"공자가 齊에 있으면서 韶를 듣고 3개월 동안 고기 맛을 알지 못하였다. 그러면서 이르길, '樂을 만든 것이 이런 경지에 이르렀는지 생각지 못하였다.'고 하였다."140

"樂은 곧 舜의 樂舞를 쓸 것이다."141

이러한 공자의 숭앙으로 인해「韶」의 위용이 더 높아졌다. 즉 韶樂은 공자 이후에 舜 뿐 아니라 공자의 聖顯까지 더해진 것이다. 한편 舜의 음악인 韶樂이 盡美 뿐 아니라 盡善까지 다하였다고 칭송되는 것은, 舜이 그 도덕성으로 말미암아 堯로부터 禪讓받았다는 점 때문이다.142 그렇다면 舜이 堯로부터 帝位를 선양받은 것처럼 禹도 舜으로부터 제위를 선양받았다는 점에서,「大夏」역시 「韶」와 같은 성격의 聖顯을 표상하는 악무라 할 수 있다. 夏의「大夏」는 夏 왕조를 개국한 大禹의 治水 공적을 찬양한 악무이다. 그런데 夏의「大夏」는 商周의 다른 두 악무와 구별된다.「大夏」는 禹

王의 治水라는 문화영웅적 공적을 찬양한 반면, 「大濩」와 「大武」는 정벌로 이룬 武功을 찬양한 악무이다. 즉 商의 「大濩」는 湯王이 桀王을 정벌하고 商 왕조를 건국한 武功을 상징하는 악무이고, 周의 「大武」는 武王이 紂王을 정벌한 武功의 전 과정을 보여주는 악무이다. 이들 세 악무가 三代의 "왕 된 자는 功을 이룬 후 樂을 만들었다."[143]는 전통을 여실히 보여준다는 점에서는 같지만, 이른바 '文'과 '武'의 분별은 엄연히 드러난다.

공자는 韶樂을 부각시킴으로써 聖顯의 내용을 武에서 文으로 변화시키려 의도하였다. 이러한 의도는 동작기호, 즉 무용동작의 내용(악무언어)을 변모시키는 機制에 의해 구현된다.[144] '八의 舞佾—天子—祭祀權' 조합은 궁극적으로 동작기호(악무언어)라는 시각적 이데올로기에 의해 상징적으로 발현하고 인식된다. 즉 악무언어의 시각적 이데올로기가 더 효과적으로 聖顯을 이끌어내는 것이다.

이러한 악무언어의 聖顯 효과는 신화적 원형을 유가적으로 재현시키는 의미를 갖는다. 모든 신화는 그 성질 여하에 관계없이 태초에 생긴 사건을 설명하고 있으며, 따라서 후대에 그 사건을 반복하기 위한 모든 행동이나 상황에 대한 모범적인 선례가 된다. 인간이 실행하는 모든 의례, 모든 의미 있는 행동은 신화적 원형을 반복하는 것이다. 이러한 반복은 俗的 시간을 폐지하고, 주술종교적 시간으로 인간을 투입시킨다. 주술종교적 시간은 이른바 시간과는 아무런 관계가 없고, 신화적 시간의 저 '영원한 현재'를 구성한다. 다른 말로 하면 신화는 다른 주술종교적 경험과 함께 인간을 無時間의 시대로 환원시킨다는 것이다.[145] 이러한 신화적 기능이 언어적 형태로 轉化한 것이 바로 八佾舞 혹은 韶樂과 같은 악무언어이다.

고대에 인간들은 자신들이 신화상의 여러 인물들과 실제적으로 결부되어 있다고 느꼈다. 신화상의 영웅들에게 있어 중요한 것은 그들에게 功이 있었다는 점이다. 神託과 依託의 두 가능 근거를 모두 갖춘 일종의 영웅으로서의 조상은 祭儀를 통해 후손을 보우하고 그들의 문제를 해결하기 위하여 지상[세속사회]으로 강림[귀환]한다. 이러한 '귀환과 사회와의 재통합'은 가장 기본적인 제의의 원리이다. 신화적 功積이 인간사회에 대한 보우로 연결될 수 있는 것은 제의를 통해서이다. 영웅신화에서의 영웅 이미지는 결국 자아가 그의 선조로 의미 지워진 근원, 나아가 더 근본적으로는 태양이나 天의 이미지들에서 환기되는 原型들로부터 자신을 추출해 내는 상징적 수단인 것이다. 이러한 자신과 영웅의 동일화는 특히 제의와 같은 儀式에서 원인론적 모티브에 의해 반복적으로 상기된다. 儀式이 행해지는 바로 그 聖顯의 시간은 또한 "신화적 시간을 의미하기도 한다. 즉 의례에 의하여 회복된 시간이거나 혹은 신화적 원형을 가진 행위를 단순히 반복함으로써 실현되는 시간이다."[146] 聖顯의 장치들은 이 시간을 주기적으로 반복함으로써 그 시간을 영원히 고정시키고자 한다. 인간은 에너지와 활력을 새롭게 할 필요가 있다고 느낄 때에는 선조 발양의 요람이라고 생각되는 장소[147]로 되돌아가게 마련이다.[148] 祭儀 혹은 팔일무는 거기 그 곳에서 聖顯을 스스로 반복하게끔 하는 장치이다. 그 장소는 힘과 聖性의 한량없는 원천이며, 인간이 들어가기만 해도 인간에게 힘을 부여해 주고 聖性과 교제를 갖게 해 준다.[149] 다시 말하자면 팔일무는 영웅과 聖人으로서의 조상의 공덕이 빛을 발했던 그 창조를 재현하는 통로인 것이다.

C. Geertz는 언어·신화·예술·의례 등을 지향성[150]과 의사소통[151] 및 자기조절[152]을 위한 유의미한 상징체계로 파악한 바 있다.[153] 팔일무라는 예술형식의 의례는 악무언어로써 신화적 원형을 끊임없이 재현한다는 점에서, 또한 언어·신화·예술·의례 등과 모두 관련하는 상징체계이다. 팔일무는 물론 일차적으로 종법제와 왕권통치[154]를 위해 기능한 것이지만, 그러한 과정에서 혹은 그러한 과정을 넘어서서 天人 사이, 인간과 사회 사이 및 인간과 인간 사이의 지향성·의사소통·자기 조절 등을 위한 상징적 기능을 충실히 수행해 왔다고 할 수 있다.

제4장

모양의 형식:
"觚不觚, 觚哉, 觚哉"에 대한 미학적 분석

1. 형식의 준수
2. 觚: 내재 속성
3. 不觚: '名-형상' 패러다임
4. 觚哉觚哉: '名-역할' 패러다임
5. 의미 있는 형식

1. 형식의 준수

『論語』에서 가장 난해한 문장 중 하나인 "觚不觚, 觚哉, 觚哉."(「雍也」)는 종래 많은 해석자들의 노력에도 불구하고 아직 그 본질적 의미가 제대로 밝혀지지 않은 듯싶다. '觚'는 어떠한 器物인가? 그것의 재질·형상·용도 등 내재 속성은 무엇인가? '不觚'에서 '不'은 무엇을 의미하는가? "觚哉, 觚哉."를 통하여 孔子가 하고자 한 말은 무엇인가? "觚不觚, 觚哉, 觚哉."의 이해는 곧 '觚'·'不觚'·"觚哉, 觚哉.", 이 세 가지 사항의 의미를 정확히 파악함으로써 가능할 것이다.

수수께끼 같은 이 "觚不觚, 觚哉, 觚哉."의 구절은 그 단순함에도 불구하고 『논어』에서 아주 중요한 대목이다. 왜냐하면 이 구절은 공자 正名觀의 가장 기본적인 형태를 드러내고 있기 때문이다.[155] '名−形象' 조합의 구조로 되어있는 이 기본적인 正名의 패러다임은 결국에 '名−役割' 도식의 正名과 연결된다. 하지만 '名−형상' 도식의 正名은 단순히 한층 차원 높은 '名-역할' 도식의 正名을 위해 예비 된 디딤돌만은 아니다. 그것은 어쩌면 오히려 '名-역할' 도식보다 더 절실하게 正名을 드러내는 독립적인 주체가 된다. 이는 그 도식이 『논어』 특유의 심미적 서술구조로 이루어져 있기 때문이다. 이 심미 구조에서, 어쨌거나 미학적 범위 내이기에, 궁극적으로 의미 있는 것은 '형식'이다.

하지만 이 문장에서의 형식은 자유로운 주제가 아니다. 그것은 『논어』 내의 형식이니만큼, 또한 유가미학적 틀을 벗어날 수는 없다. 그런 면에서 필자는 이 문장의 핵심어가 '형식의 준수'라고 단정한다. 이 글은 이러한 형식의 준수와 연관된 공자 正名觀의 본질을 유가미학의 방법론에 의거하여 분석한 것이다.

2. 觚: 내재 속성

"觚不觚, 觚哉, 觚哉."에서의 觚는 두 종류이다. 하나는 공자가 직접 지칭하고 있는 '문제가 있는' 觚로서, '觚不觚'에서의 前者의 觚이다. 다른 하나는 공자 심중에 있는 표준 原型(prototype)의 觚로서, '觚不觚'에서의 後者의 觚이다.[156] 공자가 언급한 觚 가운데 후자의 觚, 즉 표준 原型으로서의 觚가 구체적으로 무엇인가를 정확히 규명하는 것은 중요한 문제이다. 왜냐하면 그것은 첫째, 不觚에서의 '不'의 의미를 명확히 해줄 것이며, 둘째, 상징적 기호로서의 觚가 만들어내는 상징작용을 이해하는데 결정적으로 기여할 것이기 때문이다.

우선 살필 것은 觚가 어떤 물건인가 하는 점이다. 여기엔 두 가지 설이 있다. 하나는 觚가 飮酒器라는 설이고 다른 하나는 木簡이라는 설이다.[157] 그런데 木簡이 공자 이후의 시기인 秦·漢代에 출현한 것이란 점으로 미루어, 우선 『논어』에서 공자가 거론한 觚는 木簡이 아닌 飮酒器라 해야겠다.[158]

그렇다면 용기(飮酒器)로서의 觚는 어떤 속성을 갖는 것일까? 일반적으로 그릇의 속성은, 생각해 볼 수 있는 범위 내에서, 다음과 같이 분류할 수 있다. 재질, 용량, 용도, 형상이 그것이다. 이러한 분류법을 적용하여 일반적인 觚의 속성을 분석해 보자. 첫째, 용기의 재질을 말해 보자. 이미 木簡이 아니라 飮酒器라 했을 때, 靑銅器로서의 觚가 대체로 商代 初期부터 西周 初期까지 실물을 찾아볼 수 있는 것[159]이란 점에서, 그리고 『儀禮』[160]에 보이는 바처럼 이러한 청동기로서의 觚가 당시 祭禮나 儀禮에서 실제 사용됐던 禮器라는 점에서, 공자가 언급한 觚는 禮器로서의 靑銅觚를 말하는 것이다.[161] 둘째, 용량의 속성이다. 典據에 의하면, 觚의 용량은 2升으로 규정되어 있다.[162] 셋째, 용도의 속성이다. 여기서 용도는 다시 現物的 용도와 意向的 용도로 구분할 수 있다. 현물적 용도는 '飮

酒'163이고, 의향적 용도는 '儀禮'164이다. 넷째, 형상의 속성이다. 여기서 형상은 다시 용기 표면에 새겨진 문양165과 외형의 모양으로

<觚-A型>   <觚-B型>

나뉠 수 있다.166 觚가 청동기라면 거기 새겨진 문양의 형상은 대개 동물문양167이다. 한편 공자가 의도한 靑銅觚의 모양의 형상에 대해서는 논란의 여지가 있다. 우선 觚는 圓形의 용기인데, 그 形制의 특징은 '喇叭 형상의 주둥이·長筒 형상의 腹部·비스듬한 형상의 圈足'168이라 할 수 있다. 그런데 '商代 초기~중기의 靑銅觚'(<觚-A型>)와 '商代 말기~西周 초기의 靑銅觚'(<觚-B型>)는 모양에서 뚜렷한 차이를 보여준다. 크게 보면 <觚-A型>은 투박하고 두툼한 몸체('粗體觚')를 지니고 있고, <觚-B型>은 가느다란 몸체('細體觚')를 지니고 있다.169 商代 초기~중기에서 商代 후기에 이

觚: 내재 속성 75

르러 보이는 변화를 좀 더 구체적으로 살펴보면 다음과 같다. (1) 투박하고 짧은 데서 가늘고 긴 것으로 발전했다. (2) 圈足 표면의 十字孔은 이미 퇴화했다. (3) 扉稜(flanges: 표면에 튀어나오게 덧대어진 나무젓가락처럼 생긴 부분) 장식이 유행했다.[170] 그런데 西周 초기의 觚는 대체로 商代 말기의 형태를 답습한 것[171]으로, 대부분 腹部와 圈足에 각각 4개의 扉稜이 있다.[172] 따라서 이제 青銅觚의 모양은 〈觚-A型〉과 〈觚-B型〉으로 대별하여도 무리는 없을 터인데[173], 그렇다면 공자가 언급한 觚는 〈觚-A型〉일까, 아니면 〈觚-B型〉일까? 다음 세 가지 점에서 공자가 언급한 觚는 〈觚-B型〉이라는 점을 추정할 수 있다. 하나는 출토된 유물을 기준으로 한 시기적 정황이다. 西周 중기 이후로는 더 이상 青銅觚가 출현하지 않았다는 사실[174]은 공자가 처했던 춘추시기에는 당시에 제작된 青銅觚가 없었다는 점을 말해준다. 그렇다면 어쨌든 공자가 거론한 觚는 그 이전 시대의 것이다. 그런데 현실적으로 공자의 시대보다 무려 약 10 세기 전[175]에 존재했던, 무덤 속에 들어가 공자는 직접 보지 못했겠지만 지금의 우리는 출토된 유물에 정확한 연대측정을 하여 알고 있는 그 商代 초기~중기의 觚가, 공자 당시에 실제 존재하여 여전히 儀禮에 사용됨으로써 공자가 직접 목격했거나 혹은 그것의 표준 原型이 기록이나 전거에 남아 있어 공자의 귀에 들어갈 수 있었을까? 공자가 언급한 觚가 〈觚-B型〉일 거라 추정하는 또 하나의 이유는 『논어』 내에서 찾아볼 수 있다. 공자가 여러 대목에서 당시의 禮樂 붕괴를 비판[176]했을 때 그가 기준으로 삼은 禮制가 특히 西周시대의 것[177]이라는 점이다. 직접 儀禮에서 觚를 목격하고 언급한 것이든지 아니면 기록이나 전거를 가지고 觚를 거론한 것이든지 간에, 어쨌든 그가 기준으로 삼은 것은 周禮이다. 마지막으로, "觚不觚, 觚哉, 觚哉."를 해석한 여러 전거에서는 觚의 형상에 대해 일반적으로 〈觚-B型〉의 특징인 扉稜을 거론하고 있다.[178] 이상 세 가지 점으로 미루어 공자가 언급한 觚는 商代 초기~중기의 것이 아니라 商代 후기~西周 초기의 觚라 추단할 수 있다.

이상의 고찰로 볼 때 "觚不觚, 觚哉, 觚哉."에서 공자가 언급한 표준 原型의 觚(즉 '觚不觚'에서 후자의 觚)는, '동물문양이 표면에 새겨져 있고 腹部와 圈足에 각각 4개의 扉稜이 장식되어 있는 2升 용량의 飮酒用 靑銅禮器'라고 정의할 수 있다. 그렇다면 공자가 이의를 제기한 觚(즉 '觚不觚'에서 전자의 觚)는 어떤 것일까? 바꾸어 말하면 공자가 지적한 '不觚'는 무슨 의미일까?

3. 不觚: '名—형상' 패러다임

공자가 지적한 觚답지 못한('不觚') 觚의 속성 특징이 어떤 것인지 분별해 보자. 먼저 재질면에서의 문제, 예컨대 靑銅觚여야 하는

데 왜 陶觚나 漆觚인가의 문제를 거론한 것은 아닐 터이다. 왜냐하면 당시의 禮器는 청동기이기 때문이다. 다음으로 형상 중 문양 면에서의 문제, 즉 왜 문양이 없는 觚를 쓰는가 하는 문제를 거론한 것도 아닐 것이다. 왜냐하면 거의 모든 청동기에는 문양이 있기 때문이다. 또한 현물적 및 의향적 용도에 대한 문제, 예컨대 飮酒器인 觚가 왜 食器로 쓰이는지에 대해, 혹은 禮器로서의 觚가 어떻게 단순한 생활용기로 쓰이는 지에 대해 이의를 제기한 것이라 볼 수도 없다. 왜냐하면 공자가 실제 儀禮 현장에서 그러한 지적을 했다는 점이 여러 전적에서 거론[179]되고 있는데, 이점으로 미루어 볼 때 儀禮 현장에서라면 觚는 당연히 생활용기가 아닌 禮器인 것이며, 또한 飮酒器로서 규정되어 있는 觚가 食器로 쓰이는 '어처구니없는' 예법 파괴가 일어났으리라고는 상상하기 어렵기 때문이다. 그렇다면 남는 단서는 다음 두 가지이다. 하나는 용량의 미준수요, 다른 하나는 형상 중 모양의 미준수이다. 다시 말해서 공자가 '不觚'라는 표현으로 이의를 제기한 당시 觚의 문제점은, 규정치인 2升을 초과 혹은 미달한 용량이든지 아니면 전형적인 장식으로서의 扉稜이 없는 양식 파괴일 것이다. 그런데 『논어』의 권위 있는 주석서들에는 이 두 가지의 견해가 팽팽하게 맞서 있다.

먼저 不觚의 근거로 용량미준수를 거론한 견해를 보자.

"觚는 禮器이다. 二升의 술을 담는 그릇을 觚라 하니, 觚를 언급하는 것은 합당한 용량을 쓰는 것이 禮임을 말한 것이다. 만약 禮에 부합하지 않게 쓰면 觚라 할 수 없다. 그래서 孔子가 이를 한탄한 것이다."[180]

다음 不觚의 근거로 양식미준수를 거론한 견해를 보자.

"不觚라 함은 당시 제도에 맞지 않게 觚를 만들어 扉稜이 없게 된 것을 말한다."[181]

용량미준수를 거론한 앞의 견해들은, 과도한 음주를 막기 위해 觚의 용량을 2升으로 규정하였음에도 불구하고 2升 이상 되는 용량의 觚를 만들어 寡飮을 하지 않는 非禮가 바로 不觚의 의미임을 말하고 있다. 양식미준수를 거론한 뒤의 견해들은, 觚의 圓形 몸체에 扉稜이라는 장식을 반드시 달아 圓形과 角形을 공존시켜야 하는 製器 원칙[182]에도 불구하고 扉稜을 없애버림으로써 觚를 단순한 圓形의 형태로 만들어버린 非禮가 바로 不觚의 의미임을 말한 것이다.[183]

그렇다면 이 두 가지 가능성 중 공자가 不觚라는 말로 이의를 제기한 사항은 무엇일까? 결론부터 말하자면, 그것은 2升이라는 용량 미준수의 문제가 아니라 扉稜이라는 양식 유무의 문제이다. 이 점은 다음 여섯 가지 정황증거로 미루어 증명할 수 있다. 첫째, 공

<商鞅方升>

자가 처한 춘추시대에는 升의 용량에 대한 개념이 아직 정립되지 않았다는 점이다. 戰國시대에 이르러서야 비로소 〈商鞅方升〉을 기준으로 하여 量制의 표준이 확립되었다 한다.[184] 따라서 공자 당시에는 升의 용량에 대한 통일된 표준 없이 제후국 마다 각기 다른 용량을 1升으로 정하여 사용했다는 것이다.[185] 그러므로 통일된 표준이 없던 춘추시기의 공자가 2升이란 용량을 觚와 연결 지어 거론했을 수는 없다. 不觚를 2升이란 용량의 미준수를 말한 것으로 보는 이러한 추론은, 아마도 후세사람들이 공자가 商周 교체의 역사적 교훈[186]을 중시했으리라는 점에 착안하여 이를 고대 禮法의 용량규정과 연계한 결과일 것이다. 둘째, 典據에 따라 觚의 용량이 2升이라는 기재 외에 또한 3升이라는 설[187]도 적지 않은 까닭으로, 觚의 용량에 대한 정확한 기준을 설정할 수 없다는 점이다. 이에 비추어 보면 공자가 언급한 觚의 속성에 명확한 용량 기준은 설정하기가 어렵게 된다. 셋째, 商代 말기의 觚는 주둥이가 너무 넓어서 술을 먹기엔 부적합한 모양이라는 견해가 있다. 林巳奈夫는 일찍이 商代

觚의 모양과 용도를 분석한 바 있는데, 그에 의하면 商代 중기의 觚는 주둥이가 그리 넓지 않아서 술잔으로 쓰일 수 있었을 것이나 商代 말기에 이르러선 觚의 주둥이가 심하게 넓어지는데다 중간 부분이 잘록해짐으로써 용량이 적어져 술잔으로서 술을 마시자면 쉬이 술이 넘쳐 흘러버릴 것이므로 액체를 담기엔 부적합한 모양이라는 것이다.[188] 따라서 이처럼 商代 말기~西周 초기 觚의 형태가 이미 술잔으로서 기능했을 가능성이 없는 이상, 공자가 그것과 용량을 연결 지어 과음을 경계했다 함은 이치에 맞지 않는다고 여겨진다. 넷째, 사상가이자 정치철학자인 공자가 용량의 문제로 과음을 경계했다는 것은 아무래도 설득력이 약하다. 그것보다는 "上圓象天, 下方象地."[189]라는 형이상적 이유에 의해 觚에는 반드시 扉稜이 있어야 한다는 주장을 피력했을 가능성이 더 농후하다.[190] 다섯째, 扉稜이 없는 觚를 不觚라 하여 비판한 것은, 춘추시기부터 출현한 "破觚爲圜"[191]이란 시대적 현상[192]에 대해 扉稜의 고수로 대변되는 舊制度의 옹호[193]를 보여주는 표지라는 점이다.[194] 즉 공자에게 있어 扉稜이 없는 觚의 출현[195]에 대한 비판은, 鄭聲[196]의 출현에 대한 비판과 마찬가지로, "克己復禮" 주장의 일환인 것이다. 여섯째, 觚가 觚이게끔 해주는 것은 궁극적으로 '시각적인 인식'이다. 사실, 『논어』에서 그리고 공자에게, 이 觚가 의미 있는 것은 그것의 의향적 용도, 즉 그것이 祭器(禮器)라는 점 때문이다. 이 의향적 용도는 그 그릇을 단순한 酒杯로서의 '보통' 容器가 아니라 '상징적' 容器

가 되게끔, 즉 觚가 觚이게끔 해준다. 祭器가 상징물인 것은 그것이 天과 인간 혹은 神(조상)과 인간을 교통해주는 매개이기 때문이다.[197] 최고통치자를 포함한 모든 이들은 이 儀式에서 의미, 즉 天命이나 啓示 혹은 黙認을 구한다. 그 단 하나의 목적을 위해 고도의 집중이 이루어지며, 이 집중은 진공상태와도 같은 脫現世적이고 이질적인 낯설음, 즉 장엄함으로 귀결된다. 장엄함은 우선 시각적이다. 이 儀式의 장엄함 속에서 그 儀式의 의미는 '시각적인 인식'에 의해 각인 되는 것이다. 그렇다면 이 儀式의 한 요소로서의 觚가 제 임무를 충실히 완수할 수 있게끔 해 주는 조건은 무엇인가? 바로 형상의 시각적 속성이다. 그런데 형상의 이러한 시각적 속성 중 문양은, 靑銅禮器의 그것이 대부분 동물문양이기에 觚에 있어서는 사실상 변별력이 없는 무의미한 속성이다. 그렇다면 결국 의미 있는 속성은 모양의 형상, 즉 扉稜 뿐이다. 扉稜이라는 모양의 시각적 속성은 사람들에게 이 祭器가 觚임을 직각적으로 알려주고, 觚로써 의도한 바의 역할을 이 祭器가 수행하고 있음을, 그리고 마침내 완수했음을 인지케 해 준다. 다시 말해서, 궁극적으로 사람들이 의도했던 바를 얻기 위한 儀式의 한 과정을 그 觚가 엄숙하게 이행하리라는 것, 이행하고 있다는 것, 그리고 이행했다는 것을 그 '扉稜'의 모양에 대해 시각적으로 확인하는 것이다. 형상을 '두 눈으로 똑똑히 목도'하는 데서 얻어지는 이 시각적 감각이 인식과 사고에 가장 영향을 크게 주는 것이다.[198] 이 점이 觚의 속성에 있어 그 핵심은 재질이나 용도가 아니라 모양의 형상인 까닭이다.

이상과 같은 여러 가지 이유에 근거하여 볼 때, 공자가 언급한 不觚의 내용은 2升이라는 용량의 미준수가 아니라 扉稜이라는 모양의 미준수임을 단정할 수 있다. 그렇다면 필자가 생각하기에 "觚不觚, 觚哉, 觚哉."는 마땅히 다음과 같이 해석되어야만 한다.

"禮器인 觚에 扉稜이 없다면 觚라 부를 수 있겠는가, 觚라 부를 수 있겠는가?"

이 해석의 올바름과 다른 해석과의 차이를 확인하기 위해 英譯의 例를 검토해 보기로 하자. 필자의 견해대로라면 이 구절의 영역은 다음과 같다.

"If a *gu* ritual vessel does not have flanges, can it be called a *gu*, can it be called a *gu*?"

그런데 대부분의 영역문에서는 정작 중요한 이 '扉稜'이라는 형상적 속성에 대한 묘사가 전혀 언급되어 있지 않다.

"觚가 진정한 觚가 아니라면, 정말 觚인가! 정말 觚인가!"[199]

"觚가 아닌 觚는 진정 觚인가? 진정 觚인가?"²⁰⁰

D. C. Lau와 E. G. Slingerland의 이 두 번역에는 觚의 속성에 대한 아무런 묘사가 없다.

다소 어처구니가 없는 다음의 해석은 재질에 대한 언급이 있는 것이다.

"뿔도 아니고 잔도 아닌 뿔잔이라니! 진실로 아름다운 뿔잔이로구나, 아름다운 뿔잔이로구나."²⁰¹

A. Waley는 觚의 자형이 '角(horn)'과 '瓜(gourd)'로 이루어진 것으로 미루어 觚를 'a horn-gourd'로 해석하였다. 그런데 이는 어원분석 차용의 전형적인 오류이다. 설령 觚의 최초 원형이 horn과 gourd로 만들어졌었다 하더라도 공자가 그러한 형상을 염두에 두었을 리는 없다. 왜냐하면 공자시기에는 'a horn-gourd'로서의 觚의 최초의 재질적 본질은 이미 소멸되었으며, 앞서 언급한 대로, 이미지로서의 모양이 그 觚의 상징²⁰²을 대표하였을 것이기 때문이다.²⁰³

한편 D. L. Hall & R. T. Ames와 R. T. Ames & H. Rosemont Jr.의 아래 두 번역은 조금 더 자세히 觚의 속성을 언급하였으나 완전하지는 않다.

"禮器가 아닌 禮器가 진정한 禮器인가? 禮器가 맞는가?"[204]

"飮酒禮器가 아닌 觚 - 진정한 觚인가! 진정한 觚인가!"[205]

앞엣것은 의향적 용도('ritual')만 언급되었고, 뒤엣것은 의향적 용도('ritual')와 현물적 용도('drinking')가 함께 언급되어 있다.

그런데 觚의 네 가지 속성 중 재질('bronze')과 현물적 용도('drinking')는 본질적이지 않다. 그것들이 굳이 표기될 필요가 없는 이유는 다음 두 가지이다. 첫째, 재질면에서 당시 禮器 자체는 靑銅器이기 때문에 굳이 나타낼 필요가 없다. 청동이라는 재질은 당시대의 물질적 조건일 뿐이지 그 자체로 특별한 의미를 담고 있는 것은 아니다. 둘째, 설사 林奈巳夫의 견해처럼 商代 말기의 觚가 飮酒器로 볼 수 없는 형태를 띤다 할지라도, 어쨌거나 최초에 그 容器는 무엇보다도 'drinking'이라는 쓰임새를 기본적 전제로 하여 형태지워졌기에 역시 굳이 이 현물적 용도를 표기할 필요는 없다. 하지만 형상과 의향적 용도는 특수하고 고유한 것이므로 반드시 표기되어 그 용기를 수식해 주어야만 한다.

다음의 세 번역문들은 "ritual"이라는 명시적 표현은 없으나 암묵적으로 의향적 용도를 언급하고 있는 것들이다.

"觚가 觚로써 사용되지 않는다고 할지라도, 그것은 진정 觚이다. 진정 觚이다."[206]

"觚로 사용되지 않는 觚. 이 무슨 觚인가! 이 무슨 觚인가!"[207]

"禮器로서의 기능을 다하지 못하는 觚. 그것은 가짜 觚로이다! 가짜 觚로이다!"[208]

이 세 해석의 특징은 후자의 觚를 행위동사로 여긴 점이다. 그런데 앞서 전제한 대로 觚不觚의 관건은 이러한 'ritual use'가 아니라 그 사용된 觚가 '商代 말기~西周 초기의 製作法'대로, 즉 '扉稜이 있는 觚'를 사용했는지의 여부라면, 후자의 觚는 형상의 상징성을 내포한 명사로 이해함이 마땅하다. 즉 不觚에서의 '不'을 동사(사용·기능)에 대한 부정이 아니라 명사(扉稜 장식)에 대한 부정으로 이해해야 하는 것이다.

한편 다음의 해석은, 필자가 접한 범위 내의 英譯 가운데 유일하게 형상에 대해 언급되어 있는 것이다.

"모서리가 없는 모서리 진 容器, 이상한 모서리 진 용기로구나! 이상한 모서리 진 용기로구나!"[209]

'cornered'라는 수식은 觚의 형상에 대한 명시적인 표현이다. 그러나 이는 여전히 철저하게 정확한 해석은 못 된다. 왜냐하면 '角이 있다는 것(having corners)'과 '扉稜이 있다는 것(having flanges)'은 명백하게 다른 의미이기 때문이다. Legge는 觚와 稜의 밀접한 연관관계를 이해하였지만 稜을 扉稜(flanges)이 아닌 角(corners)으로 잘못 이해하였다. 그리하여 觚를 扉稜이 장식된 '圓形'용기가 아닌 단순한 '多角形'용기로 생각하고 만 것이다. 설령 그가 '角이 있다는 것'을 진정한 觚의 중요한 성립조건으로 의식했다 할지라도, 여전히 그는 觚의 형상에 대해 정확히 이해하지 못했던 것이다. 하지만 그럼에도 불구하고 여러 해석 가운데 Legge의 것이 그나마 형상을 거론하고 있기에 일정 정도 의미 있는 해석이라 할 것이다.

이상의 해석들에서 '不觚'가 단순히 "觚가 아니다.(not a gu)"로만 언급되거나, 후자의 觚가 사용이나 기능이라는 행위동사적 표현으로 이해되거나, 혹은 형상이나 용도에 대한 언급이 있더라도 불충분 내지는 왜곡되어 있거나, 그리고 궁극적으로 '扉稜'이라는 형상적 속성에 대한 묘사가 누락되어 있다는 사실은, 그 번역자들이 대개 공자가 암시적으로 의도한 '名-형상'조합의 패러다임을 완전히 이해하지 못했음을 말해준다.

名과 형상의 조합관계는 우선 기호학적 이해에 의해 가장 잘 파악될 수 있다. 기호학자 뒤랑(G. Durand)은 "記表(signifiant)가 記意(signifié)를 완전히 설명할 수 없을 때 상징은 생긴다."[210]고 지적한 바 있다.²¹¹ 이 말은 곧 言意 관계에서 말[言]이 그 의미[意]를 다 드러내지 못할 경우, 형상[상징]이 개입됨으로써 그 言意 관계를 소통시킨다는 점을 보여준다. 그런데 중국의 전통적인 사유범식인 意象²¹² 역시 이러한 기호학적 구조를 지니고 있다. 이러한 意象 개념은 '言－象－意'의 관계 속에서 규정된다. 예컨대 言과 意 사이에서의 象의 기능은 『易傳』의 다음과 같은 말에 잘 나타나 있다.

"孔子: 본디 글은 하고잔 말을 다 드러내지 못하고, 말은 드러내려 한 뜻을 다 밝히지 못하는 법이다.
或者: 그러면 聖人의 道는 정녕 알 수가 없는 것인가요?
孔子: 그래서 성인은 상징을 통해 그 道를 드러내고, 괘를 만들어 사람의 본성과 행할 바를 나타내고자 한 것이다. ……"²¹³

王弼의 "象은 意에 근거하고 言은 象을 통해 표출 된다."²¹⁴는 명제 역시 같은 맥락이다.

이로써 고대중국의 '言－象－意' 관계는 기호학에서의 '記表－象徵－記意' 관계와 동일구조임을 알 수 있다. 이렇게 볼 때 이제 觚라는 명칭, 그것의 형상적 특징인 扉稜, 그리고 의향적 용도와 관련된 觚의 궁극적이자 실질적인 의미라는 이 삼자의 관계는, 意象 사유에서의 '言－象－意' 관계이자 기호학에서의 '記表－象徵－記意' 관계라고 말할 수 있다. 청동이란 재질로 만들어진 이 쇳덩

이는 그 자체로 무슨 의미가 있겠는가? 그것이 우리의 지각 속에 觚로 포착되고, 또 우리의 인식 속에 祭禮에서의 역할과 기능이 상기되며, 더 나아가 예법의 준수가 그것에 의해 묵시적으로 추구되는 모종의 보답에 연상될 때, 비로소 그것은 의미가 있는 것이다. 그렇다면 이러한 지각과 인식과 연상을 생산해내는 것은 무엇인가? 그것은 바로 상징, 즉 扉稜이라는 형상이다. 다음 도표에서처럼, '觚—扉稜—禮·道〈즉 祭禮에서의 의향적 용도와 궁극적 의미〉'의 관계는 바로 '記表(이름)—상징(형식)—記意(의미)'라는 기호학적 관계인 것이다.

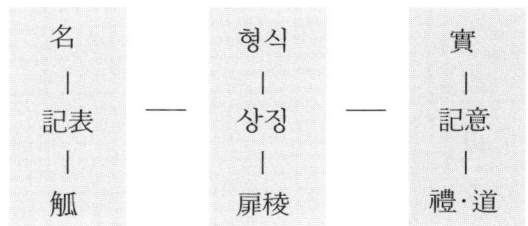

그렇다면, 상징으로서의 '扉稜'이라는 형상은 '觚와 祭禮 사이에 연결되어 있는 의향적 용도와 궁극적 의미'를 뇌리에 지속적으로, 즉 전통적으로, 각인시켜 주는 관건적인 고리인 것이다.

4. 觚哉觚哉: '名—역할' 패러다임

이상의 논리대로라면 觚哉觚哉는 '비난'을 담은 '한탄'의 의미임이 분명하다. 그리고 공자를 이렇게 비탄에 빠지게 만든 원인은 '不觚'에 있음이 명백하다. 형상의 미준수로서의 不觚의 의미는 곧 형식의 미준수이자 전통의 미준수이다. 그러면 그러한 미준수에 내뱉은 비탄의 성격은 무엇일까? 바로 진정 중요한 '名—역할' 도식의 正名이 '名—형상(형식)" 도식의 正名으로부터 비롯된다는 심미적 상징효과를 사람들이 이해하지 못하고 있음을 탄식한 것이다.

실제 '名—형상' 패러다임이 중요한 이유는 그것이 '名—역할' 조합 패러다임의 전단계로서의 근거 혹은 토대이기 때문이다. 우리는 여러 典據에서 그 내용을 확인할 수 있다.[215] 그 내용들에서 우리는 觚에 대한 내용의 핵심이, '名—용도'의 관계가 아니라 '名—형상'의 관계임을 알 수 있다. 즉 후자의 觚는 "觚를 사용하다." 혹은 "觚로 기능하다."의 의미를 지니는 행위동사가 아니라 '扉稜이 있는 觚'라는 명사인 것이다. 설사 '觚不觚'가 "君不君, 臣不臣, 父不父, 子不子"[216]와 동일한 어법적 구조를 보인다 해도 후자의 觚와 후자의 君·臣·父·子는 다른 품사이다. '名—형상' 도식에서의 앞엣것이 명사라면, '名—역할' 도식에서의 뒤엣것은 모두 행위동사로서 "~ 역할을 하다"의 의미이다.[217] 이러한 '名—형상' 관계의 형상사유적 비유가 "君君臣臣父父子子"[218]와 같은 '名—역할' 도식의 正名의 立說 근거로 작용["擧一器, 而天下之物, 莫不皆然."]하는 것이다. 따라서 '名-형상' 도식은 '名-역할' 도식의 正名을 이끌어내는 일차적이고 기본적인 正名의 패러다임이라 할 수 있다. 이처럼 공자 正名觀은 '名-형상'과 '名-역할'이라는 단계적 체계를 지닌다. 전자에서는 형식의 준수를 통해 이름이 서고, 후자에서는 역할의 준수를 통해 이름이 선다. 扉稜이 있어야 觚인 것이며, 임금의 도리를 다 해야 임금인 것이다. 그리고 이러한 正名 意識은 인식적인, 즉 이성적인 방법보다는 지각적인, 주요하게는 시각적인, 즉 심미적인 방법에 의해 더 큰 효과를 거둘 수 있는 것이므로, "君君臣臣父父子子"라는 훈계의 방식보다는 "觚不觚, 觚哉, 觚哉."라는 비유의 방식이 더 중요함을 공자는 인식하고 있었던 것이다.

공자 正名觀에 나타난 이러한 형상사유적 비유의 구조[219]는 『論語』특유의 심미적 서술구조로서의 比德論의 그것과 동일하다. 비덕은 사실 '以物比德'의 簡稱인데, 이는 자연계의 물상을 통해 인간의 도덕적 정감을 비유적으로 표현하는 예술수법을 의미한다. 좀 더 자세히 보자면 사물의 어느 고유한 속성이 인간, 특히 君子가 지닌 어떤 德性과 유사한 면모를 지녔다면, 그 사물을 예술소재로 삼아 그 연관 관계를 '비유'라는 예술기법으로 풀어내는 것이다. 以物比德이라는 심미체험의 과정은 다음과 같다. 먼저, 심미주체는 자신의 덕성과 유사성을 지닌 자연물의 物性에 미적 관심을 갖게 된다. 다시 말하자면 심미체험이 성립되기 위해서는 자연물의 속성이 인간의 德性과 유사성을 가져야 한다.('由人及物') 다음으로, 그 物性은 擬人化[220]의 과정을 겪는다.('亦人亦物') 그리고 마지막으로, 의인화되어진 物性은 그 자체로 의미가 있는 것이 아니라 다시 인간덕성에 비유되어야 한다. 즉 의인화되어진 物性은 다시 인간덕성을 개조하거나 북돋는 등의 좋은 영향을 끼쳐야 한다.('由物及人') 마지막 단계에서 物性이 德性을 은유적으로 표현, 혹은 덕성이 그 物性으로부터 비유되어 나온다는 점으로부터 예술적 효과는 일어나고 결국 이로써 교화적 기능이 수행되는 것이다. 그리하여 더욱 도덕적으로 고취된 심미주체는 다시 그 덕성의 수준에 맞는 심미대상을 찾게 되는 것이다.[221] 이 심미체험은 이처럼 순환의 과정이다. 그리고 이러한 순환을 지탱시켜 주는 힘은 物性으로 비유된 德性이 아니라 '德性이 비유되어진 物性', 즉 상징적 형상으로부터 나온다. 왜냐하면 이 순환은 윤리적 과정이 아니라 심미적 과정이기 때문이다.

　이러한 심미적 과정은 觚에서도 마찬가지로 이루어진다. 禮法을 충실히 준수하는 이는 扉稜이 있는 觚에 대해 도덕적 자기동일성을 갖게 된다. 그가 이 扉稜이 있는 觚를 사용하는 동안 그 觚는 도덕적이고 예의적으로 충실한 자신을 반영하는 피사체가 된다. 실물로서의 觚는 소멸되고 자신의 내면세계를 나타내주는 觚가 탄생한 것이다. 즉 觚의 扉稜이라는 형상적 속성과 하나가 된 것이다. 그는

扉稜이 있는 觚를 다루는 데서 더할 수 없는 도덕적 충실감을 체험하게 된다. 이제 扉稜이 있는 觚는, 더욱 직접적으로 말해서 扉稜 자체는 전통예법의 상징이자 내 덕성의 대체물인 것이다. 따라서 이로부터 나는 扉稜과만 관계하게 된다. 나는 어쨌든 도덕적이어야만 하며, 그것을 확인하고 실현할 수 있는 진정 유효한 直覺的 통로는 扉稜이기 때문이다.

심미적 윤리학이라기보다는 윤리적 심미학에 더 가까운 공자사유체계의 중요한 특징은, '형상사유[名-형상]→도덕적 이성사유[名-역할]→형상사유[名-형상]'의 순환구조이다. 이러한 구조의 심미서술은 바로 比德論에서의 '由人及物→亦人亦物→由物及人'도식과 같은 심미효과를 발생한다. 前者의 형상사유는 본질이자 출발점이다. 어떠한 이유에서인지는 알 수 없다 해도 어쨌든 하나의 표지로서 형상은 정해졌고, 이 표지는 도덕적 이성사유라는 목적을 위해 설정되었다. 이로부터 단 하나의 조합으로 연결된 이러한 표지로서의 형상과 도덕적 이성의 결합은 시간의 흐름과 상황의 변화에 따라 주요소와 보조요소에 대한 인식에 顚倒가 일어나게 된다. 형식에 더 매달리게 된다는 것이다. 형식이라는 상징은 보는 이로 하여금 그의 인식을 지칭되는 대상으로 귀결시키고 그것에 국한시키는 것이 아니라, 그 대상을 '사물'(記表)과 '그 사물이 내포하고 있는 의미'(記意)로 이원화시킨다. 즉 이름(대상)이 상징에 의해 해체돼가는 것이다. 총합적인 면에서의 觚 자체와 그것의 궁극적 의미 간 연결 관계는 서서히 扉稜이라는 형식(상징)과 觚의 궁극적 의미 사이의 관계로 변질되는 것이다. 다시 말해서 사람들은 총합적인 觚 자체를 보고 그것과 연관된 禮法이나 기능 및 효과를 생각하는 것이 아니라, 扉稜을 보고 더욱 직각적으로 觚와 연관된 예법이나 기능 및 효과를 생각하게 된다. 이러한 비유적 사유에서의 독특한 역할로 인해, 상징으로서의 형식은 독립적인 주체가 되는 것이다. 이처럼 더없이 중요하게 생각하고, 그것의 준수를 명예와 자부심으로 여기며, 국운을 걸고 보존하는 '형식'이 바로 전통[222]이다. 이제 後者의 형상사유는 이성사유를 강화시키는 상징이다. "君君臣臣父父子子"와 같은 '名-역할' 도식이 정립된 이후 이러한 도식의 효력을 지속적으로 유지, 발휘시키기 위해 다시금 형상사유적 심미서술구조를 응용, 강화한다는 것이다. 이것이 바로 觚는 반드시 扉稜의 장식을 하여 만든다는 機制이다.

5. 의미 있는 형식

이제 '名-형상'의 기제는 하나의 전형 패러다임이 되어 '名-역할' 도식을 지속적으로 유지, 강화시키게 된다. '名-형상' 도식이 관계하는 것은 감각이고 '名-역할' 도식이 관계하는 것은 인식이다. 그리고 '名-형상' 도식과 감각과의 관계는 사실상 시각적 관계이다. 왜냐하면 우리가 觚를 대할 때 그것의 여러 속성 중 우리가 최초로 그리고 직각적으로 접하게 되는 것은 청각적인 소리도 미각적인 맛도 촉각적인 느낌도 아닌 결국 시각적인 형상이기 때문이다. 이 때문에 시각적 형상은 우리의 인식과 사고의 가장 기본적인 그리고 일차적인 근거가 된다. 그런데 觚의 경우에서처럼 단순한 사물이 아닌, 즉 현물적 용도만이 아닌 의미와 가치가 축적된 사물, 즉 의향적 용도를 지닌 사물의 형상은 '시각적 이데올로기'[223]를 창출한다. 이제 觚를 보면 '名-형상'으로서의 1차적 正名을 환기하고 이로부터 '名-역할'이라는 2차적 正名을 자동적으로 인식하게 되는데, 이는 곧 扉稜이 있는 觚에 의해 담보되는 것이다. 다른 어떤 속성보다도 시각적 이데올로기를 창출해 낼 수 있는 扉稜이 있는 '모양'만이 正名, 즉 名의 正을 환기할 수 있는 가장 효과적인 장치인 것이다. 이로써 禮의 형식적 준수 과정 중에 그 禮가 담고 있는 의도와 목적을 무의식중에 체인, 체득하게 된다. 다시 말해서 儀式이라고 하는 집단적 준수의 과정 중 그 儀式의 궁극적인 의도와 목적을 구성원 전체가 共認하게 되고 의사일치를 형성하는 것은, '扉稜이 있는' 觚에 의해서라는 것이다. 이러한 형식은 권위와 명운 유지의 최후 보루이다. 따라서 禮라는 형식의 붕궤는 국가와 전통, 그리고 안정의 붕궤에 대한 치명적인 전조이다. 그래서 공자는 형식의 미준수 혹은 불법적 시행을 극력 비판했던 것이다.[224]

공자에게 있어 이름을 "바로 잡는다.(rectification/ordering[225])"는 것은 바로 그 〈형식과 역할을 상징하는〉 이름을 "준수한다."는 것이다. "述而不作"[226]에서의 '述'이나 "克己復禮"[227]에서의 '復'의 의미가 바로 그것이다. 따라서 공자에게 있어 '名'이라는 것이 상징적 형상이든 실질적 역할이든 간에 그것들은 모두 준수되어야만 하고 또 그래야만 의미가 있는 것이므로, 공자가 의도하는 正名은 궁극적으로 '이름(名)의 준수(observance of names)'라 정의할 수 있다.[228] 그래서 "觚哉, 觚哉."는 "(그것이) 정말 觚인가?" 류가 아닌 "(그것을) 觚라 부를 수 있겠는가?"로 이해되어야 한다. 이런 까닭에 공자에게 있어 형식은 그 자체로 의미가 있는 것이며, 그래서 또한 그러한 형식을 준수하겠다는 의지가 중요한 것이다. 형식과 의지 사이의 이러한 지극히 긴밀한 관계는 그 관계가 단순한 만큼 신념적이다. 형식준수에 대한 이러한 신념은 필연적으로 역할준수에 대한 신념을 이끌게 된다. 즉 형식의 준수라는 正名은 그 자체로 역할에 대한 준수라는 正名을 내재하고 있는 것이다. 예컨대, 연장자에 대해 揖을 하는 行動擧止는 단순히 몸의 움직임에만 상관하는 몸짓이 아니다. 그 揖이라는 형식에는 그 동작에 미리 규정되어진 바, 시작에서 끝까지의 전 과정을 완수하는 동안 공손함을 아울러 표현하고 있는 것이다. 따라서 그 禮를 받는 사람은 揖의 동작의 진행과정을 눈으로 보면서 '동시에' 공손함을 느끼고 확인하는 것이다. 공손함은 추상적인 揖 자체의 '개념'에 있는 것이 아니라 그

揖을 행하는 '과정'에 존재한다. 그래서 그 禮를 행하는 사람에게도 마찬가지로 揖의 행위를 반복하여 실행하는 과정 중에 공손함은, 시간과 정도의 차이는 있을지언정, 언젠가 어느 정도는 그 사람의 마음속에 자리 잡게 된다.[229] 그래서 설사 마음으로는 공손함을 지니고 있다 하더라도 그 揖에 규정되어 있지 않는, 즉 禮法에 조금이라도 부합하지 않는 동작이 나오거나 순서·속도·각도 등이 맞지 않는다면, 다시 말해서 '규율(discipline)'[230]에 합치되지 않는다면, 그 揖을 하는 이에게는 공손함이 없는 것으로 간주된다. "文質彬彬"이란 바로 이러한 의미이다. 그래서 형식이 중요한 것이다. 觚도 마찬가지이다. 扉稜이 없는 觚를 儀禮에 쓰는 것은 불손한 것이고, 이 때문에 接神과 교제의 禮는 아초에 불가능해지며 결과적으로 그 祭禮와 儀禮가 소기했던 목적은 실패로 돌아간다. 禮에는 순수한 의지가 가장 중요한데, 禮法에 어긋난 觚를 쓰는 것은 결국 그 執禮者의 순수함의 불충분함을 반영하기 때문이다. 이러한 연고로 '名-형상'의 패러다임은 애초 본질적으로는 '名-역할'의 패러다임을 보조하는 혹은 인도하는 기능을 수행하는 것이지만, 궁극적으로는 그 자체로도 의미가 있는, 혹은 '名-역할' 패러다임보다 더 의미 있는 패러다임이 되게 된다.

　여기서의 형식은 바로 전통이다. 따라서 형식의 준수는 곧 전통의 준수이다. 전통에 眞不眞, 즉 가치유무는 의미가 없다. 오직 善不善, 즉 실천유무가 관건이다. 왜냐하면 형식의 준수가 예나 지금이나 당시대의 가장 중요한 실질적 이상인 '안정'을 담보한다고 생각했기 때문이다. 이것이 正名의 근본 이유 혹은 목적이다. 正名의 최종 조치는 바로 '표준'을 설정하고 이에 근거해 名과 物을 합치시키는 것이다. 만물의 하나의 표준으로의 통일은 바로 안정의 가장 큰 요건이기 때문이다.[231] 이런 면에서 蕭公權의 다음 견해는 정확한 지적이다.

"正名은 확고한 표준에 의거함이 요구된다. 孔子가 기준으로 삼았던 표준은 西周시기의 典章제도였다."[232]

공자에게 있어 이 典章제도, 즉 형식 자체는 그래서 중요하다. 공자가 나라를 다스리는 방책으로 제시한 夏代의 달력·殷代의 수레·周代의 면류관·舜의 樂舞(韶舞) 등의 시행[233]은, '선택'의 문제가 아니라 '필수'의 문제이다. 즉 대표적 예(典型形象)를 들어 '형식'의 준수를 말한 것이다. "放鄭聲"[234]이라 하여 鄭聲을 비판한 것도 그것이 제도적 형식을 준수하지 않았기 때문이다.

왜 扉稜이 있는 觚를 제정했는지 그 실용적인 혹은 본질적인 이유는 분명 있었을 것이다.[235] 또한 더 나아가 扉稜이 있는 모양의 형이상적 이유[236]도 분명 있었을 것이다. 이러한 이유들이 무엇인지는 심지어 공자조차도 알 수 없었을지 모르나[237], 그것은 이미 扉稜이 있는 觚라는 '형상적 상징'으로서의 전통이 되었기 때문에 중요하지 않다. 扉稜이 있는 觚를 강조하는 궁극적인 목적에 비춰볼 때, 그리고 공자가 고고사학자나 유물감정가가 아니라는 점에 의거할 때, 공자가 실제로 觚의 형상을 보았는지 여부도 중요하지 않다. 공자가 이의를 제기한 것은, 觚를 사용해야 하는 자리에 실제로 그것을 사용했는가의 여부가 아니라 거기에 사용된 觚의 모양이 표준 原型처럼 扉稜이 있는지의 여부인 것이다.[238] 이러한 '의미 있는 형식'이 오스카 와일드(Oscar Wilde)가 안개에 대한 감상으로부터 도출해 낸 이른바 '예술을 모방하는 인간'[239]의 미학적 생산을 충실하게 수행해 낼 것으로, 이상주의적 미학가인 공자는 굳게 믿었던 것이다.

제5장

몸의 형식: 기호권력으로서의 聖의 표상

1. 기호형식과 권력
2. 텍스트: 『論語·鄕黨』
3. 텍스트의 이미지化: 『孔子聖蹟圖』
4. 이미지의 재생: 『聖賢像讚』
5. 이미지의 텍스트化: 시각이데올로기로서의 동작
6. 기호권력이자 문화자본으로서의 유가적 몸

1. 기호형식과 권력

　보르디외(Pierre Bourdieu)가 제창한 기호권력의 사회학에서는 문화·사회 구조와 행위 사이의 관계를 주제로 다룬다. 그는 문화 역시 특수한 축적법칙·교환법칙·운행법칙을 지닌 자본형식으로 파악한다. 또한 기호형식이 권력구조를 수립하고 유지하는 자원으로써 중요한 역할을 한다는 점을 강조한다.[240] 보르디외의 문화자본 개념은 각양각색의 자원, 예컨대 언어능력, 일반적인 문화의식, 미적 기호, 교육 정보 및 교육 받은 정도 등을 포괄한다.[241]

　보르디외의 분석에 의하면, 문화자본은 세 가지의 서로 다른 상태로 존재한다.[242] 첫째, 그것은 교육에 의해 이루어지는 경향이 있다. 이러한 경향은 개체의 사회화를 통해 내면화되며, 아울러 감상하고 이해하는 틀을 구축하게 된다. 이는 물질상품과 달리, 음악이나 미술품처럼 오로지 그 의미를 이해함으로써만이 소비할 수 있는 문화상품과 같다. 이처럼 문화자본은 일종의 신체화의 상태로 존재한다.²⁴³ 둘째 문화자본은 서적이나 예술품처럼 객관화의 형식으로 존재한다. 그것은 우리에게 전문화된 문화능력을 요구한다. 셋째, 문화자본은 제도화의 형식으로 존재한다. 보르디외가 말하는 제도는 교육시스템이다. 그는 고등교육시스템의 출현과 발전 및 그것이 사회적 지위의 획득에 미친 역할을 중시한다.²⁴⁴

보르디외가 말한 기호형식과 권력과의 관계는 공자 및 그 제자들의 인식체계, 즉 『論語』의 영역 속에서도 매우 중요한 문제였다. 보르디외가 말한 세 가지 조건, 즉 신체화·객관화·제도화는 공교롭게도 원시유가 또한 유념했던 문제이기도 하다. 유가에서 修己治人의 방법론으로 法道와 敎義를 실행하고 전수하는 행위주체(agent)는 君子인데, 그에게 agent의 역할을 충실히 이행하기 위해 중요하게 요구되었던 것이 바로 이 문화자본을 갖추는 것이었다. 그에게 있어 문화자본 획득의 세 가지 조건은, 보르디외가 상정한 세 가지 조건인 신체화·객관화·제도화와 연결지어 말한다면, '일상예법을 통한 신체의 표준화'·'六藝를 통한 문인적 자질'·'儒學 지식(나중에는 이를 통한 科擧 참여까지 포괄)'이라 할 수 있다. 현대사회에서 자본의 관건이 경제자본에서 문화자본으로 전화했듯이, 봉건사회에서도 실질적인 자본은 타고난 신분으로 부여된 계급자본에서 儒者/君子/文人의 자질과 위용을 함축하는 문화자본으로 轉化하였다. 그리고 이 문화자본이야말로 훗날 儒者들로 하여금 科擧를 통해 士가 될 수 있게 하고, 문인이 될 수 있게 하며, 나아가 그들이 談論에 대한 생산과 지배를 독점할 수 있게끔 한 권력자본의 기초이자 자양분인 것이다.

孔子는 夏商시대까지의 '神授 권력'을 뛰어넘고 西周시대의 '禮制 권력'(禮가 곧 도덕이고 질서이자 권력의 창구)을 이어받아 새로운 양식의 '문화 권력', 즉 '권력으로서의 문화(culture-as-power)'라는 개념을 창출했다. 공자는 군자라는 agent에 문화자본을 설정하고 이로부터 그 문화자본의 조건을 문화기호로 類別해내며, 나아가 궁극적으로 이 문화기호를 권력의 조건이자 현시적 표현으로 설정함으로써 기호권력(symbolic power)을 창출해내었다. 이 기호권력은 가장 명시적이고 효과적인 권력자본이다. 군자의 조건을 규정하고 문화자본의 중요성을 인식하여 그것을 권력자본의 관건적인 기초로 삼은 것은 공자의 독창적 착안이고, 나아가 이는 동시에 유가 자체의 성격을 새롭게 규정짓는 중요한 전환점이 되었다.

공자 이래 유가에게 있어 문화자본은 무엇이고, 그것이 어떻게 기호권력이 되며, 궁극적으로 이 기호권력이 어떻게 범 儒者 세력인 문인의 이너서클을 구축하고 유지해주는 권력자본이 되는지를, 특정한 프리즘을 통해 고찰해 보자. 이 고찰은 텍스트와 이미지의 관계를 기호학적 틀로 분석하는 방법론을 통해서 진행되는 사례연구이다. 텍스트의 사례로 삼은 것은 『論語·鄕黨』에 묘사된 공자의 일상 행동거지이며, 이미지에서의 사례는 『孔子聖蹟圖』를 위주로 삼고 『聖賢像讚』을 비교의 대상으로 활용하고자 한다.

이 고찰은 다음과 같은 순서로 전개될 것이다. 첫째, 『論語·鄕黨』에 나타난 각기 상황별 다양한 공자 몸짓의 동작 규정으로서의 텍스트를 하나의 사례로 살펴보도록 할 것이다. 둘째, 『孔子聖蹟圖』에 나타난 이미지를 기호학적으로 분석할 것이다. 셋째, 다시 이미지는 텍스트, 즉 시각이데올로기로 환원된다는 점을 규명할 것이다. 마지막으로, 聖人의 패턴화된 몸짓이라는 조형 기호가 사람들의 의식구조를 변화시키는 예술적 機制가 됨과 동시에 그러한 유가적 몸은 궁극적으로 유가 문인계층의 문화자본 내지 기호권력이 된다는 점을 살펴볼 것이다.

2. 텍스트: 『論語·鄕黨』

공자의 일상 행동거지가 어떠했는가를 파악하는 데 『論語·鄕黨』만큼 완전한 단일 텍스트는 없다. 그런데 『논어』가 공자 내지는 초기 원시유가의 사상적 원형과 철학적 배경을 이해하는 중요한 소스라는 점에서, 어떻게 보면 본령에서 벗어난 듯도 싶은, 공자의 일상 행동거지에 대한 묘사가 「鄕黨」이라는 한 장 전체에 할애되어 있다는 것은 다소 의외이다. 하지만, 초기 원시유가는 그 傳敎·傳道의 방식에서 아직 전통적인 구술방식으로부터 새로운 서사방식으로 완전히 넘어가지 못했음을 『論語』 내의 공자 언행이 여전히 보여준다는 점[245]에서, 즉 공자는 논리적이고 체계적인 이론으로 설득하는 것과 병행하여 인간의 감성에 호소하고 시각적인 전시를 효과적으로 활용하기를 중시했다는 점에서, 그리고 『논어』 전편에서 누누이 볼 수 있듯이 공자가 수신의 핵심적인 방편으로 혹은 자신의 내면세계를 표현하는 수단으로써 몸과 연관된 禮를 강조했다는 점에서[246], 「鄕黨」 전편의 내용은 그리 놀랄 만한 일도 아니다.

사실 공자 내지 원시유가는 정신성보다는 몸에 대해 더 합당한 이해와 중시를 부여했다. 이 '유가적 몸' 혹은 '유가적 형식'은 '문질빈빈'이라는 구호를 통해 군자의 가장 관건적인 덕목인 '수신'으로 획정되었다. 『大學』 八條目에서 '誠意'와 '正心' 이후에 '修身'이 있는 까닭도 마음을 몸에 얹는 것 자체가 아주 어려움을 역으로 말해준다. 다시 말해서, 마음이 몸을 관통하는 것 혹은 몸을 통해 마음을 읽는 것이야말로 그 진정한 마음의 가장 확실한 보증과 증거가 될 뿐 아니라, 또한 몸의 규율을 통해 마음은 그 '正'을 더욱 공고히 하고 계속 유지할 수 있음을 말하는 것이다.[247] 이런 면에서 사실 원시유학(유학이 송대 이후 理性의 계엄 아래에 놓이기 이전의 정통유학, 즉 공자의 유학)은 마음을 다스리는, 마음에 관계하는 것 보다 몸을 다스리는, 몸과 관계하는 것이 더 관건이라고 할 수 있다.

『논어』라는 텍스트의 비중을 감안했을 때, 「鄕黨」편에 묘사된 공자의 일상은 공자의 존엄성과 공경심 및 사양과 절제를 가늠하는 가장 중요한 소스이다. 「鄕黨」편에 묘사된 공자의 일상은 다음과 같은 다섯 항목으로 분류할 수 있다. '언어'("孔子於鄕黨"~"誾誾如也"), '행동거지'("君在"~"愉愉如也"), '의복'("君子不以紺緅飾"~"必有明衣, 布"), '음식'("齊必變食"~"必齊如也"), '상황별 대처 혹은 처신'("席不正"~"不親指")[248] 등이 그것이다. 이 글에서는 신체동작의 기호학적 분석에 초점을 맞추므로, 언어와 행동거지에 대한 묘사만 논의대상으로 삼기로 한다. 「鄕黨」편에 묘사된 상황별 언행을 정리하면 〈표10〉과 같다.

〈표10: 「鄕黨」편의 상황별 동작〉

상황		동 작	
원문	역문	원문	역문
於鄕黨,	鄕黨에 있을 때	恂恂如也.	겸손하고 온순함.
在宗廟朝廷,	宗廟와 朝廷에 있을 때	便便言, 唯謹爾.	말을 또박또박 하고 삼가함.
朝, 與下大夫言,	朝廷에서 下大夫와 말할 때	侃侃如也.	강직함.
與上大夫言,	朝廷에서 上大夫와 말할 때	誾誾如也.	온화함.
君在,	임금이 있을 때	踧踖如也, 與與如也.	공손하고 조심스럽게 걸으며, 적절히 위엄을 갖춤.
君召使擯,	임금이 불러 손님을 접대하게 할 때	色勃如也, 足躩如也.	낯빛을 바꾸며 걸음을 조심함.
揖所與立,	더불어 서 있는 곳에서 읍할 때	左右手. 衣前後, 襜如也.	손을 좌우로 하고, 옷의 앞뒤를 가지런하게 함.

趨進,	종종걸음으로 나아갈 때	翼如也.	새가 날개를 편 것과 같이 함.
入公門,	公門에 들어갈 때	鞠躬如也, 如不容.	몸을 구부린 듯이 하여 마치 용납하지 못하는 듯함.
過位,	임금의 자리를 지날 때	色勃如也, 足躩也, 其言似不足者.	낯빛을 바꾸며, 발걸음은 조심스레 하고, 말은 어눌한 것처럼 함.
攝齊升堂,	옷자락을 걷고 마루에 오를 때	鞠躬如也, 屛氣似不息者.	몸을 구부린 듯 하며, 숨을 죽여 숨 쉬지 않는 것처럼 함.
出, 降一等,	나가서 한 층계를 내려갔을 때	逞顔色, 怡怡如也.	낯빛을 펴서 기쁜 것처럼 함.
沒階,	계단을 다 내려왔을 때	趨進, 翼如也.	종종걸음으로 날개를 편 듯 걸음.
復其位,	그 원래의 자리로 돌아갈 때	踧踖如也.	삼가는 듯 함.
執圭,	圭를 잡을 때	鞠躬如也, 如不勝. 上如揖, 下如授. 勃如戰色, 足蹜蹜如有循.	몸을 구부린 듯하여 마치 무거워서 이기지 못하는 듯 하며, 위로는 읍을 하는 듯하고 아래로는 남에게 주는 듯이 하며, 낯빛을 바꿔 두려워하는 듯하며, 발걸음을 공손히 하여 차례가 있는 듯함.
享禮,	禮를 올릴 때	有容色.	온화함.
私覿,	사사로이 만날 때	愉愉如也.	즐거움.
有盛饌,	盛饌을 받을 때	必變色而作.	필히 얼굴빛을 바꾸고 일어남.
迅雷風烈	우레가 번쩍이고 바람이 매서울 때	必變.	필히 하늘을 두려워하는 표정으로 바꿈.
升車,	수레에 오를 때	必正立, 執綏.	반드시 똑바로 서서 고삐를 잡음.
車中,	수레 안에 있을 때	不內顧, 不疾言, 不親指.	돌아보지 않고, 빨리 말하지 않으며, 친히 손가락질하지 않음.

이상 살펴본 상황별 동작의 공통 특징은 공손, 조심, 위엄, 整齊, 사양, 절제 등으로 정리할 수 있다.

3. 텍스트의 이미지화:『孔子聖蹟圖』

　宋代 이후 새롭게 등장한 신유학은, 특히 주도적 국가 이념으로 자리 잡은 후에는, 유교 사상의 대중적 전파라는 분명한 목적의식을 지니게 되었다. 이러한 목적의식의 산물로 나타난 대표적인 결과물이 바로『孔子聖蹟圖』였다. 이후『孔子聖蹟圖』는 수정을 거듭하며 수십 종의 판본이 간행될 정도로 국가적인 주요 사업으로 정착되었고, 일반인들에게 유학의 기본 이념을 전파하는 중요한 수단이 되었다.[249] 明代에 활발히 인쇄된『孔子聖蹟圖』는, 중국의 학술과 문화가 광범위하게 영향을 받았던 것과 마찬가지로, 역시 불교의 영향이 낳은 産物이었다.[250] 다시 말해서 불교의 포교를 위한 '종교적 방식', 즉 대중 전파를 위한 圖像 활용 방식이 '儒學의 儒敎로의 패러다임 전환'의 企圖에 응용되었다는 것이다.

　明代부터 본격적으로 제작된『孔子聖蹟圖』[251]는 신비로운 탄생에서부터 사후의 추앙에 이르기까지 공자와 관련된 중요한 사건들을 그림으로 표현하고, 여기에 간략한 설명을 곁들인 版畵書이다. 여기에는『論語·鄕黨』을 포함한 여러 텍스트에 묘사된 바의 존엄과 공경이 깃든 공자의 일상 행동거지가 텍스트의 이미지화라는 과정을 거쳐 그려져 있다.[252] 동작묘사라는 점에서 볼 때,『孔子聖蹟圖』의 畵題와『論語·鄕黨』의 내용 가운데 일치하는 것은 42번 그림과 "入公門, 鞠躬如也." 구절 하나뿐이다. 하지만『孔子聖蹟圖』에 묘사된 많은 동작은 『論語·鄕黨』의 記述 묘사와 유사하다. 텍스트와 이미지와의 연계라는 점에서 중요한 것은, 『論語·鄕黨』에 문자로 묘사된 공자의 일상 행동거지 몸짓이 『孔子聖蹟圖』에 이미지로 묘사된 채 그대로 재현되어 있다는 점이다.

『孔子聖蹟圖』의 孔子 초상에 나타난 동작 묘사는 앞서 살펴본 텍스트 내용인 공손, 조심, 위엄, 整齊, 사양, 절제 등 동작 특징의 이미지화를 보여준다. 『孔子聖蹟圖』에는 복수 이상의 동일한 혹은 유관한 내용을 보이는 장면이 많이 나오는데, 이는 대체로 講論·講說·對話·問答·問禮·應對·接見·車行·鼓琴·執圭 등의 항목으로 분류할 수 있다. 각기 항목별 동작을 묶어보면 〈표11〉과 같다.

〈표11: 항목별 동작 묘사〉[253]

항목	동작		
	일련번호 및 표제		
講論	19.退修詩書	38.四子侍坐	95.聖門四科

텍스트의 이미지화: 『孔子聖蹟圖』　111

問禮	12.太廟問禮	14.問禮老聃		
應對	24.拜胙遇塗	26.景公尊讓	57.靈公郊迎	92.商羊知雨
	93.骨辨防風	31.射矍相圃	33.餽食欣受	39.過庭詩禮
	53.子羔仁恕	75.受魚致祭		

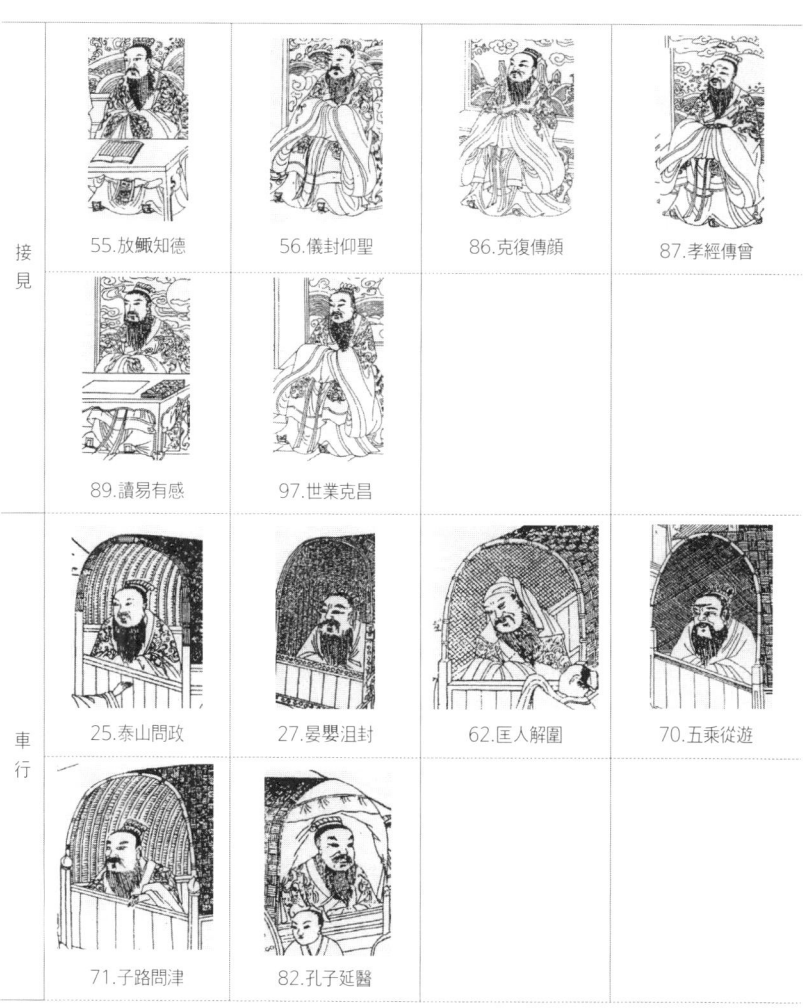

　　이상 살펴본 『공자성적도』의 공자 동작 묘사를 다시 기호학적으로 분석했을 때, 우리는 〈표12〉와 같은 話行 별 동작기호의 분류를 시도할 수 있다.

<표12: 『공자성적도』에 나타난 話行의 동작 기호>

話行 분류	대표 그림[254]	동작 기호[255]		
		몸짓	시선	표정

講論	95.聖門四科	몸은 정면을 향하고, 손은 가지런히 함. "左右手, 衣前後, 襜如也."	정면을 향함	근엄 "侃侃如也."
講說	16.在川觀水	양손은 반대 방향의 설명하는 지시대상을 향함. "翼如也."	聽者를 향함	진지 "便便言, 唯謹爾."
對話	37.農山言志	양손을 모으고, 대체로 고개를 약간 돌려 상대를 바라봄 "揖所與立, 左右手, 衣前後, 襜如也."	상대를 향함	진지 "恂恂如也."
問答	22.論穆公覇	양손을 가지런히 모으고, 상대를 향하여 곧추서거나 앉음 "揖所與立, 左右手, 衣前後, 襜如也."	상대를 향함	진지 "便便言, 唯謹爾."
問禮	14.問禮老聃	양손을 모으고, 허리를 약간 구부림 "揖所與立, 左右手, 衣前後, 襜如也."	상대를 향함	공손 "與與如也."

텍스트의 이미지化:『孔子聖蹟圖』　115

應待	57.靈公郊迎	양손을 가지런히 모으고, 허리를 약간 혹은 많이 구부림 "足躩如也.", "揖所與立, 左右手, 衣前後, 襜如也."	상대를 향함	공손 "閾閾如也."
接見	87.孝經傳曾	양손을 가지런히 모으고 正坐 "左右手, 衣前後, 襜如也."	상대를 약간 올려다봄	공손 "色勃如也."
車行	71.子路問津	수레 끝에 다소곳이 앉음 "必正立, 執綏.", "不疾言, 不親指."	바깥을 향함	조심 "不內顧"
鼓琴	36.瑟儆孺悲	의자에 앉은 채 무릎 혹은 책상 위에 금슬을 올려놓고 두 손으로 연주 "鞠躬如也."	약간 아래를 향함	절제 "有容色."
執圭	42.敬入公門	허리를 구부린 채 두 손으로 圭를 잡음 "踧踖如也", "入公門, 鞠躬如也.", "攝齊升堂, 鞠躬如也, 屛氣似不息者", "執圭, 鞠躬如也, 如不勝. 上如揖, 下如授. …… 足蹜蹜如有循."	圭를 향함	사양 "如不容", "勃如戰色"

이상 도상 동작의 기호학적 분석으로부터 『孔子聖蹟圖』의 공자 동작 묘사에는 일종의 성스러움의 패턴화가 이루어져 있음을 알 수 있다. 『孔子聖蹟圖』의 조형적 특징은 크게 다음 다섯 가지로 분류할 수 있다. 첫째, 공자가 주변 인물보다 크게 그려져 있다.[256] 여기엔 시각적 크기의 우월성이 도덕적 권위의 우월성을 드러내는 효과가 있다. 둘째, 통상 공자의 의복은 화려하게 수놓아져 있다. 이는 도덕적 문채를 외관의 문채로 대리 현시한 것이다. 셋째, 수평적 화면 구성으로 인해 敍事的 성격이 두드러진다. 이는 사실 묘사보다는 내러티브를 통한 寫意性이 강조된 것이다.[257] 넷째, 정면이나 전면을 바라보는 모습보다 비스듬히 측면을 바라보는 모습이 많다. 이는 현장 공간에서의 실제 행위를 실감나게 연출하기 위해 화면 속 인물의 몸의 방향 및 시선의 각도를 조절한 것이다. 다섯째, 대개 인물을 측면 묘사했음에도 불구하고, 강론·강설·대화 등의 장면을 묘사할 때는, 여전히 얼굴이나 손의 방향은 대상을 향하여 비스듬한 각도이지만, 가슴만은 정면을 향하도록 그려져 있다. 이는 곧 고대 이집트회화에서의 인물묘사의 특징인 '正面性의 원리'[258]가 사용된 예이다. 강론·강설·대화 등의 장면은 發話者(공자)의 직접적인 견해나 주장이 드러나는 상황이므로 발화자의 주체의식이 표현되는 순간이다. 정면성의 원리에 의한 화면 구성으로 공자의 발화 내용의 위엄과 진지함이 강조되어 있다.

4. 이미지의 재생: 『聖賢像讚』

『孔子聖蹟圖』에 나타난 공자의 동작 기호는 다시 패턴화되어 공자 이후의 제자·賢人 초상에 반복되어 재현된다. 『聖賢像讚』[259]에 보이는 초상들의 동작 묘사는 곧 공자의 성스러운 이미지의 재생이다. 각각의 자태 묘사는 〈표13〉과 같다.

〈표13: 弟子·賢人의 자태 묘사〉

항목	자태 / 人名		
顔淵	孔子·顔淵 〈聖蹟圖〉[260]	顔淵 〈聖蹟圖〉	
	孔子·顔淵 〈像讚〉	顔淵 〈像讚〉	顔淵 〈像讚〉
賢人 제자	子張	子夏	仲弓

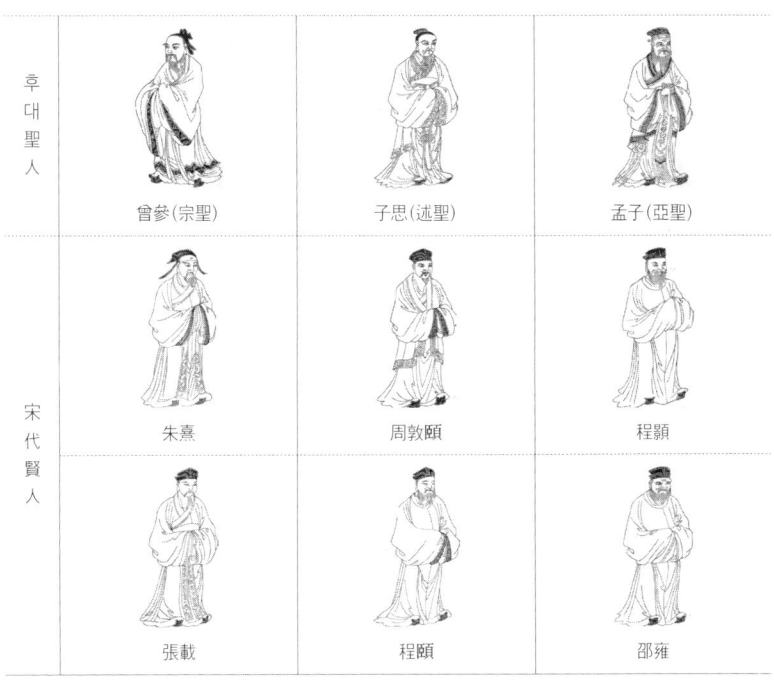

　　이미지의 재생은 원본 이미지의 고정화 및 강화를 이끈다.『孔子聖蹟圖』에 나오는 〈표14〉의 예에서 볼 수 있듯이, 춘추시기 공자와 제자 사이의 일상은 비교적 자유로운 분위기로 묘사되어 있다. 다시 말해서 공자는 권력적 기호보다는 소통적 기호에 유념했다는 얘기다. 이는 그가 물론 원칙도 중시[261]했지만 그것만큼 대중에로의 접근[262] 또한 경시하지 않았음을 말해준다. 어떤 면에서 공자의 일상 형식의 특징은 문화적 위신을 구현할 기호권력으로서의 몸의 형식과 대중화를 위한 기호적 소통의 근거를 마련해 줄 현실적 형식의

줄타기를 보여준다고 말할 수 있다. 기호적 소통은 名分禮·規定禮(經道) 보다는 大衆禮·現實禮(權道)를 선택함으로써 더욱 명확해질 수 있다. 하지만 『聖賢像贊』에서의 제자와 현인들의 자태는 서서히 경직되게 묘사되며, 특히 宋代 賢人에 이르면 묘사된 자태가 근엄 그 자체이다. 후대로 갈수록 고정되고 강화된 이미지는 결국 고정되고 강화된 이데올로기의 전파를 위한 도상 양식으로 파악된다.

<표14: 『공자성적도』에 나타난 공자와 제자의 일상>

도판		
번호/표제	33. 餓食欣受	35. 步遊洙泗
37. 農山言志	52. 子貢辭行	53. 子羔仁恕
67. 忠信濟水	79. 觀周明堂	91. 萍實通謠

93. 骨辨防風		

5. 이미지의 텍스트化: 시각이데올로기로서의 동작

 의사소통의 성과는 언어적 소통과 비언어적 소통의 결합이 극대화될 때 가장 효과적으로 나타난다. 특히 이 때 비언어적 소통의 역할이 훨씬 더 중요하다.[263] 「鄕黨」에 나오는 공자의 의사소통 방식 역시 대부분 비언어적 소통의 내용으로 이루어져 있다.[264] 이것은 유가적 意象[265] 구조의 특징과 연관이 있다. 이 意象 구조는 사실상 형상으로 소통하는 체계이므로, 여기서는 비언어적 소통방식(몸짓)이 더 관건적인 것이다. 예컨대 공자의 몸짓, 즉 비언어적 소통법은 애초 텍스트(형이상적 덕목, 도의 등 記意)를 전달하는 기제이지만, 궁극적으로는 이러한 본원적인 역할을 뛰어넘어 일종의 威信의 표상이 됨으로써 그 비언어적 표현(몸짓)을 행사한 주체를 '聖人―일반', '군자―소인', '스승―제자', '임금―신하' 등으로 경계지우는 표지가 된다. 이러한 구조가 圖像에서는 텍스트가 내재된 이미지로 재현되고 있다.

그림에 나타난 공자의 몸의 형식은 이미지에 텍스트를 더하는 방식, 즉 일종의 혼합된 커뮤니케이션 체계로 구성되어 있다.[266] 이미지는 텍스트가 지배하는 양태의 메시지 속에 단순히 참여하는 것이 아니라 그 자체로 주된 정보의 기초가 되고 있다. 즉 이미지는 텍스트를 전달하는 매체가 아닌 그 자체로 '시각이데올로기'[267]를 담고 있는 정보처가 될 것이다. 이 비언어적 커뮤니케이션에서는 언어(텍스트)가 아니면서도 언어로 수행되는 이데올로기가 소통된다. 즉 텍스트를 내재한 이미지로서의 동작은 시각이데올로기를 드러낸다. 여기서 형상은 質料를 담는 그릇이 아니라, 질료를 변화시키는 先行因子이다.

이처럼 몸짓으로 표현된 도상은 최초에는 의미로부터 도출된 것, 즉 의미의 현시적 결과였으나 궁극적으로는 의미를 적재하고 있는 것이 된다. 다시 말해서, 텍스트만으로는 전달하기 힘든 혹은 전달 불가능한 '복잡한 의미'를 전달하기 위해 사용된다는 것이다. 여기서 복잡한 의미는, 감상자로 하여금 스스로 의미를 독해하고 그로부터 스스로 敎化의 주체가 되는 이른바 '자기 결정적 敎化'의 완수를 기도하는 고차원적인 의미를 말한다. 공자는 '公的인 害의 원리'[268]를 충분히 인식하고 있었는데, 공공의 이익을 유지하는 제도적 수단이나 통제 체계를 손상시키지 못하도록 하는 것이 필요하다는 뚜렷한 근거에서 强制를 정당시했다. 그에게 있어 강제개념은 일종의 '豫防的 强制(preventive coerction)'이다. 이러한 강제는 신체와 禮와의 결합, 즉 修身의 성격이 무엇인지를 잘 설명해 준다. 孔子는 禮가 행위·동작·언어·태도 등 사람의 신체활동과 외재방면을 주재하고 규범화하며 제약하는[269] 동시에, 또한 개체의 內在心理(정감·이해·상상·생각)에 대해서도 크게 작용[270]한다는 것을 의식했다. 내면에 대한 작용은 궁극적으로 자발의식의 도출을 의미한다. 이러한 자발의식에 의해 '자기 결정적 교화'가 이루어지는데, 이는 外在 및 內在의 어떠한 의도적인 힘에도 연루되지 않은 '自發的 秩序(spontaneous order)'[271]이다. 따라서 이 자발적 교화는 최종적으로 '행위결과에 대한 책임으로부터의 원초적인 자유를 획득한 상태'[272]에서 나오는 '非意圖性 結果(unintended consequences)'[273]인 것이다.

유가적 몸과 禮를 결합한 것을 修身이라고 했을 때, 이 수신은 곧 자기결정적 교화의 조건이자 수행지점이다.[274] 또한 이 수신은 푸코가 말한바, '몸의 기호화'에 다름 아니다. 권력에 의해 몸이 기호화되는 과정을 분석한 푸코에 의하면, 인간의 신체가 그 신체를 파헤치고 분해하며 재구성하는 권력 장치 속으로 들어감으로써 신체의 활동에 대한 그러한 면밀한 통제는 지속적인 복종을 확보할 수 있게 된다. 행위는 여러 요소로 분해되고, 신체와 팔다리의 위치가 정해지고 하나하나의 동작에는 방향·범위·소요시간이 설정되며, 그것들의 연속적인 순서가 정해진다. 시간이 신체를 관통하게 된 것이다. 그것과 더불어 권력적 요소의 모든 치밀한 통제가 이루어진다.[275] 이러한 견지에서 본다면, 유가적 신체 및 그것과 연결되는 예악체계가 맞닿는 모든 면에도 역시 권력원칙이 스며들어 양자를 서로 묶어 놓고 있음을 알 수 있다. 권력은 '身體―樂舞', '身體―祭儀', '身體―禮法' 등등의 복합체를 만들어낸 것이다.[276] 하지만 공자가 여기에서 유념한 권력 개념은 자기결정적 교화를 수행해낼 수 있는 개체의 의지, 즉 내재권력이다. 이러한 내면의 의지를 傳道하기 위해 이미지, 즉 도상이 사용된다면 그것은 패턴화된 聖의 表象을 통해야만 가장 효과적이다. 왜냐하면 修身의 체계에서 동일성의 반복(동일한 禮를 반복적으로 익히는 것)을 통해 신체가 의지에 영향을 미치게 되듯이, 이미지의 체계에서도 동일한 패턴의 반복적 각인을 통해 의지가 영향받는 시각적 예술효과가 일어나기 때문이다.

「鄕黨」편의 서술과 같은 언어적 담론에서는 그 자체로 意味網이 있기에 시각성(도상성)이 크게 유념되지 않지만, 거꾸로 形과 線으로만 이루어진 회화에서는 언어적 형식이 이해에 큰 도움을 준다. 예컨대 일반회화에서의 畵題나 『孔子聖蹟圖』에서의 해설문과 같은 경우, 감상자는 회화(도상)를 보면서 동시에 그 언어적 형식과 함께 직접적으로 그리고 직각적으로 그 의미를 훨씬 더 철저하게 인지하게 된다. 따라서 '詩(의미)·書(언어형식)·畵(도상)' 일체 구조의 동아시아적 회화 전통이 만들어졌고, 이로부터 언어적인 것과 시각적인 것의 불가분한 결합이 자연스럽고도 당연하게 이루어졌다. 여기서 언어와 시각 사이에는 역동적인 상호 작용이 이루어지며, 그 결과 도상이 시각적 정보를 제공하는 단순한 記表의 역할을 뛰어넘어 그 자체가 시각이데올로기가 된다.

도상으로부터 나오는 이 시각적 이데올로기는 사실 몸을 통해 발현되는 시각적 禮의 또 하나의 재현이다. 공자가 생각하는, 仁을 발현해낼 수 있는 혹은 仁을 강화할 수 있는 禮는 궁극적으로 시각적인 것이다. 다시 말해서 교제를 통해 소통되는 것은 결국 禮라는 可視的 방법(형식)에 의거한다는 것이다.[277] 이 때 그 '보여지는 禮'는 근본적으로 덕성을 내포하고 있기에 그 자체로 시각적 이데올로기이다. 그것이 시각이데올로기인 이유는, 이러한 '이데올로기의 시각적 소통'은 결국 그 시각적 매개(즉, 형식)에 의존할 수밖에 없기에, 다시 말해서 그 시각적 매개를 축으로 하여 진행될 수밖에 없는 것이기 때문이다.

한편 유가적 텍스트/이미지 커뮤니케이션 혼합체계에서의 이미지, 즉 聖賢의 초상은 각기 다른 사람이지만 동일한 몸짓을 보여준다는 점 때문에 '개별적 차이'는 소멸되고 '성스러움'이라는 포괄적 범주 아래 하나가 된다. 이 지점에서 '동일한 몸짓의 반복적 재생과 재현'이란 유가적 텍스트/이미지 커뮤니케이션 혼합체계의 특징은,

"하나의 텍스트(명찰)를 달고 있는 하나의 이미지는 하나의 정보만을 제공"[278]한다는 기호학에서의 일반적인 '명찰 붙이기(labelling)'의 원칙에 위배된다. 즉 동일성의 반복 때문에 명찰로서의 텍스트는 의미가 없게 된 것이다. 이 '전체로서의 하나'야말로 유가적 몸(몸짓)이 궁극적으로 목표하는 것이다. 이로써 텍스트를 뛰어넘은 이미지는 그 자체로 텍스트(시각이데올로기)가 된다.

회화를 포함한 이미지들은 그 어떤 문자 텍스트보다도 자연스럽게 정치·사회·문화적 권력관계의 코드를 재현하고 이데올로기를 내면화시키는 수단이 될 수 있다고 한 롤랑 바르트의 말[279]을 상기한다면, 시각적인 것과 이데올로기적인 것이 결합된 시각적 이데올로기의 설정에서 우리는 회화 이미지가 문자 텍스트와 동일한 혹은 그 이상의 정치·사회·문화·역사적 코드를 재현하는 매체임을 알 수 있다. 그런데 사실 이러한 과정은 明代 板刻文化의 활성으로부터 도움을 받았다. 판각의 제한적 조건, 즉 정해진 板本을 만들어 많은 復印을 찍어내는데 그 근본의의가 있는 판각에 의해 聖人 圖象은 또한 본질 외적인 이유에 의해서라도 필연적으로 '동일성의 반복'으로 나타날 수밖에 없었던 것이다. 이는 예컨대 조각상 제작의 경우와 마찬가지이다. 흔히 우상 세우기의 전형적인 방법으로 활용되어 오는 조각상의 영역에서도 역시 거푸집을 매번 바꾸면서 다양한 聖人의 형상을 보여준다는 것은 물리적으로 불가능한 것이다. 비용이나 제작여건 등 물리적 조건 뿐 아니라 우상의 효과와 교화의 목적이라는 측면에 비춰보더라도 동일한 양식을 반복적으로 刻印시킨다는 것은 도상이나 조각상 제작에 중요한 조건이다. 이러한 본질 외적인 상황여건 때문에 조각상이든 도상이든 이미지는 일정한 패턴에 고정적으로 맞추어졌는데, 이것이 역설적으로 동일성의 반복을 유발함으로써 훨씬 강력한 시각이데올로기를 구현하게 된 것이다.[280] 그리고 이 동일한 시각적 형상의 반복은 권력의 이데올로기를 효율적으로 작동시키는 장치임은 말할 나위가 없다. '동일성'은 정형화를 낳고, '반복'은 관습화를 유도하며, 궁극적으로 이 정형성에 대한 관습적 소비는 획일화를 이끌게 된다. 이 획일화야말로 권력의 이데올로기가 최종적으로 所期하는 목표이다.

6. 기호권력이자 문화자본으로서의 유가적 몸

공자에게 있어 일상 행동형식의 근본 의도는 '記表(몸)―記意(내면의 덕)'의 기호학적 구도로부터 출발한 것이지만, 궁극적으로 공자의 '유가적 몸' 혹은 '유가적 형식'은 이 기호학적 구도를 깨는 것이다. 즉 기호적 몸은 내면의 덕을 표현한다는 상징적 도구를 넘어 그 몸의 형식 자체로 의미가 있게 된 것이다. 다시 말해서 유가적 몸 자체가 '기호권력'이 되었다는 것이다. 그런데 최초 기호적 몸은 내면의 덕에 의해 구축되었지만, 기호권력이 된 몸은 다시 내면의 덕(記意)으로 환원되지 않는다. 기호권력으로서의 몸은 이미 시각이데올로기를 표현하는 것이기에, 즉 그 자체로 이미 記意를 함축하고 있기에, 사람들은 그 기호적 몸의 체계를 보고 직각적으로 권력을 탐지해서 반응하지 내면의 덕으로 환원된 몸으로써 이해하지 않는 것이다.[281] 이러한 역학관계를 공자는 정확히 이해하고 간파했기에 기호권력으로서의 유가적 몸을 강조했던 것이다. 修身과 "文質彬彬"의 근본 동력은 바로 이점에 있다.

기호권력으로서의 유가적 몸의 중요성은 또한 이미지의 힘을 설명해주는 것이기도 하다. 기호권력으로서의 유가적 몸과 〈인쇄문화의 발전이라는 외적 조건에 힘입은〉 텍스트의 이미지화에는 '聖의 표상'이라는 공통점이 내재되어 있다. '텍스트―이미지'('범례―그림') 장치의 종합은 대상(공자 혹은 聖人)의 유형을 제시한다. 예컨대 이는 非聖人(일반인이나 小人 혹은 惡君 등)과 대비·반대되는 聖人이다. 이 때 이미지는 지시되는 대상의 속성과 물리적 특성을 나타낸다. 이 속성 혹은 특성은 다름 아닌 聖人의 威信이다. 이 '형상화―개념(figuration―concept)'[282]의 조합에서, 그림은 그 자체로 가치를 가지며 단순한 재현을 넘어선다. 「鄕黨」편의 텍스트도 사실상 '범례'(이미지의 명찰)의 성격을 갖는다. 그러나 그것은 우리가 통상 『論語』에 대해 기대하고 있는, 응당 윤리·도덕·敎化·王道 등 형이상적 덕목이나 현실구제적 道義를 말해야 하는 텍스트로서는 아무런 의미와 가치를 지니지 못하는 것이다. 그것은 이미 이미지화된 텍스트로서 행동거지를 묘사하고 있을 뿐이다. 하지만 그 행동거지에는 형이상적 덕목이 내재되어 있다. 이 텍스트는 시각적 표현을 즉각적으로 연상시키는 '고정된 혹은 유형화된 몸짓 패턴'으로써 '仁義를 담은 禮'[283]를 말하고자 한다. 여기서 고정된 혹은 유형화된 몸짓 패턴이 禮이고 그 몸짓을 하는 주체가 聖人이라는 점에서 그 禮의 '仁義'가 담보된다. 따라서 여기서의 이미지는 그대로 '형상화─개념'의 종합인 것이다.

이제 고정된 혹은 유형화된 몸짓은 유가 집단, 좀 더 현실적으로는 文人집단 내부에서 중요한 소통 기제인 威信이 된다. 몸의 형식과 더불어 또 하나 중요한 위신의 요소는 '遊戱'(六藝 등 유가적 생활양식), 즉 '예술과 문화'의 독점적 享有[284]이다. 여기서도 몸의 형식과 유희(六藝)는 긴밀히 연결되어 있다.

"孔子가 말했다. 君子는 다투지 않는다. 〈그러나〉 화살을 쏠 때는 반드시 다툰다. 揖을 하고 양보하며 堂에 오르고, 화살을 쏜 후 내려와서 〈결과에 따라 벌주로〉 술을 마신다. 이것이 군자의 다툼이다."[285]

"孔子가 말했다. 화살 쏘는 것은 가죽 뚫는 것이 관건이 아니다. 사람마다 힘이 모두 다르기 때문이다. 이것이 옛 법도이다."[286]

예컨대 "揖讓而升, 下而飮."라는 이 동작규정은 六藝에서의 '射'라는 遊戲와 연결되어 유가적 생활양식을 구성하고 있다. "其爭也君子."는 "射不主皮"와 함께 군자의 위신을 말하는 것으로, 곧 소인과 대비되는 문화차이를 보여준다. 여기서 "세 번 揖한 다음 堂에 오른다. 〈화살을 쏜 후〉 내려와 〈벌주로〉 술을 마신다."[287]와 같은 행위가 위신을 구축하는 형식이다. 이 형식적 장치가 없으면 위신이 공인, 규정되지 못한다. 몸의 형식과 六藝에서의 禮의 형식이라는 기호는 文人의 위신을 구축해주는 문화자본이다. 그리고 문인이 권력을 갖고 있기에 그 문화자본의 중요한 요소인 〈몸과 六藝의〉 '형식'은 기호권력이 된다.

위신은 〈일상예법에 의한〉 '표준적인 신체'(몸의 기호화), '六藝'(생활양식의 기호화), '文人藝術'(예술의 기호화) 등으로부터 구축되거나 혹은 이 모두의 총합이다. 그리고 다시 위신은 표준적인 신체·六藝·文人藝術 등을 거꾸로 구축한다. 이 순환과정으로부터 고정되고 강화되는 위신은 가장 무형적이면서 가장 실질적으로 문화차이를 낳는 문화자본이다.[288] 문화자본으로서의 이 위신이야말로 문인이라는 이너서클을 경계지우는 가장 현시적인 기호인 것이다.

유가적 봉건사회에서, '계급자본(타고난 신분) → 문화자본(儒者/君子/文人으로서의 위신) → 권력자본(科擧를 통해 士가 되는 것/담론 생산과 지배의 독점)'의 轉化를 실질적으로 가능케 해 주는 것은 자질과 능력이었다. 하지만 이 흐름을 현시적으로 파악하게 하고, 그 흐름의 당위성에 대한 암묵적 동의를 이끌어내는 것은, 신체 및 신체로부터 비롯되는 위신의 차이이다. 그리고 이 위신의 차이 즉 문화의 차이는 문화자본 형식의 기호권력화와 相乘관계를 갖는다. 이 상승관계는 권력이 위신/문화의 차이를 키우고 이 차이는 다시 권력을 구축하는 순환과정을 말한다.

유가에서의 군자의 문화권력은 경제적 토대 위에 세워지는 것이 아니라 군자의 도덕과 이상으로부터 나오는 품격[289]으로부터 세워지는 것이다. 총괄적으로 '禮'로 귀납될 수 있는 문화자본은 '文人'이라는 테두리 안에서 독점적으로 계승, 보존된다. 禮敎는 그러한 문화자본의 독점적 계승의 구조적 機制이고, 禮治는 문화자본의 권력화이다. 문인의 주도적 지위는 군자적 문화권력의 자원(六藝)과 그것의 실행체계(禮法)에 의해서 유지된다.[290] 문인에게 있어 군자적 문화권력은 상징적 권력이지만, 문인이 동시에 士라는 정치권력을 가지고 있기에 그 상징적 권력은 현실적 권력이 되는 것이다. 또한 문화기호를 토대로 한 이러한 상징적 문화권력은 시대와 환경이 바뀌는 역사적 변환 속에서도 지속적으로 문인의 주도적 지위를 유지 및 회복시켜주는 명시적 거푸집의 역할을 해왔다. 유가적 양식을 함축하고 있는 회화 이미지의 정형성과 六藝 등 위신과 관계하는 신체 동작과 용모의 정형성은 시각이데올로기를 창출함으로써, 일종의 거푸집이 되어 儒家性을 끊임없이 전승·복원해왔다는 것이다. 특히 宋代 이후 文人은 유가적 몸짓과 六藝라는 유가적 생활양식을 결합하고, 이 결합체를 위신이라는 문화자본으로 삼아 문화권력을 구축함으로써, 스스로의 현실권력을 명시적이고 효과적으로 경계 지었다. 여기서 일상신체와 六藝의 형식이란 기호권력은 소통의 機制이자 規約으로서 담론의 생산과 지배구조를 구축하고 고착시키는 기본적인 역할을 하였다.[291]

권력이 궁극적으로 두려워하는 것은 현존질서의 변화이다. 그리고 개혁과 혁신에 대한 가장 효과적인 방어 전략은 전통적 규범을 神聖化하는 것으로 인식되었다. 유가 역시 그 이상을 전통에 기탁하는 바였기에 자연스럽게 권력과 유가는 상호조력자가 되었다. 이 협력의 한 양상은 권력·유가·예술의 결합으로 나타났고, 이 결합의 한 산물이 바로 『孔子聖蹟圖』의 탄생이다. 권력은 그들의 지배 아래 있는 인간들의 정신을 과거에 묶어 두는데 필요한 상징을 공급하기 위해 이미지를 이용하였고, 그 이미지를 시각이데올로기로 만들었다. 따라서 『孔子聖蹟圖』는 또한 儒學의 儒敎로의 재탄생의 한 표지이기도 하다.[292] A. N. Whitehead가 모든 사회에 반드시 필요한 기능으로 지적한 "쓸모없는 것을 끊임없이 제거하는 과정과 언제나 새로운 표현형식을 요구하면서 미래에 대해 끊임없이 적응하는 과정"[293]이 儒家時代에는 권력·유가·예술의 결합 때문에 이루어지지 못함으로써, 낡은 상징들은 줄곧 성공적으로 적용되었다.

그러나 총체적으로 볼 때, 권력·유가·예술의 결합을 단순히 '왜곡된 구원'이라는 부정적 측면으로만 규정지을 순 없다. 왜냐하면 그것은 다른 한편 時空을 뛰어넘은 단일한 整體 관념과 심리적 합치에 의한 문화동질의식을 형성케 함으로써, 개체와 개체 간 혹은 개체와 집단 간 외형적 안정감뿐만 아니라 내부적 의사소통의 효율성이라는 긍정적 기능을 구축하는데도 크게 공헌을 했기 때문이다.[294]

제6장

인격의 형식:
君子와 小人의 이분법적 기능

1. 유가적 사회정책과 君子
2. 正面形象과 反面形象의 신화적 기원
3. 君子와 小人의 대비에 나타난 이분법적 가치
4. 새도매저키즘과 속죄양의 망탈리테
5. 談論 지배의 순환 고리

1. 유가적 사회정책과 君子

顧頡剛은 『論語』의 중심문제가 '君子像'의 조성에 있다고 말한 바 있다. 그는 이에 대한 근거로 『논어』에 聖人이라는 말보다도 君子라는 말이 훨씬 많이 나타난다는 점을 제기한다.[295] 돌이켜 보면, 孔子는 혼란한 세상 앞에서 단지 '內聖'만으로 부족하고 '外王'이라는 능동적 개혁 노력이 더해져야 한다고 판단했을 것이다. 그래서 공자는 현실적 투사인 군자에 주목하고 그를 새로운 시대영웅으로 개발했다. 공자는 좀 더 현실적인 군자로 허무맹랑한 聖人을 대체하려 했던 것이다.[296] 따라서 군자는 사실상 聖人의 현실적 代替이다.[297] 그렇다면 군자의 성격을 이해하는 것은 바로 原始儒家 및 그 이후의 유가시대를 이해하는 관건이다. 그런데 마침 사회이론분야의 하나인 '사회정책'의 내용으로부터 군자를 이해하는 좋은 방편을 발견할 수 있다.

사회정책은 실천보다는 실천의 방향을 위한 제안들에 관심을 갖는다.[298] 현대적 의미에서 논의되는 사회정책의 내용은 다음의 두 가지 사항을 필수적으로 요구한다. 하나는 '주어진 상황'을 '목표상황'으로 전환시키고자 행동하는 '행위주체(agents)'이고, 다른 하나는 이러한 전환을 수행하는 과정 중에 행위주체들이 사용할 '特定의 전술'이다.[299] 현대적 의미의 이러한 사회정책의 내용을 원시유가의 입장과 연결해보자. '주어진 상황'이란 춘추전국시대의 혼란이고 '목표상황'이란 "克己復禮爲仁"[300]이란 과제가 될 것이다. 공자에 의해 막중한 임무를 부여받은 이 '행위주체'는 다름 아닌 군자이다. 그리고 마지막으로 원시유가가 고안한 '특정의 전술'이란, 군자와 대립적 의존관계를 갖는 小人이라는 對立項을 설정하는 것이라 할 수 있다. 이 전술은 사람들이 지향할 수 있는 人格의 종류를 오직 두 가지로만 설정함으로써 그들의 선택을 압박하려는 것이다.

모든 사람들을 목표상황으로 이끌 행위주체, 즉 군자로 만들고자 했던 원시유가의 입장에서 볼 때, 사람들로 하여금 당연히 군자를 지향할 수 있게끔 하는 데에는 철저하게 비열한 인간형인 '小人像'을 설정하여 군자와 함께 단 둘의 選擇項으로 만드는 것보다 더 효과적인 방법은 없었던 듯하다. 소인이라는 反對項을 설정한 것은 바로 이러한 군자라는 행위주체를 최대한 강화하기 위한 방편이었던 것이다.

2. 正面形象과 反面形象의 신화적 기원

어느 신화나 그 전형적인 내용은 대개 神들의 투쟁으로 이루어져 있다. 고대인들에게는 이질적인 것과의 대결에서 그들 자신의 세계가 확고한 지위를 쟁취했다는 상징을 만드는 것이 매우 중요한 일이었기 때문이다. 신화는 바로 그러한 노력을 반영하고 있는 기록의 저장소이다. 신들의 투쟁이라는 신화구도는 궁극적으로 善神과 惡神의 투쟁을 의미한다. 예컨대, 중국민족의 시조인 黃帝와 비의 神인 應龍 등은 善의 상징이며, 凶神인 蚩尤와 가뭄의 신인 旱魃 등은 惡의 상징이다. 여기서 중요한 것은 악신의 원형이 반역신이란 점이다. 이러한 善神과 惡神, 혹은 英雄神과 叛逆神의 대비는 사실 다음과 같은 토테미즘에서의 '감각적 대조'에 기원하는 것이다.

"토테미즘에는 자연적인 것과 문화적인 것이라는 두 계열 사이의 논리적 평행선이 〈아주 무의식적으로〉 가정되어 있다. 평행선의 한 쪽 위에 있는 용어들 사이의 차이들의 질서는 다른 쪽 위에 있는 용어들 사이의 차이의 질서와 동형적이다. 가장 간단한 예로 다른 種의 동물들[곰, 독수리, 거북 등] 사이의 명백한 형질적 차이들은 사회집단들[A 씨족, B 씨족, C 씨족 등] 간의 사회적 차이에 대응된다. 중요한 것은 곰, 독수리, 거북 등과 같은 것들의 특성들이 아니라 이미지들 사이에 드러나는 감각적 대조이다. 이것을 통해서 야만인은 자기 씨족체계의 구조를 자신과 다른 사람에게 지적으로 표현하고자 하는 것이다."[301]

　영웅신과 반역신의 대비는 곧 토테미즘에서의 이러한 '감각적 대조'가 신화로서 표현된 것이다. 이는 궁극적으로 자신의 조상에 대한 정체성 및 상대와의 대비를 통한 자신의 확인에까지 영향을 미치게 된다.
　중국신화에서 신들의 투쟁의 압권은 단연 黃帝와 蚩尤가 겨룬 涿鹿戰爭이다. 그런데 흉신으로 치부되는 蚩尤는 사실 처음으로 무기를 만들어 전해준, 마치 문자를 전해준 倉頡이나 농사법을 가르쳐준 神農과 같은, 문화영웅이기도 하다.[302] 그러나 그가 고대 중국인에게 최초로 전해준 발명은 인문적인 것이 아니라 오히려 그들의 理想에 배치되는 것이었다. 따라서 黃帝가 이러한 蚩尤를 물리침으로써 '武'가 아닌 '文'의 세계를 이룩하였다는 점을 드러내는 것은 바로 涿鹿戰爭신화가 담고 있는 또 하나의 중요한 메시지이다. 그런데 이러한 신화적 의도는 심지어 舜과 武王의 대비까지에도 이어진다. 舜은 '盡善盡美'하지만, 武王은 어디까지나 '盡美'에 그칠 뿐이라고 『論語』에는 기록되어 있다.[303] 舜과 武王이 비록 다 같이 영광스런 선조이지만, 그 질적인 평가에서는 분명한 차이를 둔 것이다.[304]
　우리는 여기서 군자와 소인이라는 인격 對比의 원형을 유추해 볼 수 있다. 다시 말하자면 군자와 소인이라는 人格二分法은 다음 세 단계의 '감각적 대조'를 거친 결과라는 것이다. 첫 단계는 신화시대의 토템적 세계관에서의 善神과 惡神 내지는 英雄神과 叛逆神의 對比이고, 둘째 단계는 孔子 이전시대의 세계관에서의 文과 武 및 善과 美의 대비이며, 마지막 단계가 바로 공자 이후 시대의 儒家的 세계관에서의 군자와 소인의 대비이다. 이러한 발전과정을 거치는 '감각적 대조'의 본질은 곧 正面形象과 反面形象의 대비이다.

형이상학이 항상 그러하듯이, 고대중국의 형이상학도 마찬가지로 모든 것을 이분법으로 나누고 二項 대립의 한쪽 편은 진리·질서·善·완전성 등의 세계와 동일시하는 반면 다른 한쪽은 거짓·무질서·惡·불완전성 등의 세계로 치부한다. 역사적으로 前者는 항상 勝者의 몫이기에, 이 이분법에서는 엄연히 앞의 것들이 진리의 기준이 된다. 그리고 儒家가 승자의 이데올로기가 된 이후, 군자는 언제나 가장 도덕적인 가치를 확보하고 있는 正面形象이 되었다. 한편 그 반대편의 소인은 철저하게 反面形象으로 규정된다. 신화적 세계에서의 반면형상 혹은 反面 요소로는 叛逆神·샤머니즘에서의 不貞·토테미즘에서의 터부 등을 들 수 있는데, 이것들은 바로 소인이라는 반면형상의 원형이다. 이러한 신화적 세계에서의 反面 성격을 이어받은 유가적 세계관에서의 소인은, 항상 不義의 대명사[305]·共同善의 훼방꾼[306]·反社會的 이기주의자[307] 등의 반면형상으로 그려진다.

군자와 소인이라는 이분법적 인격대비가 등장하게 된 이유의 근원은 신화시대에서의 영웅신과 반역신의 대비에 나타난 '의도'에 닿아있다. 영웅은 가장 극명하게 반역자를 처단함으로써, 또는 가장 명확하게 반역자와 대칭되는 지점에 위치함으로써 진정한 영웅이 된다. 이러한 영웅신화는 유가적 세계관에서도 그대로 반복된다. 시대를 이끌어갈 嚮導이자 '행위주체'로서의 군자를 진정 시대의 영웅으로 만들기 위해서는, 그리하여 모든 사람들로 하여금 영웅이기를 꿈꾸게 하기 위해서는, 가장 극명한 반대지점으로서의 소인이라는 인격을 설정하는 것보다 더 효과적인 것은 없는 것이다. Clifford Geertz의 다음과 같은 말로부터, 신화적 세계관에 보이는 영웅신과 반역신의 대비와 유가적 세계관에서의 군자와 소인의 대비의 상관관계를 이해할 수 있다.

> 한 민족이 찬양하는 것과 두려워하고 증오하는 것은 그의 세계관에 묘사되고 그 종교에 상징화되며 나아가 그 생활 전반의 질로 표현된다. 그들의 에토스는 단지 그들이 찬양하는 고상함에서만이 아니라 그것이 비난하는 비천함에서도 현저히 드러난다. 즉 악덕은 미덕과 더불어 양식화되는 것이다.[308]

"악덕과 미덕이 더불어 양식화된다."는 그의 말보다 더 군자와 소인의 對待的 관계를 잘 설명해 주는 말은 없을 듯하다. 반역신이 영웅신을 만들듯이 소인이 군자를 구축하는 것이다. 유가세계관에서의 正面과 反面의 대비가 갖는 구도는 곧 君子理想을 도모하고 선양하기 위해 小人品格의 질타를 상정한 것이다. 이것이 儒家思惟에서의 反面의 역할과 기능이며, 正面 구축의 디딤돌로서의 反面 설정 및 그 반면에 대한 훼멸과정의 메커니즘이다.

3. 君子와 小人의 대비에 나타난 이분법적 가치

중국철학 혹은 중국문화의 체계에는 전형적인 세 쌍의 價値結合體가 있다. '善美'와 '文質', 그리고 '禮樂'은 상호 대대적인 혹은 대립적인 가치를 지니는 두 항목이 한 쌍을 이룬 철학범주 혹은 문화범주들이다. 그런데 이 가치결합체들은 두 종류의 성격을 띠고 있다. 하나는 이것들이 不變項과 可變項의 결합체라는 것이다. 즉 각각의 '善'·'質'·'禮'는 절대가치를 지니는 불변항이지만, '美'·'文'·'樂'은 조화['和']와 일탈['淫']의 가능성을 모두 지니고 있는 가변항이다. 또 하나의 성격은 각기 결합체의 두 항이 記表와 記意의 관계를 갖는다는 것이다. 앞서 본 가변항으로서의 '美'·'文'·'樂'은 각각 기표의 역할을 하고 불변항으로서의 '善'·'質'·'禮'는 각각 기의의 역할을 한다. 다시 말해서

'미'·'문'·'악'은 각각 '선'·'질'·'예'를 표현 혹은 실현하기 위한 통로이자 도구가 됨으로써만 의미가 있다는 것이다.

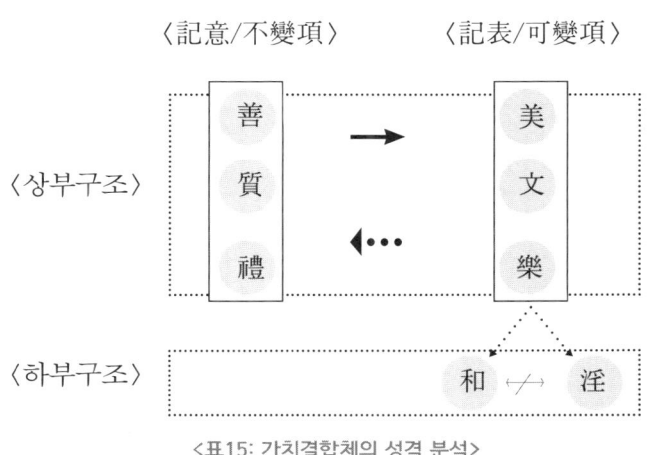

<표15: 가치결합체의 성격 분석>

〈표15〉에서의 이 세 범주의 철학적 혹은 문화적 의미가 어떤 것인가에 대해서는 논외로 하자. 여기서는 이 가치결합체들의 메커니즘을 살피는 것이 목적이다. 두 말 할 것 없이 이 가치결합체들의 존재의의는 대중에 대한 도덕적 敎化이다. 이런 전제 아래 볼 때, 이들은 다음 세 가지의 단계별 과제를 공유하고 있다고 할 수 있다. 첫째, 가변항의 하부구조에 해당하는 '和'와 '淫'의 가치구별, 즉 무엇이 '和'이고 무엇이 '淫'인지를 어떻게 대중에게 인식시킬 것인가? 둘째, 어떻게 하부구조의 '淫'의 요소를 제거 혹은 억제할 것이며 아울러 '和'의 요소를 發揚시킬 것인가? 마지막으로, 가변항의

가치를 어떻게 불변항의 가치와 일치시킬 것인가? 다시 말해서 어떻게 '美'·'文'·'樂'으로 하여금 각각 記表의 역할을 충실히 할 수 있게 하며, 이로서 記意와의 관계를 적절하게 운용하여 궁극적으로 이 가치결합체의 존재의의를 실현할 것인가?

　이 세 가치결합체는 인간으로서 마땅히 실천해야 할, 그리고 사회가 마땅히 구현해야 할 명제이자 전제이다. 이 과제의 해결을 위해 원시유가가 고안한 방법은 바로 '정면 이미지'와 '반면 이미지'의 대비를 통한 자발적 선택의 유도이다. 두 가지 상반된 理想이 있을 때 사람은 보통 정면의 이상을 선택하기 마련이다. 첫 번째 과제는 신화적 세계 속에서의 정면 이미지와 반면 이지미의 대비를 보여줌으로써 해결한다. 두 번째 과제는 '和'와 '淫'의 성격이 어떻게 다른지를 이미 파악한 사람들에게 직접적으로 군자와 소인 가운데 하나를 택할 것을 제시하는 것이다. '淫'을 억제하고 '和'를 발휘할 수 있는 사람은 군자요, 그렇지 못한 사람은 소인이다. 세 번째 과제는 바로 "文質彬彬"·"善美彬彬"·"禮樂彬彬"의 단계이다. 이 과제의 완수는 군자가 되기 위한 어쩌면 마지막 인증이기도 하다.[309] 또한 이 단계는 자기 내면의 근원적인 힘인 '仁'으로써만 실천해 낼 수 있기에 군자에게는 고도의 도덕적 수양이 강조되는 것이다.

　이러한 도덕적 수양은 고도의 굳건한 신념을 낳는다. 유가적 군자는 '期必'을 설정하고 이를 적극적으로 추구하는 인간이다. 일반적으로 그러한 기필은 대비 또는 대립되는 두 개념이 합쳐진 價値

比較體를 통해 나타난다. '是非'·'善惡'·'義利'·'君子와 小人' 등의 가치비교체에서 '是'·'善'·'義'·'君子'를 맹목적으로 추구하는 것은 '指向의 期必'이다. 그런데 이것과 동일한 비중을 지니는 또 하나의 기필이 있다. 그것은 '排斥의 期必'인데, 이는 위의 가치비교체 중 '非'·'惡'·'利'·'小人' 등을 절대적으로 배척하는 것이다.

그런데 도덕적 수양이든 기필이든 간에 이러한 것들은 사실 심리적인 것이다. 규율중심적인 유가는 폭력적 처벌을 목표로 삼지 않는다. 비교와 차등화를 통해 개개인의 품행과 인격을 조직구성원 전체가 준수하고 이행해야만 하는 집단원리와 관련시킨다. 개개인을 상호 비교할 뿐만 아니라 개체의 수준과 성질을 質로써 측정하고 가치로써 등급을 매긴다. 그들을 측정하고 비교하고 구분하고 평가하여 서열을 매기거나 배제하는 잣대는 '군자와 소인'이라는 이분법이다. 군자라는 '표준인격'으로 모든 개체를 동질화하고 규격화한다. 군자와 소인이라는 인격이분법에는 중간도 없고 절충도 없다. 오직 어느 한편에 서는 것만이 남는다. "너는 군자가 아니다."라는 것, 따라서 "너는 소인이다."라는 낙인은, 보통사람들에게 치명적인 상처가 될 수 있는 심리적 충격일 뿐 아니라 군주에게도 위엄의 추락과 정통성의 훼손을 야기한다. 사회적으로 바람직하지 못한 행위에 대한 이러한 유가적인 모욕은, 실질적으로 그런 행위를 금지시키지는 못하며 다만 그런 행위를 할 의사를 단념시킬 뿐이다. 그러나 그런 행위를 저지시키는 데 있어 매우 효과적이다. 여기에 폭력적 위협이나 권력적 위협은 없지만 심리적 위협으로부터 그 목적을 추구한다. 유가에서의 이러한 심리적 처벌은 사실 토테미즘적 처벌과 동일한 성격의 것이다.

> "범해진 타부가 스스로 복수한다. …… 사회가 동료들에게 위험을 가져온 자에 대한 처벌을 책임진다. …… 타부를 위반한 자는 그로 인해 자신이 타부가 된다."[310]

이러한 토템적 처벌은 전체로부터의 격리라는 점에서 결국 사회적 처벌이다. 고대사회, 특히 전쟁과 농사가 가장 중요한 부분을 점하는 집단사회에서 사회적 처벌과 관련된 심리적 위협과 두려움은, 인격이분법적 강박관념을 고착시키는 그 무엇보다도 강력한 機制이다.

그런데 이 강박관념은 儒家思惟에서 매우 중요하다. 왜냐하면 이것은 한 개인의 도덕적 타락 및 이로부터의 잠재적인 社會惡을 억제시키는 효과를 낳기 때문이다. 어떤 이에게 '不仁'이나 '不義' 혹은 '非禮'라는 평가를 내리고 결과적으로 그에게 '小人'이라는 불명예스런 칭호를 내리는 것은 정신적 처벌인데, 이러한 처벌을 피하고자 노력하는 이이자 동시에 그러한 처벌을 내리는 자는 바로 군자이다. 정신적 처벌의 대칭점엔 바로 理性의 힘이 있다. 군자의

수양은 사실상 이러한 이성의 힘을 기르는 것이며, 그 궁극적인 목표는 사회정의의 실현이다.[311]

"이성의 힘이 정의에 기여하는 것은 다음 두 가지 사실 때문이다. 첫째는 이성이 사회적 조화를 위해 개인의 욕망에 내적 제한을 가하는 것이고, 둘째는 이성이 전체 공동체의 지성적 전망에서 개인의 요구와 주장을 심판하는 것이다."[312]

또한 군자와 소인이라는 인격이분법은 Reinhold Niebuhr가 말한 인간본성의 두 충동[313], 즉 利己的 충동과 利他的 충동의 대비와 연결 지을 수 있다. 말하자면 군자와 소인의 대비는 결국 한편으로는 끊임없이, 荀子가 관심을 보인 바 있는, 이기적 충동을 억제하고 다른 한편으로 또한 끊임없이, 특히 孟子에 의해 강조된, 이타적 충동을 자발적으로 고양시키려는 기제이다.[314]

4. 새도매저키즘과 속죄양의 망탈리테

군자와 소인의 관계가 갖는 독특한 구조는 새도매저키즘(sado-masochism)적 현상[315]을 보여준다. 군자계층은 일종의 새도매저키스트(sadomasochist)이다. 군자가 보기에 이상실현의 대상인 사회는 영원히 그 이상을 실현시킬 수 없을 것 같은, 즉 언제 어떻게 만족을 얻을 수 있을 지 확신할 수 없는 존재이다. 하지만 그러한 불안과 불확실성 및 판단불가능, 예측불가능의 대상에 대해 오히려 독특한 매력을 느끼며 거기에 얽매이게 된다. 그 대신 그러한 친숙한 고통으로부터 오는 상실감, 무능력감, 불안정, 상대적 열등감과 박탈감 등을 해소하기 위하여 소인계층이라는 贖罪羊을 설정한다. 그렇게 함으로써 사회라는 권력에 대한, 즉 가시적이고 현실적인 대가없는 희생으로 인한 '상대적 無權力'을, 오히려 소인계층을 자신에 대한 〈도덕적〉 무권력층으로 만듦으로써 군자계층 스스로 〈도덕적〉 권력이 되는 것으로 해소하는 것이다. 군자와 소인의 관계는 분명 심리적, 사회적 관계이지 제도적, 계급적 관계는 아니다. 하지만 군자와 소인은 도덕구현이라는 관점에서 보자면 '도덕적인 면에서' 권력과 무권력의 관계에 있으므로 '도덕적인 면에서' 지배와 종속의 관계에 있으며, 理想人格의 양자택일이란 입장에서 볼 때 양자는 인격이분법적 분할의 대칭상태에 있기 때문에 역시 共生的 의존관계에 있는 것이다.

Clifford Geertz는 "감정적 긴장은 상징적인 적(예를 들면, '유대인', '대기업', '붉은 군대' 등)으로 대체됨으로써 해소된다."[316]고 말한 바 있다. 혼란의 시대를 극복할 사명감 때문에 극도의 감정적 긴장상태에 있는 군자는 이 긴장을 해소하기 위해 소인이라는

'상징적인 敵'을 설정한 것이다. 군자와 소인 兩者는 상대방이 있음으로써 자신의 정체성이 뚜렷해지고 상대의 존재로부터 나의 존재의의가 설정될 뿐 아니라 더 나아가 군자는 그러한 소인을 敎化해야 할 책무까지 안고 있으니, 양자의 관계는 바로 '지배―종속'의 공생적 의존관계인 것이다. '군자―도덕적 敎化'와 '소인―도덕적 被敎化' 관계에서에서의 양자의 역할은, 군자는 새도매저키스트이며 소인은 속죄양으로 설정되어 있다.

그런데 군자와 소인의 이러한 '지배―종속'의 공생적 의존관계가 분명 처음에는 대단히 숭고한 '철학―종교적' 의도로부터 출발하지만, 이러한 형이상학적인 동기는 그리 오래 가지 못하고 양자의 관계는 좀 더 세속적인 '정치―사회적' 의미로 바뀌게 된다. 즉 군자와 소인 각각의 가치와 양자의 상호대비가 주는 교훈은 이데올로기로서보다는 망탈리테(mentalite)[317]로서 이해된다는 것이다. 이상사회의 건설을 위해 군자가 소인을 속죄양으로 삼음으로써 인격이분법적 분할을 통해 도덕적 '권력―무권력'의 관계를 설정했던 초기의 순간에는, 이 한 쌍의 가치비교체 앞에 놓인 결단이 대의명분이자 이념으로서 전력을 다해 추구하던 삶의 목표였다. 하지만 양자가 한 쌍의 가치비교체로서 점차 定型化되고 마침내 이러한 公式이 대중적으로 완전히 보급되었을 때, 그것은 이미 집단적인 사고방식이자 생활습관 즉 망탈리테가 되어 버렸다. 이제 聖人은 구체적 인물이 아니라 하나의 像(symbolic image)이 되었고 역사의 교훈과

聖人의 가르침으로서의 經典의 내용인 經義는 막연하고 포괄적인, 그러나 어쨌든 따르지 않으면 안 될 것 같은 '定言命令(categorical imperative)'이 되어 버렸다. 유가의 모든 것, 즉 聖人·綱領·생활수칙 등은, 그리고 이 모든 것의 함축적 의미인 君子像은 이데올로기이자 망탈리테이며, 이념이자 상식이고, 결국 일종의 상징적 이미지인 것이다.

5. 談論 지배의 순환 고리

유가의 독점적 지위 획득 이후, 이상적 행위주체로서의 군자는 실천적 행위주체로서의 '士'의 내면에 자리 잡게 되었고, 이로부터 유가이념은 이론적 합리주의일 뿐 아니라 정책이자 법률이 되었다. 궁궐의 담장 안팎에서 이데올로기이자 망탈리테로서의 유가사유는 세계를 규정하고 움직이는 담론이 된 것이다. 이 담론을 지배하는 계급은 바로 군자계층이다. 지배계급은 지배의 논리를 필요로 한다. 그리고 그 가장 숭고하고 필수적인 지배의 논리는 바로 도덕성이다.

"지배계급은 자신들이 행사하는 권력과 특권을 정당화하기 위하여 자신들의 특출난 지적 능력을 내세우는 것 말고도 또 하나의 위선을 저질렀다. 지배계급이 자신들의 특권을 정당화하기 위해서 사용하는 논거는 사실 지적 우월성보다는 도덕적 우월성이다."[318]

Reinhold Niebuhr의 위의 지적은 교묘하게도 군자와 소인의 대비를 정확하게 통찰하는 듯하다.

"君子는 義를 따지고, 小人은 利를 따진다."[319]

'義'는 도덕적 우월성이고 '利'는 지적 우월성이다. 義가 利보다 훨씬 더 숭고한 가치를 지닌다는 점을 사회적으로 公認시킨 효과는, 특히 망탈리테로서의 유가사유에서 분명하게 드러나는데, 군자계층으로서의 지배계급의 도덕적 우월성 固着이다.

군자계층은 자신들의 도덕적 우월성을 견지하기 위해서 소인의 지적 우월성, 즉 功利主義的 미덕을 도덕적 잣대로 폄하하는 한편 소인계층과의 차이를 두는 또 하나의 신분적 分界線을 그었다. 그것은 바로 貴族制에서의 그것과 흡사한 '遊戲'를 향유하는 것이다. 유희는, 경제적으로는 더 할 수 없이 비합리적인 행위이지만, 소인계층과의 엄격한 거리감을 확보하여 그들과는 다른 품위를 세우는 데 있어 결정적인 역할을 하게 된다. 모든 덕목을 완수한 군자에게 최종적으로 樂과 藝의 연마를 강조한 이유가 바로 여기에 있다.

"詩에 대한 공부를 통해 세계에 대한 敍事的 이해를 도모하고, 나아가 禮를 익힘으로써 나를 사회에 적응시키며, 궁극적으로 樂을 통해 나의 완성을 예술적으로 발현한다."[320]

"일단은 道에 뜻을 둠에서부터 비롯하고, 다음으로 德과 仁에 근거하여 모든 것을 이루니, 이러한 면모들을 모두 충족할 수 있는 경지에 이르면 비로소 藝를 즐김으로써 더욱 넉넉해 질 수 있으리라."[321]

앞서 제5장 6절에서 살펴본 바대로, 니부어가 말하는 '유한계급의 생활양식'이나 단톤이 말한 부르주아의 '특유한 생활양식'은 곧 군자계층의 '유가적 생활양식', 즉 六藝와 禮樂이라 할 수 있다. 이것들은 군자가 되기 위한 최종관문이기에 우월적 계급지위 구축의 원인이자 결과이기도 하다. 이러한 군자의 문화적 優位는 문화적 劣位로서의 소인이라는 상대개념을 통해 강화된다.

어느 시대 어느 지역에서나 귀족계급은 유한계급이다. 군자이자 士인 귀족계급 역시 예술과 문화를 향유하는 유한계급이다. 여기서 중요한 점은 바로 이러한 예술과 문화의 독점적 享有가 바로 그들의 특권을 정당화하고 자신들의 담론을 생산하는 데 있어 유용한 수단이 되었다는 것이다. 唐代를 거쳐 宋代 이후 확고한 시대사조가 된 '文人'이란 현상은, 권력과 학문과 도덕성 및 예술의 결합을 의미한다. 왜냐하면 文人은 벼슬을 하는 士이자 儒學을 추종하는

儒者이자 도덕적으로 완전한 군자이며 동시에 내면의 깊이를 문학이나 조형예술로 표현해 낼 줄 아는 예술가였기 때문이다. 이 四者 결합체로서의 문인 혹은 문인예술[322]은 줄곧 淸代까지 담론을 생산하는 주요한 창구였다.[323]

   Michel Foucault는 담론을 권력과 지식의 복합체로 이해하며, 권력은 새로운 지식의 생산을 가능하게 하고 이 지식의 활용은 동시에 새로운 권력 효과를 수반한다는 점을 지적한 바 있다.[324] 士와 儒者와 군자와 예술가의 총합체로서의 문인이 생산하는 담론은, 그렇다면 푸코가 지적한 바의 권력과 지식의 복합체 이상의 것이다. 그것은 또 하나의 요소 즉 예술의 도덕적 효과라는 美學的 장치까지 갖추고 있기에 그로부터 생산되는 담론은 가공할 만한 것이다. 儒者라는 유가적 소양은 담론생산의 원동력이며, 士라는 현실적 지위는 담론지배를 보장한다. 학문·문화·신분의 독점은 군자로서의 문인을 담론생산의 주체 뿐 아니라 담론의 지배자로 만들었다. '군자─소인' 이분법 구도는 결국 '君子─非君子'의 구도이다. 이러한 획일적인 가치독점 구조에서는 궁극적으로 담론생산자와 담론지배자가 동일인일 수밖에 없는 것이다. 우리는 여기서 군자의 담론지배 순환 고리를 다음과 같이 설정해 볼 수 있다.

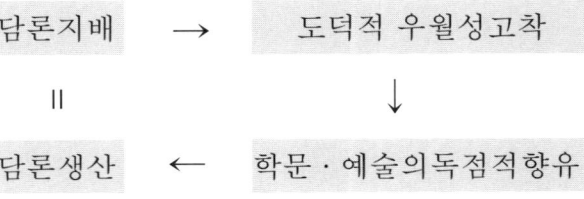

<표16: 담론지배 순환 고리>

　마지막으로 남는 문제는 이러한 순환 고리를 움직이는 기제가 무엇인가 하는 점이다. 이는 또한 유가사유라는 이데올로기 혹은 망탈리테를 지속적으로 유지하는 기제가 무엇인가에 대한 질문이기도 하다. 金觀濤가 언급한 가정과 국가의 동일구조는 이에 대한 해답이 될 수 있다. 그는 사이버내틱스(cybernetics)이론을 응용하여 이 구조를 다음과 같이 분석한 바 있다.

"개체로서의 생물체는 모두가 사망하나, 생물 개체의 모든 정보를 간직한 생식세포는 새로운 개체가 발육, 성장하는 거푸집(matrix)이 될 수 있다. 현대의 사이버내틱스이론은 다른 차원의 同一構造體가 조직구조의 정보를 보존할 수 있기만 하면 이러한 조직도 거대한 自我回復 능력을 갖추게 됨을 지적하고 있다. 시스템이 안정기에 있을 때, 그것은 자기의 구조에 대한 정보기록을 동일구조 시스템 내에 複製하는데, 일단 시스템이 파괴당하면 그 동일구조 시스템은 복제된 정보에 근거하여 그 시스템을 회복하고자 한다. 중국 봉건사회에서 국가와 가정의 동일구조의 효과는 바로 이러한 회복작용에서 일어난다. 봉건국가가 안정되었을 때, 그것은 국가조직의 원칙을 가정·가족에 주입하고, 封建大國이 와해될 때, 가정·가족 조직은 거꾸로 국가회복의 거푸집이 되었다."[325]

여기서 자기의 구조에 대한 정보기록을 동일구조의 시스템 내에 '複製'하는 것은 망탈리테로서의 유가이기에 가능하다. 생활수칙이나 상식과 같은 망탈리테로서의 유가적 사고 혹은 經義와 같은 유가의 상징적 언어는 하나의 原型이 된다. 그리고 이러한 원형은 일종의 정보유전자가 되어 '同型構造(isomorphism)'[326]를 생산한다. 主觀의 '儒家的인 것'은 대상을 儒家化한다. 儒家的 還元(reduction)에 의해 先驗的 自我가 뿌리 깊은 유가적 상징(Confucian symbolism)에 젖어 있게 되면, 대상으로서의 가정과 사회 그리고 국가도 同型의 유전적 정보를 갖추게 된다. 더 나아가 대상 간의 복제도 진행된다. '子孝·婦從·父慈'로 성립되는 가정관계는 '民順·臣忠·君仁'이라는 사회관계와 同型이다. 이러한 原型과 同型의 반복이라는 순환작용은 곧 유가적 담론지배의 순환 고리를 움직이는 기제이다. 궁극적으로 오랜 세월 儒家思惟가 지속적인 승리를 거두게 된 근본적인 動因은 바로 이러한 담론지배의 순환 고리였다.

제7장

심미의 형식:
문인회화 양식의 미학적 의미와 기능

1. 양식의 미학
2. 형식에 대한 향수, 카시러
3. 형식에 대한 준수, 공자
4. 아이콘과 코드, 문인
5. 소통의 미학

1. 양식의 미학

　문인회화의 유가미학적 특징으로부터 '예술은 형식에 대한 향수'라는 E. Cassirer 견해의 타당함을 입증할 수 있을까? 일견 이는 카시러의 '상징형식의 예술'과 孔子의 '比德의 형식론'이 서로 일맥상통하다는 가설의 증명에 관한 문제일 듯싶다. 이 점이 이 글의 출발점이다. 그런데 이후 이 여정에서는 부딪혀야 할 관문들이 여럿 있을 것이다. 우선 문인회화의 유형 고찰을 통해 아이콘과 코드의 조합이 문인회화의 양식적 특징임을 밝히는 것이 선행 되어야 한다. 나아가 문인회화에서의 양식적 특징은 '以物比德'이라는 유가미학의 機制로부터 구축된 것이며, 예술과 유가이념 모두에 관계하는 문인에 의해 유가의 인식적 이데올로기에서의 형식의 준수가 문인회화의 시각적 이데올로기에서의 양식의 준수와 연결된다는 점을 짚는 것이 관건이다. 이로부터 유가철학 내에서 도덕적 敎義는 궁극적으로 '형식의 준수'[327]로 귀납되듯이, 유가미학 내지 문인예술에서의 심미는 궁극적으로 '양식의 준수'[328]로 귀납됨을 밝히는 것도 중요하다. 이러한 점들이 순조롭게 규명된다면, 예술은 형식에 대한 향수라는 카시러의 공식이 일찍이 比德의 원리라는 유가미학의 심미관에서 구현된 바 있음을 알게 될 것이다. 마지막으로, 문인회화 형식의 定式性이 지니는 의미 혹은 기능을 적시하는 것이 이러한 사례연구의 전형적인 결미임을 또한 놓치지 않아야 할 것이다.

2. 형식에 대한 향수, 카시러

　카시러의 상징형식 철학은 19세기 말에서 20세기 초의 과학 만능주의적 경향 속에서 희생된 인간의 다른 활동 영역들을 구제한다는 성격을 갖고 있다. 이를 위해 카시러는 다양한 문화적 창조물들, 즉 신화·예술·언어·종교 등의 형성 과정에 주목하고, 그것들 간의 공통점을 意識의 선험적 능력인 상징적 기능(symbolic activity)에 의해 마련하고 있다. 즉 카시러는 다양한 문화적 창조물들이 모두 우리가 만들어낸 상징들로 구성되어 있고, 그 상징들은 대상으로부터 주어진 특수한 감각적 경험들을 관계 짓고 조직화하는 상징적 기능에 의해 만들어진다고 한다. 그런데 이때 특수한 감각적 경험들을 조직화하기 위해서는 그것들과는 독립적으로 정신에 의해 부여되는 관계 형식이 요구된다. 카시러는 이것을 상징형식이라 명명하고, 상징형식은 우리 意識이 경험의 객관화를 이루기 위해 취하는 관점이나 의미 실현 방향의 차이에 따라 다양한 형태들로 나타날 수 있으며, 그에 따른 의미 세계들인 신화, 예술, 언어, 종교 등과 같은 문화적 창조물들이 생겨난다고 말한다.[329]

"사람은 더 이상 단순한 물리세계 속에서 사는 것이 아니라 하나의 상징세계 속에서 살고 있다. 언어·신화·예술 및 종교는 곧 이러한 상징세계의 각 부분이며, 그것들은 상징이란 그물을 형성하는 서로 다른 씨줄과 날줄들이자 동시에 인류 경험이 서로 엇섞여 짜진 그물인 것이다. …… 어떤 의미에서 사람은 사물 자체가 아닌 바로 자기 자신과 부단히 교류하는 존재라고 말할 수 있다. 이렇게 사람은 자기 자신을 언어의 형식과 예술의 상상, 그리고 신화의 상징 및 종교의 儀式 속에 묶어둠으로써 그러한 인위적인 매개물의 중개에 의하지 않고는 아무것도 볼 수 없거나 또는 인식할 수 없는 것이다."[330]

카시러는 예술이 신화와 언어의 중간에 위치한다고 설명한다. 신화가 감성이나 상상력의 힘이 우세하게 작용하는 것이고, 언어는 논리적 계기가 점차적으로 증대되어 가는 것이라 할 때, 예술은 이 양자의 중간에 속하며 상상력과 오성의 조화를 통해 이루어진다는 것이다.[331] 한편 카시러는 언어의 세계가 신화의 세계로부터의 전환에 의해서 이루어진다고 생각한다. 그러나 그렇다고 해서 언어가 신화가 갖고 있던 표현적 경험을 완전히 파기하여 이루어지는 것은 아니다. 언어의 세계란 신화를 통해 최초로 표명된 정신의 형식화 기능이 이론적 자기 의식이라는 새로운 차원에서 새로운 형식을 통해 나타나게 되는 것인 바, 신화를 이루었던 표현적 경험이라는 바탕이 새로운 형식에 의한 변화를 거치긴 하겠지만 사라지지는 않는다는 것이다.[332]

언어의 세계가 신화의 세계와 단절되지 않았다는 것은 그 중간에 위치하는 예술 역시 신화와 언어의 표현적 경험을 보존하고 있음을 의미한다. 카시러는 "만약 예술이 향수하는 것이라면, 그것은 사물에 대한 향수가 아니라 형식에 대한 향수"[333]라고 말하는데 여기서의 형식이란 곧 그러한 신화와 언어의 표현적 경험을 내포하고 있는 형식이다. 이점이 바로 카시러가 말하는 형식과 Bell이나 Fry의 형식주의 예술론[334]에서 말하는 형식이 어떤 차이를 갖는지 보여주는 표지이다. 형식주의 예술론자들이 말하는 형식은 예술작품에 나타난 형태적 혹은 형상적 측면을 가리키나, 카시러가 말하는 형식이란 감각적 경험들이 조직적으로 객관화된 의미로서의 형식이다. 카시러는 예술작품의 형식적 측면을 강조하되 그 형식이 일상적인 삶의 경험을 바탕으로 하고 있고 삶의 내용을 전달하는 상징의 기능을 갖는다고 주장한다. 이 점은 그가 I. Kant의 심미판단에 대한 비판에서 잘 드러난다. 칸트는 미적인 것은 어떠한 개념과도 결부되지 않은 채 필연적 만족의 대상이 된다고 말한다. 그리고 그 만족의 필연성의 근거는 특정한 인식이나 개념에 구속되지 않는 상상력과 오성의 자유로운 유희를 통한 조화에 있다고 파악한다.[335] 그러나 카시러는 예술이 칸트가 말한 것처럼 단순한 快·不快의 감정이라든가 초감성적인 미적 이념과 관련을 갖는다고 보지 않고, 일상적인 삶의 내용을 바탕으로 한다고 주장함으로써 칸트가 부정한 예술의 인식적 기능을 되살려놓고 있다.[336] 그리고 그러한 인식적 기능은 곧 상징적 기능을 의미한다. 왜냐하면 심미체험은 즉각적으로 느껴지는 것이기보다는 형식을 통해 보여 지는 것이기 때문이다.

3. 형식에 대한 준수, 공자

모방론이 단순한 재현이고 표현론이 일상적 정서에 대한 체험을 나타낸 것이며 또 형식론이 일상적 삶 속의 사물이나 사건 및 정서적 체험을 미학의 영역으로부터 배제한 것이라 한다면, 카시러의 상징형식 예술론은 삶의 경험을 바탕으로 하고 있고 삶의 내용을 전달하는 상징의 기능으로서의 형식을 중시한 것이라 하겠다. 그런데 孔子의 比德論이 카시러의 이와 같은 상징형식 예술론과 거의 흡사한 면모를 보이고 있다. 다음의 두 대목에서 양자의 인식이 얼마나 일치하는지 확인할 수 있다.

"공자가 衛나라에서 경쇠를 치고 있는데, 삼태기를 메고 孔氏의 문 앞을 지나가던 隱士가 듣고서 말하였다. '경쇠 두드리는 소리를 들으니, 마음이 천하에 있도다.'"[337]

"예술〈과 신화 및 언어〉의 조관세계는 모두 안에서 밖으로의 현시 및 세계와 정신의 종합으로 이루어져 있다"[338]

카시러의 구도와 마찬가지로, 공자에게 있어서도 예술은 역시 상징형식이다. 이러한 상징형식의 가장 명시적인 구현 통로는 '比德'이라는 機制이다. 비덕은 사실 '以物比德'의 簡稱인데, 이는 자연계의 물상을 통해 인간의 도덕적 정감을 비유적으로 표현하는 예술 수법을 의미한다. 좀 더 자세히 토자면 사물의 어느 고유한 속성이 인간, 특히 君子가 지닌 어떤 德性과 유사한 면모를 지녔다면, 그 사물을 예술소재로 삼아 그 연관 관계를 '비유'라는 예술기법으로 풀어내는 것이다. 『論語』에서 찾아볼 수 있는 다음 대목들의 핵심어는 모두 비덕이다.

"지혜로운 자는 물을 좋아하고 어진 자는 산을 좋아하는데, 지혜로운 자는 動的이고 어진 자는 靜的이기 때문이다."[339]

"날이 추워진 후에야 비로소 소나무와 측백나무가 다른 나무보다 늦게 시드는 것을 알 수 있다."[340]

"군자의 덕은 바람과 같고, 소인의 덕은 풀과 같다."[341]

높은 데서 낮은 데로 민첩하게 흐르는 물의 속성은 군자의 지혜와, 그리고 넉넉한 산의 장중함은 군자의 어진 성품과 각각 유사하여 비유가 된다. 사철 푸른 소나무와 측백나무가 추운 한파를 너끈히 감내하는 것은 혹독한 현실에서도 좌절하지 않고 자신을 지켜내는 군자의 毅志를 비유하는 데 더 할 수 없이 좋은 제재이다. 그리고 마지막 대목은, 오가는 바람대로 이리 저리 흩날리는 풀의 자연계 現象을 통해 군자와 소인의 現狀과 관계를 비유적으로 보여준다. 이러한 비유들의 특징은 물상의 擬人化[342]이다. 이와 같은 의인화에는 두 가지 의미가 담겨 있다. 하나는 자신을 통해서 사물을 해석하는 것이고, 다른 하나는 사물을 통해서 자신을 표현하는 것이다. 다시 말하자면 심미주체의 주관적 관념인 인륜도덕을 심미객체로서의 자연물에 투사하여 이루어지는 이 심미는, 곧 인격미로써 자연미를 규정하고 평가하거나 혹은 자연미로부터 인격미를 향수하는 것이다.

궁극적으로 오직 덕과 유사성이 있는 심미대상만이 생명을 얻어,

그 '덕과의 유사성'이라는 '형식'으로써 상징적 기능을 가동시킨다. 다시 말해서 형식이라는 아이콘을 통해 그 아이콘이 내포하고 있는 덕성이라는 코드를 개별자 간 혹은 개인 자신과 사회 사이에 상호소통시키는 것이다. 比德이라는 상징형식의 구조에서는 심미주체가 의도한 특정 덕성과 유사성이 있는 것만이 심미대상이 될 수 있기에, 그리고 특정 덕성과 특정 사물 속성은 유기적 통일성을 지닌 채 조합되어 규정되어 있기에, 작자든 감상자든 심미주체는 특정 심미대상에 대해 그것에 미리 규정되어진 특정한 심미를 체험하게 되므로, 이제 비덕을 통한 심미체험에는 심미주체(작자 혹은 감상자)와 심미대상(자연계의 물상 혹은 작품) 사이에 단 하나의 적절하고 합당한 미적 거리만 존재하게 된다. 이는 곧 작자든 감상자든 그 자신의 심미관조에서의 미적 관심이 유가적으로 고정됨을 의미한다. 유가적 덕성이 개입된 비덕에서는 단 하나의 적절하고 합당한 거리가 단순히 존재한다는 차원을 넘어 그 거리가 미리 전제되어 지향되고 있다는 점이 다르다. 여기엔 심미주체의 개인적인 능력이나 성향 혹은 심미대상의 특성에 대한 고려는 거론될 수 없다. 이 단 하나의 미적 거리가 생성되고 유지되는 것은 바로 아이콘과 코드의 조합에 의해서이다.

4. 아이콘과 코드, 문인

유가사유가 주류 이데올로기로 기능했던 문인회화에서, 중시된 것은 형상적 정보(색채·선·구도)에 기초한 순수한 시각적 아름다움이 아니라 가치적 아름다움이다.[343] 유가미학이 강조하는 도덕적 혹은 정교적 가치는 회화작품에서 가치담지적(value-laden) 정보로 나타난다. 특히 唐·宋代 이래 '문인'이 등장한 이후 조형예술에서의 중요성 면에서 가치담지적 정보는 형상적 정보를 완전히 압도하게 되었다.[344] 필자는, 문인회화와 상관하는 유가미학의 체계 내로 한정하여 논할 경우, 여기서 도덕적 혹은 정교적 가치를 코드라 하고 이를 담아내는 가치담지적 정보를 아이콘이라 정의한다.

포괄적인 의미에서 아이콘이란, 화면 속에 나타나는 개별적 요소들, 즉 산·물·사람·집·정자·다리(小橋)·배(舟)·폭포·바람·달·구름·안개·눈(雪)·비·바위·나무·꽃·새·동물·곤충·악기 등을 말한다. 코드란 이러한 각각의 아이콘이 담고 있는 의미 혹은 메시지이다. 유가미학의 범위 내에서 간단한 예를 들자면, 하나의 아이콘으로서의 대나무가 담고 있는 코드는 君子의 기개라는 식이다. 각각의 아이콘이 내포하고 있는 코드는 거의 예외 없이 고유하다. 또한 아이콘들은 각자의 코드 때문에 함께 어울릴 수 있는 것과 함께 할 수 없는 것의 분별이 명확하기도 하다.[345] 아이콘과 코드의 조합이 의미하는 것은 말하자면 그림의 재현적 형상들 속에서 이데올로기가 생산된다는 것, 다시 말해서 시각적 형상들로부터 인식적 이데올로기가 생산된다는 것이다. 이러한 이데올로기는 시각적 이데올로기라 부를 수 있는데 이것이 바로 코드이며, 이 코드를 만들어 내는 것은 양식이나 스타일 혹은 형상적 정보로서의 색채·선·구도 등이 아니라 화면 구성의 세목들, 즉 아이콘이다.

그런데 여기서 가치담지적 정보로서의 각각의 아이콘에 도덕·정교적 가치를 담는 데에는 일정한 기준이 필요하며, 또한 그 기준을 공식화하는 것도 중요하다. 그러한 기준을 공식화하는 서술구조가 다름 아닌 比德이다. 다시 말해서 회화상에서 비덕의 논리는 '아이콘과 코드의 조합'이라는 유가미학 특유의 방법으로 구현된다는 것이다.

아이콘과 코드의 조합에 나타난 比德의 유형은 두 가지로 구분할 수 있다. 하나는 '단일 아이콘에 의한 직접 제시형'이고, 다른 하나는 '아이콘 조합에 의한 포괄 제시형'이다. 단일 아이콘을 통해 코드를 직접적으로 제시하는 방법[346]은 문인회화에서 가장 기본적이자 전형적인 것이다. 한편 코드를 표현하는 데 있어 상이한 속성을 지닌 여러 아이콘들을 함께 배치하여 포괄적으로 제시하는 방법은, 같은 문인이라도 좀 더 숙련된 예술적 조예와 기능을 타고난 '예술가'에 의해 사용된 것이다.[347]

먼저 단일 아이콘에 의한 직접 제시형에 해당하는 회화작품을 보자. 여기에는 대략 '歲寒三友'·'四君子'·'연꽃' 등 주로 식물류의 아이콘을 통해 君子像이라는 코드를 드러낸다. 따라서 이 유형의 회화는 '君子畵'라 부를 수 있겠다. 흔히 세한삼우로 불리는 梅·松·竹의 세 가지는 추운 겨울날에도 의연하게 자신의 진면목을 발휘하는 공통점을 지니고 있는데, 이 때문에 이들은 모두 군자를 상징하는 대표적인 물상이 되었다. 사군자로 합칭 되는 매·란·국·죽이나 연꽃 같은 식물도 각기 고난의 환경을 이겨내는 불굴의 의지를 대변하는 것들이다.[348] 세한삼우와 사군자는 대개 중복되는 것이므로 여기서는 세한삼우와 연꽃만을 예시하도록 한다.

「歲寒三友圖」〈그림01〉는 원래 金俊明이 매화를 그렸는데 여기에 文柟이 소나무를, 그리고 金傳이 대나무를 덧붙여 그린 것이다. 이 세 사람은 각기 군자를 상징하는 梅·松·竹을 하나씩 그림으로써 서로간의 의지를 다지는 진지한 우정을 나누고 있다.

「瀟湘風竹圖」〈그림02〉에서의 대나무는 자연사물의 단순한 재현이 아니다. 인간의 도덕성, 혹은 君子像이 여기에 빗대어 표현되어 있다. 대나무 잎새의 세찬 휘둘림으로 볼 때 여기 바람은 맑은 바람도 부드러운 바람도 아닌 질풍이요 폭풍이다. 바람은 감내키 어려운 시련을 암시한다. 앞의 제1역은 濃竹인데 상대적으로 가냘프고, 뒤의 제2역은 淡竹인데 상대적으로 굳세다. 이 두 대나무의 대비는 불굴의 군자(제2역)와 恒心 없는 소인(제1역)의 대비이다. 이것이 '風竹'이란 아이콘이 보여주고자 하는 코드이다. 단순한 식물의 한 종류로서가 아닌 '군자의 化身'으로서의 대나무는 이렇게 심미주체의 미의식을 설득하고 단련하는 것이다.

01. 金俊明,〈歲寒三友圖〉　　　　02. 李方膺,〈瀟湘風竹圖〉

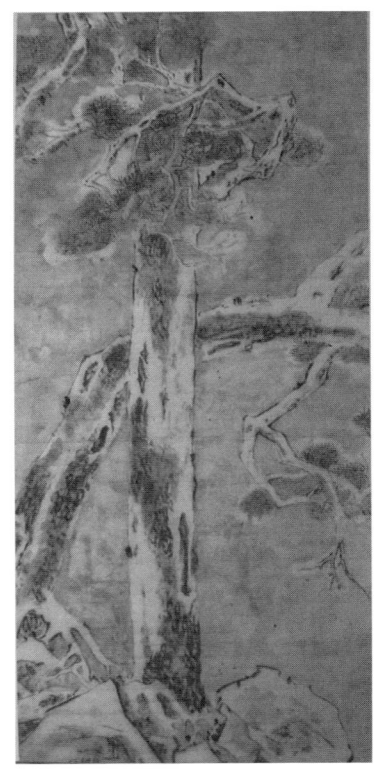

03. 李麟祥,〈雪松圖〉

「雪松圖」〈그림03〉는 군자의 덕을 표현한 소위 '歲寒松'의 절창이다. 하얗게 얼어버린 배경은 질곡에 찬 세상을 가리킨다. 적절하게 구도의 묘를 살린, 하나는 우뚝하고 하나는 휜 두 종류 소나무는 간난곡절의 풍상 속에서도 굳게 나를 지키는 군자의 毅志를 말하고 있다.

「愛蓮圖」〈그림04〉에 묘사한 연꽃은 사군자는 아니지만 그에 못지않게 군자를 상징하는 식물이다. 君子像으로서의 연꽃의 면목은

04. 原濟,〈愛蓮圖〉

周敦頤의 '愛蓮說'[349]에 잘 드러나 있다. 石濤는 이 애련설의 원문을 隸書의 畵題로 곁들인 이 그림을 통해, 주돈이가 애초 칭찬한 "진흙에서 나왔으면서도 결코 오염되지 않는(出淤泥而不染)" 저 연꽃의 고상한 품덕을 다시 한 번 찬양한 것이다.

다음으로 아이콘 조합에 의한 포괄 제시형의 문인회화 유형이다. 필자가 현재까지 파악한 바에 의하면, 이 유형은 우선 대략 아래와 같은 열 가지로 분류해볼 수 있겠다. 각각의 유형에서는 둘 이상의

05. 梅淸,〈高山流水圖〉 　　　　　06. 趙孟頫,〈觀泉圖〉

아이콘이 함께 복합적으로 등장하여 포괄적인 하나의 코드를 나타내고 있다.

첫째, '經權畵'350이다. 여기에서의 주된 아이콘은 '高山'·'流水'·'高士' 등이다. 먼저 「高山流水圖」〈그림05〉를 보자. 공자가 말한 "知者樂水, 仁者樂山"351이란, 산과 물이라는 자연 사물을 빌려 '仁者―經의 근본적인 위대함' 및 '智者―權의 융통'을 각각 연결한 것이다. 여기 바위에 걸터앉아 웅장한 산과 쉴 새 없이 떨어지는 물을 오가며 바라보고 있는, 저 화면 속 주인공의 심태는 아마도 高山과 流水를 바라보며 어느 것이 經道고 어느 것이 權道일까를 가늠해 보고 있는 것이겠다. 다음 「觀泉圖」〈그림06〉에서는 智者와 流水를 하나로 묶고 있다. 지혜로운 자는 사태파악과 일 처리에 능하니 그 자신이 動的이다. 물은 좀 더 낮은 데로 기민하게 움직인다. 智者가 물을 좋아하는 것은, 이처럼 물이 쉼 없이 영민하게 흐르는 '動'의 특징을 지녔기 때문이다. 여기 화면 속 文士가 흐르는 물을 그윽하게 바라보는 이유는 바로 權道의 지혜를 찾는 것이다.

둘째, '隱藏畵'352이다. 여기서의 주된 아이콘은 '빈 茅屋'·'小橋' 등이다. 「松亭秋色」〈그림07〉의 포인트는 빈집과 다리(小橋)이다. '빈집'이란 아이콘은 세속적 욕망을 비운 마음(虛心)을 대변하는 것이다. 여기 虛心이란 코드가 유가적 군자의 허심이 될 수 있는 것은 다리(小橋) 때문이다. '다리'라는 아이콘이 암시하는 코드는 현실세계와 이상세계를 이어주는 통로이다. 도의가 행해지지 않

07. 董其昌,〈松亭秋色〉

08. 董其昌,〈書畵合璧金箋册〉

는 현실세계에 섞이지 않고 나의 이상과 의지를 보존하고 가다듬기 위해 잠시 들어앉았지만, 때가 되면 군자는 다시 현실로 나아가 도의를 실천해야 한다. 이처럼 다리는 현실세계로 되돌아감을 보여주는 장치인 것이다. 「書畵合璧金箋册」〈그림08〉에서의 다리 역시 두

09. 金弘道,〈老梅圖〉

10. 王庭筠,〈幽竹枯搓圖〉

경계 혹은 두 세계가 있음을 암시함과 동시에 그 두 경계로서의 此岸과 彼岸의 접속을 드러낸다. 자의로든 타의로든 몸은 잠시 현실을 떠났지만 언젠가는 세상 속으로 되돌아간다는 것을 말하려는 것이다. 그렇다면 여기서의 빈집은 유가적 비움을 의미하게 된다.

셋째, '文質畫'[353]이다. 여기서의 주된 아이콘은 '梅枝―梅花'·'老木―少木' 등의 조합이다. 「老梅圖」〈그림09〉에서의 매화 가지는 중후하고도 질박하지만 꽃잎은 찬란하고 화사하다. 이 둘을 한 몸으로 엮은 것은 '巧拙合一'과 '文質彬彬'을 말하는 것이다. 한편 「幽竹枯搓圖」〈그림10〉에서는 대나무 한 근과 측백나무 한 그루가 섞인 장면이 중간께 한 토막으로 묘사되어 있다. 측백나무는 오랜 비바람에 시달린 老樹의 모습이다. 하지만 장중한 기품이 있다. 한편 대나무는 강인한 少年의 모습이다. 그러나 또한 아직 앳되어 쉬이 부러질 듯도 싶다. 여기 老樹와 少竹을 함께 그린 뜻은, 서로의 장점으로 각각의 단점을 메우라는 것이다. 역시 文質彬彬과 巧拙合一의 大義가 중첩되어 드러나 있다.

넷째, '訪友畫'이다. 여기서의 주된 아이콘은 '訪友'·'隱居'·'琴'·'독서'·'小橋' 등이다. 여기서의 '友'가 道士가 아니라 隱藏畫에서 본 바의 군자가 되는 것은 '독서'[354]와 '小橋'의 아이콘 때문이다. 이 두 아이콘 때문에 문인화가 되는 것이다. 「携琴訪友圖」〈그림11〉와 「梅花草屋圖」〈그림12〉의 두 그림 분위기는 대동소이하다. 두 세계가 있음을 보여줌과 동시에 천하가 道를 회복했

11. 上睿,〈携琴訪友圖〉

12. 田琦,〈梅花草屋圖〉

13. 原濟, 〈西園雅集圖〉-局部

14. 夏圭, 〈觀瀑圖〉

을 시 다시 차안으로 돌아갈 수도 있음을 암시해주는 다리, 둔세의 인고를 보여주는 눈 오는 날 밤의 매화꽃, 자신의 단련을 대변해주는 독서, 그리고 서로가 鍾子期가 되고 伯牙가 되어 이 시련의 계절을 버텨줄 거문고 친구까지, 이 모든 유가적 아이콘들이 한 데 모여 명료한 코드를 만들어내고 있다.

다섯째, '雅集畵'이다. 주된 아이콘은 '文人'·'品詩'·'品書'·'品畵'·'品茶'·'禊會'·'流觴曲水'·'琴'·'阮' 등이다. 「西園雅集圖」〈그림13〉에 묘사된 바처럼 文士들은 주기적인 모임을 가졌는데, 이러한 회합이 '雅集'이다. 문인들은 이 회합에서 시를 짓고 그림을 그리고 글씨를 쓰고 악기를 연주하는 한편 서로 간에 品評도 해 가며 雅趣를 즐기는데, 이러한 과정 중에 문인들은 그들만의 품격과 이상을 교류하며 강화하는 것이다.

여섯째, '觀瀑畵'이다. 주된 아이콘은 '瀑布'·'高士'·'濯足' 등이다. 「觀瀑圖」〈그림14〉에서의 '觀瀑'은 일종의 齋戒儀式으로 문사의 修身 방법 가운데 하나이다. 觀瀑者는 폭포의 장엄함을 두고 카타르시스를 느낀다. 이러한 효과는 두 요소로부터 생겨난다. 하나는 폭포줄기요, 다른 하나는 폭포소리이다. 폭포의 수직선으로부터 대칭적으로 분할된 視界에서는 장엄한 숭고미가 생산되는데, 이는 관폭자로 하여금 고도의 집중을 일으킨다. 그리고 이 집중의 효과는 관폭자의 정신세계 내의 무의미하고 불필요하며 부당한 정신의 찌꺼기를 捨象시킴으로써 그이의 정신을 곧추세우는 것이다. 한편 폭포의 굉음은 상하고 뒤틀리고 헐거워진 觀瀑者, 아니

15. 周臣,〈滄浪濯足圖〉

16. 馬麟,〈靜聽松風〉　　　　　17. 蕭晨,〈踏雪尋梅圖〉

聽瀑者를 씻고 또 씻는다. 그리하여 그의 내면세계를 영원 속으로 이끌어, 최초의 본원으로 회귀할 수 있도록 해 준다. 한편「滄浪濯足圖」〈그림15〉에서처럼 觀瀑 위에 濯足까지 더해지면 그야말로 점입가경이다. 푸르른 소나무 아래 두 문사는 滄浪에 발을 담그고 우주와 교감을 하고 있다. 게다가 다리 위 童子의 품에 안긴 거문고까지 감안하면 이 둘은 서로가 鍾子期요 伯牙인 同志로서 한 뜻이 되어 우주와 호흡하고 있는 것이다.

일곱째, '聽松畵'이다. 주된 아이콘은 '松'·'바람'·'高士' 등이다. 「靜聽松風圖」〈그림16〉에 그려진 산기슭의 두 그루 소나무는 바람을 맞이하려는 태세이다. 나뭇가지에 걸려 휘청거리는 넝쿨의 모습에서 바로 살며시 이는 미풍을 느낄 수 있다. 자세히 보면 파릇한 솔잎도 가느다랗게 떨고 있다. 그 아래 소나무 등에 올라앉은 한 居士가 있는데, 조용히 정신을 모으고 솔잎을 쓸고 가는 바람소리를 듣고 있다. 그러나 그가 듣는 저 바람이 어디 자연풍일까. 세상의 소리이고 그 세상 속의 사람들 소리이다. 근심어린 마음으로 천하를 마주하고 있는 것["憂以天下"][355]이다.

여덟째, '尋(探)梅畵'이다. 여기서의 주된 아이콘은 '雪中梅'·'高士' 등이다. 「踏雪尋梅圖」〈그림17〉에서의 '雪中梅'란 아이콘이 담고 있는 코드는, 혹독한 시련 속에서도 꿋꿋이 자신이 지향하는 바를 이루어내는 군자이다. 추운 날 눈을 밟으며 그 추위에 오히려 꽃을 피우는 매화를 찾아 나선다는 것은, 나도 너를 닮고 싶다는 자기 확인의 과정이다. 이것이 바로 '尋梅' 혹은 '探梅'라는 아이콘의 코드이다.

아홉째, '枯木畵'이다. 여기서의 아이콘은 '枯木'·'怪石'·'竹'·'寒溪' 등이다. 「枯木怪石圖」〈그림18〉에서의 枯木은 대개 古木과 통한다. 왜냐하면 형상으로서의 나무의 '枯'는 곧 내용으로서의 '古'를 표현하려는 것이기 때문이다. 말하자면 枯라는

18. 蘇軾,〈枯木怪石圖〉

아이콘의 코드가 古인 셈이다. 古는 단순한 시간상의 되돌림이 아니며 본질, 즉 현상과 형식 안에 깊이 간직되어 있는 근원으로서의 항상성을 의미한다. 시공을 초월하는 보편적 항상성[古]을 담고 있기에 높고 맑고 빼어날[高] 수 있는 것이다. 더할 바 없이 질박한 이 아이콘의 코드는 바로 내면의 意氣이다.

열째, '竹(松)石畵'이다. 여기서의 주된 아이콘은 '竹'·'怪石' 혹은 '松'·'怪石' 등이다.「竹石圖」〈그림19〉에서는 비를 맞고 있는 대나무를 표현하고 있다. 빗물의 무게를 이기지 못해 수그린 죽엽이 말하는 것은, 혹은 時運을 만나지 못한 비극적 운명 앞의 탄식이요, 혹은 현실과 이상 사이 극도의 모순을 견디지 못한 절규

19. 徐渭,〈竹石圖〉   20. 汪之瑞,〈松石圖〉

이다. 하지만 괴석의 질박과 대나무의 끈기는 지고서도 이긴 자의 통쾌한 삶의 방식을 보여주고 있다. 「松石圖」〈그림20〉의 화면은 그저 수수하고 간략하다. 奇松과 怪石이 각기 하나씩일 뿐이다. 하지만 여기서의 사물의 단순함은 인간 내면의 담박함을 역설적으로 보여주는 장치이다. '簡'은 바로 이러한 내면의 정신미를 표현하는 방법이다. 그렇다면 형식은 그 자체로 아름다운 것이 아니라, 고상하고 담아한 정신세계라는 내용을 담아내는 그릇이기에 의미가 있는 것이 된다. 다시 말해서 수수하고 간략한 '형식(아이콘)'들은 그 자체로서는 아무 의미도 가치도 없는, 다만 순수하고 소박하기에 평온할 뿐인 군자의 내면세계를 단도직입으로 보여주는 '내용(코드)'인 것이다.

자신의 예술정신으로써 자연물을 심미대상으로 轉化시키고 그로부터 자신의 내면세계를 그 물상에 투사해내는 것이 비덕이다. 이때 그려진 것은 자연에 대한 모사가 아니라 자신의 정신 속에서 유출된 자연의 정신이다. 심미주체가 대상의 형상으로부터 그 '神'을 파악해내고, 이로부터 '神'과 '形'의 통일을 추구하는 것이 바로 문인회화의 본령이자 가장 중요한 전통으로서의 '寫意'이다. 이 寫意는 물상세계의 개별적 아이콘을 통해 자신의 정신세계, 즉 코드를 드러내는 것이다. 다시 말해서 그것은 아이콘과 코드라는 두 요소의 한 치 빈틈없는 조합에 의해 이루어진다.

조선시대와 唐·宋 이래의 중국은 가히 士大夫의 시대라 할 만하다. 이 시기에 문인사대부는 회화예술에 있어 가치담지적 정보를 형상적 정보보다 우위에 둠으로써 회화예술의 창작을 담당하였다. 반면 畵員은 그저 부여받은 작업 지시에 따라 회화작품의 생산을 수행하는 노동자에 지나지 않았다. 문인층은 가치지향적인 학자이기 때문에 포괄적이고 추상적인 예술세계를 추구하였다. 그래서 그들은 훨씬 더 시각예술적인, 다시 말해서 전문화가인 畵員들이 훨씬 더 잘 형상화해 낼 수 있는 형상적 정보에 대해선 문외한이었거나 관심이 없었다. 그들은 회화 속에 자신들이 지향하는 가치들을 담고자 하였다. 이 때 자연세계의 구체적인 여러 형상의 물질적 속성이 그들이 구현하고자 한 이상의 도덕적 특성과 유사하다는 사실을 발견하였다. 그리고 그들은 그러한 물질적 속성에 정교적 가치들을 담아낸다면 예술적 효과가 매우 클 것이라 생각했다. 이로써 개개의 형상(아이콘)들에 그 형상만의 고유한 의미(코드)를 설정하여 조합함으로써 회화를 가치구현의 통로로 삼았던 것이다. 유가미학의 틀 안에서 儒者로서의 문인이 그림을 그린다는 것은, 다시 말해서 유가적 이데올로기를 생산해내는 개별적인 아이콘들을 적절하게 배치하거나 혹은 조합한다는 것은, 유자로서의 문인이 유가적 이데올로기를 작가 스스로 다짐하고 재확인하는 수양의 과정임과 동시에 작가로서의 문인과 감상자로서의 동료들 간에 서로의 의지를 확인하고 강화하는 일종의 교류방법인 것이다. 회화를 구성하는 세목들, 즉 개별적 아이콘들 혹은 그 아이콘들의 조합이 지시하는 코드를 이해하느냐의 여부는 곧 문인의 자격을 결정하는 중요한 단서이기도 했다. 문인들은 회화에 대해 예술적 태도로 접근한 것이 아니라 회화 속에서도 탐구적 자세를 견지하였다. 그리하여 미적 가치는 이데올로기적 가치와 동의어가 되어버렸다. 이렇듯 유가미학에는 미적 감수성 자체가 이데올로기적으로 결정되어 있다. 그런데 아마도 처음에는 장인적 아름다움을 애써 외면하고 그 대신에 문인적 아름다움을 추앙했을지 모르지만, 점차 이러한 인식의 전도는 실제 인식의 전환을 이끌었다. 의도적 예술이 진정한 순수예술이 되어 버린 것이다.[356]

5. 소통의 미학

군자이자 士인 문인계층은 예술과 문화를 향유하는 유한계급이며, 그들이 독점적으로 향유한 '예술과 문화'는 그들의 특권을 정당화하고 자신들의 담론을 생산하는 데 있어 유용한 수단이 되었다. 余英時는 군자의 理想이 엘리트주의(elitism)[357]라고 지적한 바 있는데, 여기 六藝[358]가 바로 군자로 하여금 권력의 독점 및 지배를 가능케 하는 엘리트로서의 면모를 가장 확실하게 만족시켜 주는 조건이다.

문인이 담론을 생산하고 그것을 지배하는 데엔 궁극적으로 소통의 機制를 필요로 한다. 왜냐하면 담론 자체는 어차피 해당 집단 내부 구성원들 간의 공유인식과 공통지향을 전제로 하는 것이기 때문이다. 따라서 그들은 기준이든 표준이든 전범이든, 여하간 그들만의 '규약'을 중심으로 소통하게 된다. 그리고 이 규약은, 예컨대 회화예술의 영역에서라면 '형식'으로 구현된다. 따라서 이 형식이 그 규약을 함축하고 있다는 점에서, 또한 실질적인 소통 자체는 사실상 형식을 통해서 이루어진다는 점에서, 그리하여 그 소통의 과정 중에 규약을 매개하고 전달하는 형식이 부지불식간에 그 소통의 본질을 결정하고 공고히 한다는 점에서[359], 회화예술의 관건어는 궁극적으로 형식이지 내용이 아니다.

"예술은 자연과 인생의 단순한 재현이 아니라 그것들의 變化와 變質을 드러내는 것이다. 이러한 변질은 미적 형식의 역량이 만들어낸다."[360]

이 때문에 예술은, 아니 예술의 형식은 자발적 내재권력의 가장 효과적인 장치가 되는 것이다. 하지만 형식이 준수되지 못하면 그 형식(記表/아이콘)이 내포하고 있는, 혹은 그것에 連動하는 규약(記意/코드)도 흔들리게 된다. 그러면 규약에 의해 유지되는 사회도 혼란해지는 것이다.[361] 형식에 대한 존중과 그것의 준수가 '전통'이 될 수밖에 없는 이유이다.

    이렇게 문인계층의 담론소통에 있어 중요한 기제라는 점 외에, 아이콘과 코드의 조합이라는 문인회화형식의 定式化 혹은 定型化는 또 하나의 중요한 의미를 지닌다. 전통으로서의 定式(형식)은 그 형식 내에서의 끊임없는 自轉으로 인해 옳든 그르든 상관없이 이루어지는 전통(형식)에 대한 맹목적 신뢰와 답습을 야기하며, 궁극적으로 이는 주어진 地圖 내에서만 끊임없이 적응을 꿈꾸는 아폴로적 세계관[362] 안에 집단 구성원을 매몰 시킨다. 그러나 어찌 보면, 개별자들은 '擬似信念에 대한 자기 확신'에 몰입되어 '독존의 세계'에 머물지 모르지만, 사회적으로는 안정성이라는 커다란 '평화의 댐'의 장치가 구축되는 셈이다. 다시 말하자면, 역사적으로 저변화된 문인예술의 심미구조가 아폴로적 세계관을 구축하는데 효과적으로 기능함으로써 결과적으로 집단의 안정화에 크게 기여했다는 것이다. '권력·지식·도덕·예술'의 四者 간 整合으로 대변되는 '文人現象'은 '儒家時代'를 지속적으로 재생산하는 가장 중요한 기제였다. 예술에도 고스란히 기능하여 설정된 이른바 문인예술이란 장르는, 善과 美 혹은 "이성과 자연은 하나이며 달리 바꿀 수 없는 존재질서의 다른 표현"[363]이었던 것이다. 이렇게 된 근본적인 원인은 인간의 모든 활동 속에 존재하는 同一化(identification)와 差別化(discrimination)라는 근본적인 양극성 중, 변화를 향한 욕구보다는 安定化(stabilization)[364] 욕구가 절대적이었기 때문이다. 그리고 총체적으로 볼 때 이러한 문인현상은, 조선시대나 唐·宋 이래의 중국 역사에 있어 時空을 뛰어넘은 단일한 공동체관념과 심리적 합치에 의한 文化同質意識을 형성케 함으로써, 개체와 개체 간 혹은 개체와 집단 간 외형적 안정감뿐만 아니라 내부적 의사소통의 효율성이라는 긍정적 기능을 구축하는데도 중요한 공헌을 한 것이다.

문인들에 의해 수행된 유가예술은 우선 진심에서 우러나온 것이라는 점에서, 그리고 그 목적이 자기수양을 위한 것이라는 점에서, 그리고 마지막으로 옳다고 믿든 그렇지 않든 간에 그저 단순한 대리인으로서 타자로부터 위임받은 어떤 메시지를 대중에게 주입하고 선전하거나 선동하기 위해서가 아니라 철저한 확신 아래 대중에 대한 선의의 교화의 방편이었다는 점에서, 결코 정치적 목적에 의해 동원된 선전선동의 예술[365]은 아니다.[366] 더구나 역사적인 의미에서, 그리고 현재까지도 일정 정도 의미 있게 여겨진다는 점에서, 유가미학은 순수예술의 파괴자나 예술 발전의 훼방꾼이 아닌 '독특한' 장르의 예술을 창출한 공로자가 되는 셈이다. 카시러가 일찍이 공자를 이해했다면, 그의 '형식미학'에 더 없이 찬탄했을 터이다.

미주

1 "學而時習之, 不亦說乎. 有朋自遠方來, 不亦樂乎. 人不知而不慍, 不亦君子乎."(『論語·學而』)

2 "覺悟也."(『說文解字』)

3 "效也"(『廣雅·釋詁三』); "學之爲言, 效也."(朱熹, 『論語集註』)

4 "受敎傳業曰學."(『增韻』)

5 이러한 의미는 『論語』의 다른 구절들에서도 발견할 수 있다. "有顔回者好學"(『論語·雍也』); "樊遲請學稼."(『論語·子路』)

6 序·庠·校는 모두 원시공동체 시기의 교육 장소에서 유래한 말이며, 각기 다른 이름은 다른 시기와 다른 지역의 명칭 차이이고, 學은 그것들의 공통된 이름이다. '序'는 "東西墻也."(『說文』)나 "東西墻謂之序"(『爾雅·釋宮』)의 구절들에서 보듯이, 원래 씨족사회 가옥 내부에서 노인이 청소년을 교육하던 장소를 구분한 벽을 뜻했다. 여기서 東序와 西序는 남녀 청소년을 구분하여 교육하던 장소를 의미한다. '庠'은 "禮官養老"(『說文』)나 "耆老皆朝於庠"(『禮記·王制』〈注: "此庠, 謂鄕學也."〉)의 구절들에서 보듯이, 씨족시대 홀로된 노인들이 공공의 커다란 집에 거처하던 내용을 반영한다. 즉 교사로서의 노인이 교육하던 장소이다. 한편 '校'는 "木囚也."(『說文』)라 했는데, 나무로 만든 囚籠을 校라 부르는 것은 四方을 木柵으로 만들었기 때문이다. 校의 本義는 木柵인데, 씨족공동체 시기의 序와 庠은 모두 촘촘한 울타리를 木柵 위에 설치하여 사이를 갈랐기에 序와 庠은 또한 校라 불렀고, 그래서 校는 또한 學習과 傳授의 장소가 되었다.

7 "習, 數飛也."(『說文解字』) 예컨대, "鷹乃學習"(『禮記·月令』)에서의 '學習'은 새가 날갯짓을 단련하여 날아오르는 능력을 배우는 것을 뜻한다.

8 "孟春之日, 命樂正, 入學習舞."(『禮記·月令』)

9 한편 '習'과 유사한 '慣'은 날마다 익힌 것이 마치 자연스럽게 이루어지는 것과 같음을 말한다. 즉 결과를 중시하는 것이다. 이 둘을 합쳐 부르는 '習慣'이라는 말은 〈개인적인〉 부단한 연습과 반복적인 실행을 통한 생활·행동·사유의 방식을 말한다.

10 예컨대, "女爲說己者容"(司馬遷, 「報任安書」), "獻諸撫軍, 撫軍大悅."(『聊齋·促織』)

11 "同門曰朋, 同志曰友."(『周禮·地官·大司徒』, 鄭玄 注)

12 예컨대 "子游曰, 吾友張也, 爲難能也, 然而未仁."(『論語·子張』)의 대목에서 보듯이, 같은 同門(子游와 子張) 사이도 朋이라 하지 않고 友라 부른 경우가 있다. 子游와 子張은 同門에서 출발하여 좀 더 가까운 사이(同志: 友)가 된 것이라 볼 수 있다.

13 "朋, 同類也"(朱熹,『論語集註』), "朋, 比也, 類也"(『廣雅·釋詁』), "有鳥焉, 群居 而朋飛"(『山海經·北山經』) 朋飛는 새들이 隊伍를 지어 나르는 것을 말한다.

14 '朋'과 '友'에 대비되는 말로 '黨'이 있다. 黨은 원래 고대의 지방조직이다. "周禮, 二十五家爲閭, 四閭爲族, 五族爲黨, 五黨爲州, 五州爲鄕"(『禮記·曲禮上』注), "五百家爲黨"(『釋名·釋州國』), "孔子於鄕黨."(『論語·鄕黨』) 나중에 地緣을 바탕으로 한 동일 집단을 뜻하게 되었다.

15 四方, 多方에 거주하는 부족을 羌方, 土方, 人方 등으로 불렀다. 예컨대, "高宗伐鬼方"(『易經·旣濟』)에서의 鬼方이 그것이다. 上古시대에 方田制를 실시했는데, 가가호호마다 方田으로 구획했을 뿐 아니라 촌락이나 부락의 소유지 및 영토 등도 정방형으로 구획하여 方으로 계산했다. 이 때문에 上古의 부락은 대개 '~方'으로 호칭했다. 예컨대, 앞서 말한 商代의 鬼方·羌方·犬方 등이 그것이다.

16 예컨대, "君無違德, 方國將至, 何患於彗"(『左傳·昭公二十六年』), "厥德不回, 以受方國."(『詩經·大雅·大明』)

17 "朕躬有罪, 無以萬方. 萬方有罪, 罪在朕躬."(『論語·堯曰』) 여기서 萬方은 萬國이다. "惠此中國, 以綏四方."(『詩經·大雅·民勞』) 여기서의 四方은 곧 四面의 方國이다.

18 예컨대, "昔夏之方有德也, 遠方圖物, 貢金九牧."(『左傳·宣公三年』)

19 "東方明矣, 朝旣昌矣"(『詩經·齊風·鷄鳴』), "所謂伊人, 在水一方"(『詩經·秦風·蒹葭』), "天子祭天地, 祭四方."(『禮記·曲禮下』) 여기 東方, 一方, 四方 등의 方의 의미는 지역이나 方國이 아니라 方位일 뿐이다.

20 '歸'는 대개 집·고향·故國이나 마음속에 품은 곳 등을 떠나 얼마간 머물다 다시 돌아오는 것을 말한다. 예컨대, "浴乎沂, 風乎舞雩, 詠而歸."(『論語·先進』) '還'은 歸와 비슷하나, 단순한 되돌아옴을 뜻한다. 돌아오는 곳이 반드시 집이나 고향이 아닐 수도 있다. '回'는 "轉也"(『說文解字』)라 했듯이, 몸을 돌려 되돌아가는 것을 말한다.

21 '往'은 가고자 하는 곳을 향해 간다는 뜻이다. 하지만 어디로 간다는 것을 나타내지 않는다. 이점이 목적지가 있는 '去'와 다르다. 去는 A지점을 떠나 B지점으로 가는 것을 말한다.

22 "至也."(『爾雅·釋詁』)

23 樂은 외계가 야기한 것이기에 또한 때로 외계대상에 대한 좋아함을 나타내기도 한다.[樂(요)] 이때는 목적어를 수반하며, 樂을 일으키는 일이나 원인이 悅에 비해 훨씬 많다. 예컨대, "知者樂水, 仁者樂山."(『論語·雍也』)과 같은 구절이 그렇다.

24 "覺也."(『集韻』)
25 예컨대, "回也, 聞一以知十. 賜也, 聞一以知二."(『論語·公冶長』)
26 예컨대, "多聞擇其善者而從之, 多見而識之, 知之次也."(『論語·述而』) 여기서 "多見而識之"라는 말은 많이 보고 그 본 바를 기억한다는 뜻이다.
27 예컨대, "夫民心之慍也, 若防大川焉, 潰而所犯必大矣."(『國語·楚語』)
28 예컨대, "子路慍見, 曰, 君子亦有窮乎."(『論語·衛靈公』) 여기서의 慍見은 불만이 말투와 표정에 드러남을 말한다.
29 "君子, 成德之名."(朱熹, 『論語集註』)
30 Henri Maspero, La Chine antique; 金㺶珉 역, 『古代中國』, 서울, 도서출판 까치, 1995, p. 302 참조.
31 "生而知之者, 上也. 學而知之者, 次也."(『論語·季氏』)
32 졸저, 『유가사유의 기원』, 서울, 학고방, 2004, 제8장 4절 참조.
33 공자의 君子像은 『易經·象傳』에서 구체적으로 완성되어 거의 매 卦마다 제시되고 있다. "君子以, 獨立不懼, 遯世无悶"(大過第二十八), "君子以, 常德行, 習教事"(習坎第二十九), "大人以, 繼明, 照于四方"(離第三十), "君子以, 莅衆, 用晦而明. … 君子于行, 義不食也"(明夷第三十六), "君子以, 見善則遷, 有過則改"(益第四十二), "君子以, 致命遂志"(困第四十七), "君子以, 恐懼脩省"(震第五十一) 등.
34 顧頡剛, 「春秋時代的孔子和漢代的孔子」, 『顧頡剛古史論文集』(第二冊), 北京, 中華書局, 1993, p. 489.
35 郭沫若, 『十批判書·孔墨的批判』, 北京, 東方出版社, 1996, pp. 91-98 참조.
36 馮友蘭, 『中國哲學史』, 『三松堂全集』第2卷, 鄭州, 河南人民出版社, 2001, pp. 291-299 참조.
37 陸信禮, 「〈論語〉"學"字解」, 『孔子研究』2009年 5期, p. 54 참조.
38 "嘗獨立, 鯉, 趨而過庭, 曰, 學詩乎. 對曰, 未也. 不學詩, 無以言. 鯉, 退而學詩. 他日, 又獨立, 鯉, 趨而過庭, 曰, 學禮乎. 對曰, 未也. 不學禮, 無以立. 鯉, 退而學禮."(『論語·季氏』) 공자 스스로가 親子에게 강조했을 정도로 중요시했던 '學'의 내용이 바로 詩와 禮였다.
39 "詩言志"(『書經·舜典』)를 상기하라.
40 "成均則習樂之地."(湯用彤, 「論成周學禮」, 『中國哲學史』2010年 4期, p. 10) '詩歌' 혹은 '樂舞'라는 표현에서 알 수 있듯이 詩·歌·樂·舞는 본질적으로 모두 같은 개념이다. 바로 아래 좀 더 자세한 설명이 있을 것이다.

41 "瞽宗者, 習禮之地."(湯用彤, 앞의 논문, p. 10) 瞽宗은 원래 商代에 樂師를 제사지 내던 宗廟였다. 이 때문에 禮樂을 익히는 장소가 되었고, 周代에 五學 가운데 하나가 되었다.(湯用彤, 앞의 논문, p. 12의 주1 참조)

42 葉舒憲,「"學而時習之"新釋――〈論語〉口傳語境的知識考古學發掘」,『文藝爭鳴』, 2006年 2期, p. 69 참조.

43 이 정황은 阮元의 "曾子曰, 吾日三省吾身"(『論語·學而』)에 대한 주석에서도 확인할 수 있다. "古人簡策繁重, 以口耳相傳者多, 以目相傳者少. 且以數記言, 使百官萬民易誦易記, ……, 論語以數記文者, 如一言三省三友三樂三戒三畏三愆三疾三變四敎絶四四惡五美六言六蔽九思之類, 則亦皆口授耳受心記之古法也."(阮元,『揅經室集·數說』) 이 내용은 '口授耳受心記之法'이라는 공자의 암송 혹은 암기 교육이 '使百官萬民易誦易記'하기 위해 '以數記言'이라는 효율적 방식을 채용했음을 말하는 것인데, 이로부터 공자의 교육 주안점이 역사교훈 및 인륜도덕 등 강학내용을 암기의 방식에 의해 전수·전달함에 있었음을 알 수 있다.

44 공자가 口述이 아닌 書寫에 의해 교육하였더라면, 분명 기록의 실물 혹은 그 기록에 대한 傳言이 남아 있었을 것이다. 또한 書寫의 존재가 명백했더라면『論語』에 '有子曰' 혹은 '曾子曰' 등의 표현은 최소한 尊師의 이유에 의해서라도 기재되지 못했을 것이다.

45 "詩言志"와 음악(押韻)의 상관성은『周禮·春官宗伯』에 나오는 다음 대목에서 읽을 수 있다. "大師, …… 敎六詩. 曰風, 曰賦, 曰比, 曰興, 曰雅, 曰頌. 以六德爲之本, 以六律爲之音." 여기 六德으로 근본을 삼고 六律로써 음률을 삼아 詩를 가르쳤다는 내용에서, 六律은 詩言志에서의 '言'에, 그리고 六德은 詩言志에서의 '志'에 각각 해당하는 것이다.

46 "大司樂, …… 以樂語敎國子興道諷誦言語, 以樂舞敎國子舞雲門大卷大咸大韶大夏大濩大武."(『周禮·春官宗伯』)

47 "興於詩, 立於禮, 成於樂."(『論語·泰伯』)

48 졸고,「오래된 학교의 깊은 비밀: '成均'의 신화철학적 의미 분석」, 성균관대 대동문화연구원,『대동문화연구』제75집, 2011, pp. 52-53 참조.

49 禮의 또 다른 형태인 典章制度나 朝聘會盟 등에 관해 기재된 史書는 역시 周代 五學 가운데 하나인 上庠에서 관여하였다.(湯用彤, 앞의 논문, p. 10 참조)

50 공자가 제자들과 함께 수시로 예를 익혔음을 보여주는 기록으로부터 이러한 '강조'를 짐작할 수 있다. "孔子去曹適宋, 與弟子習禮大樹下."(『史記·孔子世家』)

51 "曾子曰, 吾日三省吾身, 爲人謀而不忠乎. 與朋友交而不信乎. 傳不習乎"(『論語·學而』), "孔子去曹適宋, 與弟子習禮大樹下"(『史記·孔子世家』).

52 葉舒憲, 앞의 논문, p. 68 참조.

53 『論語·爲政』

54 葉舒憲, 앞의 논문, p. 71 참조.

55 이하 顏回에 대한 묘사를 보면, 그는 孔門 가운데 가장 기억력(암기력)이 뛰어난 제자였음을 알 수 있다. 공자가 안회를 그토록 아꼈던 것도, 그가 암기력이 뛰어나기에 역사 혹은 道統의 傳授者로 최상이라 여겼기 때문이다.

56 "順德以學子"(『國語·晉語』)에 대한 韋昭의 注, "學, 教也." 商代 갑골문에서도 이 점을 확인할 수 있다. 예컨대 卜辭에서 "王學衆"(『甲骨文合集』三二正)은 "王教衆"의 의미이다. 兩周에 이르러서도 學은 여전히 教(가르침)와 學(배움)의 두 가지 의미를 보여주고 있다.(趙誠,「金文的學·教」, 吉林大學古文字研究室編,『中國古文字研究』第一輯, pp. 51-53, 吉林大學出版社, 1999 참조; 葉舒憲, 앞의 논문, p. 69에서 재인용)

57 공자는 창조적인 私人講學 시스템을 통해 혼란한 세상의 해결을 위해 西周시기의 정치문화 전통을 '遠方'(대중)을 향해 부단히 전파하고자 했다. 孔門은 이처럼 역사전달을 중요하게 여겼기 때문에 나중에 漢代에까지 이어졌고, 결국 '儒家'로 정립되었다. 반면 道家는 이와 달리 "絕聖棄智"와 "小國寡民"의 노선을 따랐다.(毛峰,「回歸道德主義: 孔子文明傳播思想論析」,『南開學報(哲學社會科學版)』, 2005年 3期, p. 51 참조) 도가는 '學·習' 자체에 대해 부정적이었기에 맥이 끊어진 것이다.

58 "程子曰, 以善及人, 而信從者衆"(朱熹,『論語集註』), "朋, 衆也. 可以爲師而衆歸之"(劉敞,『公是先生七經小傳』卷下, 上海涵芬樓影印天祿琳琅舊藏宋刊本, p. 1).

59 劉寶楠도『史記』,「孔子世家」에 나오는 "定公五年, 魯自大夫以下, 皆僭離於正道, 故孔子不仕, 退而修詩書禮樂, 弟子彌衆, 至自遠方, 莫不受業焉."에 대한 清代 宋翔鳳의 견해, "弟子至自遠方, 即有朋自遠方來也. 朋即指弟子."를 인용하며 "宋說是也."(劉寶楠,『論語正義』)라고 찬동한 바 있다.

60 이 정황은 다음 대목에서도 확인된다. "葉公問政. 子曰, 近者說, 遠者來."(『論語·子路』) 이 대목의 의의에 대한 邢昺과 朱熹의 해석 역시 "有朋自遠方來"의 의미가 무엇인지 잘 설명해준다. "當施惠於近者, 使之喜說, 則遠者當慕化而來也"(邢昺,『論語注疏』), "被其澤則說, 聞其風則來. 然必近者說而後, 遠者來也."(朱熹,『論語集

註』)

61 治人 혹은 政治의 가능성이란 측면에서, 그리고 지역적 割據라는 형세 아래, 近者와 遠者의 수용이나 합류 혹은 복속은 당시 사상가들에게 중요한 得勢의 지표였음을 알 수 있다. 先秦시기 近者와 遠者에 대한 같은 내용의 말이 여러 사상가들에게서 중복되어 나오는 현상은 그들에게 공통된 인식이 있었음을 증명한다. "葉公問政. 子曰, 近者說, 遠者來"(『論語·子路』), "葉公子高問政於仲尼曰, 善爲政者若之何. 仲尼對曰, 善爲政者. 遠者近之. 而舊者新之"(『墨子·耕柱』), "愛施之德, 雖行而無私. 內行不修, 則不能朝遠方之君. 是故正君臣上下之義, 飾父子兄弟夫妻之義, 飾男女之別, 別疏數之差, 使君德臣忠, 父慈子孝, 兄愛弟敬, 禮義章明. 如此, 則近者親之, 遠者歸之. 故曰, 召遠在修近."(『管子·版法解』)

62 孔門의 확장이 실제 상황이든 혹은 염원이든 간에 "有朋自遠方來"의 양상은 여러 차례 거론되었다. "四方之民, 襁負其子而至矣"(『論語·子路』); "孔子自周反於魯, 弟子稍益進焉", "故孔子不仕, 退而修詩書禮樂, 弟子彌衆, 至自遠方, 莫不受業焉", "孔子以詩書禮樂教, 弟子蓋三千焉. 身通六藝者七十有二人. 如顏濁鄒之徒, 頗受業者甚衆."(이상『史記·孔子世家』)

63 "有朋自遠方來"가 가능하려면 먼저 내 자신의 '完善의 노력'("學而時習之")이 충족되어야 할 것이다.

64 이 구절은 오규 소라이(荻生徂徠)의 견해를 따라 다음과 같이 해석한다. "남을 위해 도모함에 충실하지 않았는가? 붕우와 교제하는데 말과 행동이 일치하지 않음은 없었는가? (선생님으로부터 배운 바를) 제대로 익히지 않고 전하였는가?"(荻生徂徠, 이기동 외 역,『論語徵 1』, 서울, 소명출판, 2010, 82-85쪽 참조)

65 예컨대 다음 대목이 이 점을 시사한다. "樊遲, 請學稼. 子曰, 吾不如老農. 請學爲圃. 曰, 吾不如老圃. 樊遲出. 子曰, 小人哉, 樊須也. 上, 好禮則民莫敢不敬, 上, 好義則民莫敢不服, 上, 好信則民莫敢不用情, 夫如是則四方之民, 襁負其子而至矣. 焉用稼."(『論語·子路』)

66 "葉公問政. 子曰, 近者說, 遠者來."(『論語·子路』)

67 물론 여기서의 民은 몰락한 識者層을 가리킨다. "四方之民, 襁負其子而至矣", "善人教民七年, 亦可以卽戎矣"(이상『論語·子路』) 등에서의 民과는 구별해야 한다.

68 예컨대, "如顏濁鄒之徒, 頗受業者甚衆."(『史記·孔子世家』)에서의 顏濁鄒가 그런 경우이다.

69 "子曰, 有教, 無類."(『論語·衛靈公』)

70 이 대목에 대한 皇侃의 다음 주석들은 바로 이 점을 설파한 것이다. "古之學者爲己, 已得先王之道, 含章內映, 他人不見知而我不怒也", "君子易事, 不求備於一人. 故爲敎誨之道, 若人有鈍根不能知解者, 君子恕之而不慍怒也."(이상 『論語義疏』) "君子忠恕, 誨人不倦, 何怒之有乎. 明夫學者, 始於時習, 中於講肄, 終於敎授者也."(皇侃이 『論語義疏』에서 인용한 李充의 말)

71 "子曰, 不患人之不己知, 患不知人也"(『論語·學而』), "子曰, 不患人之不己知, 患其不能也"(『論語·憲問』), "子曰, 君子, 病無能焉, 不病人之不己知也"(『論語·衛靈公』), "居則曰. 不吾知也, 如或知爾, 則何以哉."(『論語·先進』)

72 이 부분은 제도 즉 禮制에 관한 내용이며, 특히 『禮記·曾子問』의 전체 내용이 바로 이 점에 관한 것이다.

73 공자의 事蹟에는 郯子·老子 등에게 問禮, 師襄에게 問樂, 長沮·桀溺·接輿 등 隱者에게 問道 등 사례 뿐 아니라, 先知者로서의 스승에 대한 존중의 기록도 있다. "師冕見, 及階. 子曰, 階也. 及席. 子曰, 席也. 皆坐. 子告之, 某在斯, 某在斯. 師冕出. 子張問曰, 與師言之道與. 子曰, 然. 固相師之道也."(『論語·衛靈公』)

74 『論語·八佾』에 보이는 많은 僭越에 대한 지적을 보라.

75 漢代에 완성된 『論語』에는 '史'에서 '儒'로의 移替期에 노정된 儒家成立史가 신화·역사·철학의 혼재·혼선의 양상으로 그려져 있다. 예컨대, 이 글이 다루고 있는 '三亦'의 세 구절 같은 『論語』 내의 특정한 맥락은 따라서 분절의 형태로 이해해야 한다.

76 "可以觀"에 대한 朱熹註, "考見得失"과 "可以群"에 대한 朱熹註, "和而不流"의 내용을 상기하라.

77 "學而優則仕."(『論語·子張』)

78 "子曰. 參乎. 吾道一以貫之. 曾子曰. 唯."(『論語·里仁』)

79 楊伯峻, 『論語譯注』, 北京, 中華書局, 1982, p. 3.

80 李澤厚, 『論語今讀』, 北京, 三聯書店, 2004, p. 30.

81 "說文以陽之一, 合陰之二, 其數三. 史記律書, 數始作於一, 終於十, 成於三. 蓋數至於三, 陰陽極參錯之變, 將觀其成. 故古人於屢與多且久之數, 皆以三言."(程樹德, 『論語集釋 1』, 北京, 中華書局, 2006, p. 19)

82 "荀子三作參, 而無三者之目. …… 三去聲爲是. 朱子曰, 以此三者日省其身, 可謂不知古言."(荻生徂徠, 『論語徵』, 이기동 외 역, 『논어징 1』, 서울, 소명출판, 2010, p. 82)

83 "君子博學而日參省乎己, 則知明而行無過矣."(『荀子·勸學』)

84 荻生徂徠, 위의 책, p. 82의 번역문과 p. 83의 주 77)에서 번역자는 去聲인 三을 공히 '세 번'으로 해석하였는데, 이는 오류이며 마땅히 '여러 번'으로 해석되어야 한다.

85 "朱子語類, 三字平去二聲雖有自然使然之別, 然自然者不可去聲, 而使然者亦不可平聲. …… 三省三思與三嗅三復皆使然."(程樹德, 앞의 책, p. 19) 이 외에도 이 책의 같은 곳에선 '三'을 마땅히 去聲으로 읽어야 한다고 주장한 여러 전적을 소개하고 있다. 예컨대, "三當定讀去聲"(陳禹謨, 『譚經苑』), "三當以去聲爲正"(翟灝, 『四書考異』).

86 唐代 陸德明은 『經典釋文』에서 '三'자의 음을 '息暫反, 又如字'라고 설명하였다. '息과 暫의 反切音'이란 三을 去聲으로 읽는다는 의미로, 三이 去聲이면 그 의미는 '여러 차례, 몇 번'이 된다. 현대 중국어에서는 '三'의 발음이 어느 경우에나 平聲이지만, 예전에는 그것이 '여러 번, 몇 번'의 뜻인 경우에 去聲으로 발음하였다.(이강제, 「古典 解釋과 言語 研究」, 중국어문논역학회, 『중국어문논역총간』 제5집, 2000, p. 8 참조)

87 "曾子言, 我生平戒愼每一日之中三過, 自視察我身有過失否."(皇侃, 『論語義疏』; 竹添進一郎, 『漢文大系 1』, 富山房, 1984, 『論語集說』 p. 4)

88 "曾子以此三者日省其身, 有則改之, 無則加勉, 其自治誠且如此."(朱熹, 『四書章句集注』, 北京, 中華書局, 1983, p. 48)

89 南懷瑾, 『南懷瑾講述論語中的名言』, 蘇州, 古吳軒出版社, 2006, p. 7.

90 Legge는 '三'을 'three points'로 해석하였다. (James Legge, trans., *Confucian Analects*, in *The Chinese Classics*, vol. 1, Shanghai, Oxford University Press, 1935, p. 139)

91 Ames와 Rosemont Jr.는 '三'을 'three counts'로 해석하였다.(Roger T. Ames and Henry Rosemont Jr., trans. and introd., *The Analects of Confucius: A Philosophical Translation*, New York, Ballantine Publishing Group of Random House, 1998, p. 72)

92 錢穆, 『論語新解』, 北京, 三聯書店, 2005, p. 9. 그는 같은 책 p. 8에서 비록 "三省有兩解. 一, 三次省察. 一, 省察三事."이라 하였지만, 결국 본인은 前者의 해석을 택하였다.

93 "藤云, 凡三字在句首者, 爲三次, 如三復白圭, 三以天下讓是也. 在句尾者爲數目, 如君子所貴乎者三, 君子之道三是也."(丁若鏞, 『論語古今註』, 『與猶堂全書』 II, 『韓國文集叢刊』 282, 民族文化推進會, 서울, 2002, p. 160)

94 예컨대, 三의 경우만 하더라도 "數字〈三〉+名詞" 어순 구조의 경우, '三年'(「學而」·「爲政」·「泰伯」·「憲問」), '三十'(「爲政」), '三百'(「爲政」·「憲問」), '三家'(「八

佾」), '三月'(「雍也」·「述而」), '三隅·三人'(「述而」), '三軍'(「述而」·「子罕」), '三日'(「鄕黨」·「微子」), '三子'(「先進」·「憲問」), '三年'(「先進」·「子路」·「陽貨」), '三者'(「顔淵」), '三代'(「衛靈公」), '三世·三桓·三友·三樂·三愆·三戒·三畏'(「季氏」), '三疾'(「陽貨」), '三仁'(「微子」), '三變'(「子張」) 및 "문장 말미"에 배치된 경우, "所貴乎道者三"(「泰伯」), "君子道者三"(「憲問」), "問一得三"(「季氏」) 등에서의 '三'은 모두 實數로 쓰인 것이다.

95 여기서 예로 제시된 해석본은 楊伯峻의 앞의 책과 J. Legge의 앞의 책 및 儒敎文化硏究所(간칭: 儒文硏)의 『논어』 번역본(『논어』, 유교문화연구소 옮김, 성균관대학교 출판부, 서울, 2012)이다. 각기 해석의 근거로 제시한 주석은 지면 관계상 생략하기로 한다.

96 楊伯峻의 각기 항목에 대한 수의 해석에 대해선, 일련 번호 순서대로 楊伯峻의 앞의 책, pp. 49, 50, 73, 78, 84, 108, 111, 151, 192 참조.

97 J. Legge의 각기 항목에 대한 수의 해석에 대해선, 일련 번호 순서대로 Legge의 앞의 책, pp. 179, 180, 202, 207, 215, 236, 238, 282, 331 참조.

98 儒敎文化硏究所의 각기 항목에 대한 수의 해석에 대해선, 일련 번호 순서대로 儒文硏의 앞의 책, pp. 151, 153, 236, 255, 282, 354, 360, 501, 664 참조.

99 각기 수의 내용에 해당하는 부분의 일련번호는 필자가 附記한 것이다.

100 楊伯峻의 각기 항목에 대한 수의 해석에 대해선, 일련 번호 순서대로 楊伯峻의 앞의 책, pp. 11, 48, 73, 79, 87, 155, 175, 176, 176, 176, 177, 177, 179, 183, 198, 201, 210, 211 참조.

101 J. Legge의 각기 항목에 대한 수의 해석에 대해선, 일련 번호 순서대로 Legge의 앞의 책, pp. 146, 178, 202, 209, 217, 286, 311, 311~312, 312, 312~313, 313, 314, 316, 320, 338, 342, 352, 353~354 참조.

102 儒敎文化硏究所의 각기 항목에 대한 수의 해석에 대해선, 일련 번호 순서대로 儒文硏의 앞의 책, pp. 27, 146, 236, 260, 290, 517, 602, 604, 606, 607, 608, 611, 617, 629, 685, 696, 728, 730 참조.

103 "古人簡策繁重, 以口耳相傳者多, 以目相傳者少. 且以數記言, 使百官萬民易誦易記. 洪範周官尤其最著者也. 論語以數記文者, 如一言三省三友三樂三戒三畏三愆三疾三變四敎絶四四惡五美六言六蔽九思之類, 則亦皆口授耳受心記之古法也."(阮元, 『揅經室集·數說』; 程樹德, 앞의 책, p. 19에서 재인용)

104 "學而時習之, 不亦說乎. 有朋自遠方來, 不亦樂乎. 人不知, 而不慍, 不亦君子乎."(『論語·學而』)

105 "爲人謀而不忠乎. 與朋友交而不信乎. 傳不習乎."(『論語·學而』)

106 예컨대, 다음과 같은 구절들에서 지식이나 교양의 습득이 아닌 정치적 수련의 면모를 읽을 수 있다. "不學禮, 無以立"(『論語·季氏』), "不知禮, 無以立也"(『論語·堯曰』), "衛靈公問陳於孔子. 孔子對曰, 俎豆之事, 則嘗聞之矣, 軍旅之事, 未之學也. 明日遂行"(『論語·衛靈公』), "樊遲請學稼. 子曰, 吾不如老農. 請學爲圃. 曰, 吾不如老圃. 樊遲出. 子曰, 小人哉, 樊須也. 上好禮, 則民莫敢不敬, 上好義, 則民莫敢不服, 上好信, 則民莫敢不用情, 夫如是, 則四方之民襁負其子而至矣. 焉用稼."(『論語·子路』)

107 "傳不習"에 대해선 통상 두 가지 해석이 있다. 하나는 '不習'을 '傳'의 목적어로 보는 견해로, 이에 따르면 "익히지 않은 바를 〈제자에게〉 전함"의 뜻이 된다. 예컨대, 何晏("言凡所傳之事, 得無素不講習而傳之乎", 『論語集解』; 程樹德, 앞의 책, p. 20)과 皇侃("凡有所傳述, 皆必先習, 乃可傳, 豈可不經先習而妄傳之乎", 『論語義疏』; 程樹德, 앞의 책, p. 20)의 견해가 그러하다. 다른 하나는 '傳'을 '不習'의 의미상의 목적어로 보는 견해로, 이에 따르면 "〈스승에게서〉 전해 받은 바를 익히지 않음"의 뜻이 된다. 예컨대, 朱熹("傳謂受之於師, 習謂熟之於己", 『論語集註』; 程樹德, 앞의 책, p. 20)와 劉寶楠("傳不習乎者, 傳謂師有所傳於己也. …… 今曾子三省, 旣以忠信自勖, 又以師之所傳, 恐有不習", 『論語正義』, 上海, 上海書店, 1992, p. 6)의 견해가 그러하다. 공자 孔門의 성격 및 曾子 孔門의 운용방식이 공자의 그것과 다르다는 점을 감안하면, "傳不習"의 의미는 "익히지 않은 바를 〈제자에게〉 전함"이 된다.

108 "九月, 考仲子之宮, 將萬焉. 公問羽數於衆仲. 對曰, 天子用八, 諸侯用六, 大夫四, 士二. 夫舞所以節八音而行八風, 故自八以下."(『左傳·隱公五年』)

109 "佾, 舞行列也."

110 이 두 가지 설은 모두 『左傳·隱公五年』의 "天子用八, 諸侯用六, 大夫四, 士二"에 대한 註釋의 차이이다.

111 "天子八八六十四人, 諸侯六六三十六人, 卿大夫四四十六人, 士二二四人"(杜預, 『春秋經傳集解』), "八佾何謂也. 佾者列也, 以八人爲行列, 八八六十四人也, 諸公六六爲行, 諸侯四四爲行"(班固, 『白虎通義·禮樂』), "天子是八列爲舞, 八八六十四人. 諸公六人成一列, 六六三十六人. 諸侯四人爲一列, 四四十六人"(李宗侗, 『春秋公羊傳今注今譯』) 등.

112 "按服虔注傳云, 天子八八, 諸侯六八, 大夫四八, 士二八"(沈約, 『宋書·樂志』),

"二八, 二列也"(『楚辭·招魂』의 "二八接舞"에 대한 王逸雲의 注), "八人爲佾, 諸八音也"(『國語』의 "女樂二八"에 대한 韋昭의 注), "用八直是八人, 用六直是六人, 大夫四直是四人, 士二直是二人, 尤爲曲說, 不可從. 杜注謂八八六十四, ……, 誤."(俞木越, 『茶香室經說』) 등.

113 "夫舞所以節八音者也, 八音克諧, 然後成樂, 故必以八人爲列, 自天子達於士, 降殺以二, 兩者, 減其二列. 預以爲一列有減二人, 至士止剩四人, 豈復成樂. 按服虔注傳云, 天子八八, 諸侯六八, 大夫四八, 士二八. 其義甚允."(沈約, 『宋書·樂志』卷19)

114 이 점은 다음 두 대목으로부터 유추할 수 있다. "八音, 金石絲竹匏土革木也. 八風, 八方之風也. 以八音之器, 播八方之風, 手之舞之, 足之蹈之, 節其制而敘其情."("夫舞所以節八音者也"에 대한 杜預의 注), "八人爲佾, 諸八音也."("八音克諧"에 대한 韋昭의 注)

115 徐傳武, 「八卦與八音如何相配」, 『文獻』, 1996년 1期. 八音과 八卦·八方의 관계에 대한 자세한 내용은 해당 논문 참조.

116 杜預는 『左傳·隱公五年』의 八風에 대한 注에서, 八方에 각각 해당하는 八風을 규정한 바 있다. 원래 徐傳武가 정리한 표에는 八風의 항목이 없었지만, 필자가 이에 杜預가 제시한 八風의 내용을 표에 덧붙였다.

117 項群勝, 「周代禮樂"舞佾說"評析」, 合肥, 『科教文汇』 2007年 第2期 참조.

118 "나라의 큰일은 제사와 전쟁"("國之大事, 在祀與戎", 『左傳·成公十三年』)이었다는 점을 보면 가히 "殷은 '祭祀·軍事'의 공동체"(西嶋定生, 『中國古代の社會と經濟』, 東京, 東京大學出版會, 1981; 변인석 역, 『중국고대사회경제사』, 서울, 도서출판 한울, 1994, p. 42)라 할 만하다. 또한 "한 해 국가세출의 1할이 제사비용으로 쓰여야 했다."("祭用數之仂", 『禮記·王制』)는 점을 보면 제사의 중요성이 어느 정도인지 짐작이 간다. 봉건제후에게는 "그 지역에 있어서 토지와 인민의 지배권이 부여되었을 뿐만 아니라, 그밖에 授祀·授氏·授職·授物·授疆 등의 권한까지 수반되었다."(西嶋定生, 앞의 책, p. 46.) 영토만을 분봉 받은 것이 아니라 "授祀(이는 "周王室의 조상신을 分祀받고 이것을 봉건 된 지역에서 제사 지내는 일"을 말한다. 西嶋定生, 앞의 책, p. 46)"의 권한까지도 부여받았다는 사실, 그리고 授祀가 일종의 권한으로 인식되는 관념은 봉건제와 종법제의 연관성을 잘 설명해 준다. 이는 "조상신은 자기 후손의 대접만 받고, 또한 사람들도 다른 귀신에게는 제사지내지 않으며"("神不歆非類, 民不祀非族", 『左傳·僖公十年』), "자기가 제사 받들 대상이 아닌데도 제사하는 것을 일러 淫

祀라 하는데, 여기엔 복이 내리지 않는다."("非其所祭而祭之, 名曰淫祀. 淫祀無福", 『禮記·曲禮下』)라는 믿음으로부터도 확인할 수 있다. 조상신들과의 交通權에 대한 독점은 종법질서의 필요충분조건이었던 것이다.

119 八佾의 기원 및 八佾과 天子의 祭祀權과의 관계에 대한 자세한 내용은 졸저, 『유가사유의 기원』, pp. 38-44 참조.

120 "季氏, 八佾, 舞於庭"(『論語·八佾』) 다음의 朱熹註를 참고하라. "季氏, 魯大夫季孫氏也. 佾, 舞列也. 天子八, 諸侯六, 大夫四, 士二. …… 季氏, 以大夫, 而僭用天子之禮樂."

121 "三家者, 以雍徹"(『論語·八佾』) 다음의 朱熹註를 참고하라. "三家, 魯大夫, 孟孫叔孫季孫之家也. 雍, 周頌篇名. 徹, 祭畢而收其俎也. 天子宗廟之祭, 則歌雍以徹, 是時, 三家, 僭而用之."

122 "季氏, 旅於泰山"(『論語·八佾』) 다음의 朱熹註를 참고하라. "旅, 祭名. 泰山, 山名, 在魯地. 禮, 諸侯, 祭封內山川, 季氏祭之, 僭也."

123 林安弘, 『儒家禮樂之道德思想』, 臺北, 文津出版社, 民國77, p. 27.

124 上海古籍出版社 편, 『古代藝術三百題』, 上海古籍出版社, 上海, 1989, p. 424 참조.

125 "季氏, 八佾, 舞於庭", "三家者, 以雍徹", "季氏, 旅於泰山", "禘自旣灌而往者, 吾不欲觀之矣", "子貢, 欲去告朔之餼羊, 子曰, 賜也, 爾愛其羊, 我愛其禮", "邦君, 樹塞門, 管氏, 亦樹塞門, 邦君, 爲兩君之好, 有反坫, 管氏亦有反坫."(이상 『論語·八佾』) 등

126 본질의 상징화라는 말과 아래 서술되는 그것의 세 단계 과정은, A. N. Whitehead가 의자를 예로 들어 설명한 "상징작용과 知覺과의 관계"에 대한 서술(*Symbolism: Its Meaning and Effect*, New York, G. P Putnam's Sons, 1959; 鄭淵弘 역, 『상징작용: 그 의미와 효과』, 서울, 서광사, 1989, pp. 14-16 참조)을 응용하여 필자가 구성한 것이다.

127 A. N. Whitehead, 앞의 책, pp. 14-16 참조.

128 예를 들어 다리가 길고 파란 의자가 있을 때, ①知覺者가 이 의자를 본 다음 그에게는 파랗고 기다란 모양이 남게 되며, ②지각자는 이후 의자라는 본질은 잊은 채 파랗고 긴 형상만 간직하게 될 것이며, ③이러한 형상은 어느 순간 파란 바지를 입은 다리가 긴 사람을 보았을 경우의 지각활동에 적용될 것이다. ①항은 본질의 형상화이고 ②항은 본질의 소외화이며 ③항은 본질의 상징화이다. 기존에 획득된 형상을 다른 요소에

대해 조절하게 되는 데에는, 그러나 부수적인 조건이 있다. 다름 아닌 형상과 연계된 의식 활동이다. 어느 지각자가 파랗고 긴 의자를 보았을 때, 형상에 대한 지각과는 별도로 다리가 긴 것과 연관된 위엄 및 파랑과 연관된 냉랭함을 의식할 수 있을 것이다. '기다람'과 '위엄', 그리고 '파랑'과 '냉랭함'이 각기 조합되어 어느 특정한 지각자에게 연상될 수 있는 것은, 지각자에 따라서 다른 조합의 연상이 있을 수 있기에 개별적인 것이다. 이럴 경우 그는 ③항에 이르러 파란 바지를 입은 다리가 긴 사람에 대해 단지 형상만을 적용하거나 조절하는 것이 아닌 형상과 연계된 의식 활동이 전개될 수 있는 것이다. 즉 파랑과 기다람 만을 단순 대응하는 것이 아닌, 그에게서 어떤 냉소나 오만을 느낄 수 있을지도 모르는 것이다. 이제 '파랑+기다람'은 냉소와 오만의 상징으로 기능한다. 바야흐로 형상은 그것의 본질과는 아무런 상관없는 상징이 되어 버림으로써 본질의 상징화는 완료된다. 한 지각자라는 개인에게서 이루어지는 이러한 본질의 상징화는 집단에서도 이루어지며, 또한 그 본질의 외연도 구체적 사물[혹은 언어]뿐만 아니라 현상이나 관념으로까지도 넓혀질 수 있다.(졸저, 『소나무와 나비: 동아시아미학의 두 흐름』, pp. 178-181 참조)

129 나은선, 「광주 박금자발레단의 창작발레 "춘향" 마임에 있어서 Pantomime 기법 적용의 필요성」, 조선대학교 대학원 무용학과 석사논문, 2001, p. 48 판토마임 용어 해설 참조.

130 이하 『禮記·樂記』의 원문은 孫希旦, 『禮記集解』(下), 北京, 中華書局, 1995년판의 내용을 취했다.

131 이하 해석은 대체로 한홍섭 역, 『예기·악기』, 서울, 책세상, 2007, p. 52의 번역을 좇았다.

132 聖顯(hierophany)은 그리스어의 'hieros(신성한)'와 'phainomai(나타나다)'의 합성어로서 '聖스러운 것의 顯現'이란 의미이다.(M. Eliade, *Das Heilige und das Profane*, Hamburg, 1957; 이은봉 역, 『성과 속』, 서울, 한길사, 1998, p. 49) Eliade는 모든 종교현상을 하나의 히에로파니로 포착하고 현상학적 방법으로 聖을 탐구한 바 있다.

133 商왕조의 건립자 湯이 夏의 桀을 토벌하러 가면서 부하들에게 하는 訓詞를 보자. "格爾衆庶, 悉聽朕言. 非台小子, 敢行稱亂, 有夏多罪, 天命殛之. …… 夏氏有罪, 予畏上帝, 不敢不正. …… 夏德若玆, 今朕必往. 爾尙輔予一人, 致天之罰, 予其大賚汝. 爾無不信, 朕不食言. 爾不從誓言, 予則孥戮汝罔有攸赦."(『書經·商書·湯誓』)

134 "〈楚子伐陸渾之戎, 遂至於雒, 觀兵于周疆. 定王使王孫滿勞楚子. 楚子問鼎之大小輕重焉. 對曰〉在德不在鼎. 昔夏之方有德也, 遠方圖物, 貢金九牧, 鑄鼎象物

...... 用能協于上下, 以承天休. 桀有昏德, 鼎遷於商, 載祀六百. 商紂暴虐, 鼎遷於周. 德之休明, 雖小重也. 其姦回昏亂, 雖大輕也."(『左傳·宣公三年』)

135 "時甲子昧爽, 王朝至于商郊牧野, 乃誓. 王左仗黃鉞, 右秉白旄以麾, 曰逖矣, 西土之人."(『書經·周書·牧誓』) 周나라 武王이 殷나라 紂王과 牧 땅에서 싸움을 하기에 앞서 군사들에게 한 훈시가 이 章의 내용이다.

136 張光直, 『中國靑銅時代』, 北京, 三聯書店, 1983, p. 22.

137 力顯(krotophany)은 'krato(힘)'와 'phainein(나타내다)'의 합성어로, 공포·외경심·두려움 등의 대상이 되는 것 일체를 말한다.(M. Eliade, *Patterns in Comparative Religion*, New York, 1958; 이은봉 역, 『종교형태론』, 서울, 한길사, 1996, p. 69의 역주2)

138 "히에로파니는 상징이 될 수 있음은 물론이고, 상징은 히에로파니를 연장하고 代用하고 히에로파니화를 돕는다."(M. Eliade, 『종교형태론』, p. 33)

139 "子謂韶, 盡美矣, 又盡善也. 謂武, 盡美矣, 未盡善也."(『論語·八佾』)(朱熹註: "韶, 舜樂. 武, 武王樂. 美者, 聲容之盛. 善者, 美之實也. 舜, 紹堯致治, 武王, 伐紂救民, 其功, 一也. 故, 其樂, 皆盡美. 然, 舜之德, 性之也, 又以揖遜而有天下. 武王之德, 反之也, 又以征誅而得天下. 故, 其實, 有不同者.", 皇侃, 『論語義疏』: "天下萬物樂舜繼堯, 而舜從民受禪, 是會合當時之心, 故曰盡美也. 揖讓而代, 於事理無惡, 故曰盡善也. 天下樂武王從民伐紂, 是會合當時之心, 故曰盡美也. 而以臣伐君, 於事理不善, 故曰未盡善也.", 『朱子語類』: "問, 韶盡美盡善, 武盡美未盡善, 是樂之聲容皆盡美, 而事之實有盡善未盡善否. 曰, 不可如此分說. 是就樂中見之, 蓋有此德然後做得此樂, 故於韶之樂見舜之德如此, 於武之樂見武王之德如此.")

140 "子在齊聞韶, 三月, 不知肉味. 曰, 不圖爲樂之至於斯也."(『論語·述而』)

141 "樂則韶舞."(『論語·衛靈公』)

142 "天下萬物樂舜繼堯, 而舜從民受禪, 是會合當時之心, 故曰盡美也. 揖讓而代, 於事理無惡, 故曰盡善也."(皇侃, 『論語義疏』) 등.

143 "王者功成作樂"(『禮記·樂記』)

144 공자가 韶樂을 극히 추숭하고 애호했지만, 그 韶樂의 원형은 보존되지 않아 알 길이 없다. 그런데「大夏」가 또한 文의 聖顯을 드러내는 악무란 점을 고려할 때,「韶」의 동작기호는「大夏」의 동작기호로부터 유추해볼 수 있을 것이다.

145 M. Eliade, 『종교형태론』, p. 543.

146 M. Eliade, 『종교형태론』, p. 495.

147 "모든 力顯이나 聖顯은 모두 그것이 현현한 장소를 변형시킨다. 즉 지금까지 세속적 지역이었던 것이 성스러운 지역으로 승격하는 것이다."(M. Eliade, 『종교형태론』, p. 470)

148 졸저, 『유가사유의 기원』, pp. 252-253.

149 P. Ricoeur, "The Conflict of Interpretations", *Essays in Hermeneutics*, ed. Don Ihde, Northwestern University Press, Evanston, 1974, p. 64 참조; J. Bleicher, *The Hermeneutic Imagination*, Routledge & Kegan Paul, 1982; 이한우 역, 『해석학적 상상력』, 서울, 문예출판사, 1993, p. 186에서 재인용.

150 "E. Durkheim과 W. Robertson-Smith에서 시작된 사회학적 접근법(또는 사회인류학적 접근법)은 신앙, 특히 의례를 사람들의 전통적인 사회적 유대를 강화하는 방법으로서 강조한다. 즉 한 집단의 사회구조가 그것을 지탱하는 사회적 가치관이 의례나 신화에 의해서 상징적으로 표현되는 것을 통해서 강화 및 유지되는 방식을 강조한다."(E. Durkheim, *The Elementary Forms of the Religious Life* (Glencoe, Ⅲ., 1947); W. Robertson-Smith, *Lectures on the Religion of the Semites*, Edinburgh, 1894; Clifford Geertz, *The Interpretation of Cultures*, 1973; 문옥표 옮김, 서울, 까치, 1999, p. 175에서 재인용-); "〈제사란 바로〉 정령에 대한 供物의 의미와 음식을 나눔으로써 살아 있는 사람들 간의 사회 통합을 꾀하는 기제이다."(C. Geertz, 앞의 책, p. 180; 〈 〉안의 말은 필자가 덧붙인 것이다.)

151 "'조상숭배', 다른 한편으로는 '영혼신앙'이 존재하는 곳에서, 후계자는 〈의례에 의해서〉 그들의 선행자들과 상호작용이 가능한 것으로, 선행자는 〈영적으로〉 그들의 후계자들과 상호작용이 가능한 것으로 간주될 것이다. 하지만 그런 경우에, 상호작용이 진행되는 동안 관련된 '인간들'은 현상학적으로 선행자와 후계자가 아니라 동시대인 혹은 심지어 동료이다."(C. Geertz, 앞의 책, p. 429의 주5)

152 "인간은 제방이나 주택을 축조하고 식량을 찾아내고 사회집단을 조직하고 또는 배우자를 찾는 데에 水路圖와 청사진, 사냥 지식, 도덕체계, 미적 판단 등으로 코드화된 지시들의 인도를 따른다. 즉 무정형의 재능들을 형상화하는 개념적 구조에 따르는 것이다."(C. Geertz, 앞의 책, p. 70); "소위 인식적 상징과 표현적 상징 또는 상징체계는 적어도 한 가지 공통점이 있다. 이 둘 모두 생활을 패턴화시키는 정보의 외재적 자원이다. 즉 세계를 지각하고, 이해하고, 판단하고, 조작하는 초개인적 장치인 것이다. 문화 패턴 — 종교적, 심리적, 미학적, 과학적, 이데올로기적 패턴 — 은 '프로그램들'이다. 유전학적 체계가 유기적 과정을 조직해 가면서 형판 같은 것을 제공하듯이, 이러

한 프로그램들은 사회적, 심리적 과정을 조직해 가면서 형판 또는 청사진을 제공한다."(C. Geertz, 앞의 책, p. 258)

153 C. Geertz, 앞의 책, p. 68.
154 "周代에 '六代樂舞'(黃帝의「雲門」, 堯의「咸池」, 舜의「韶」, 夏의「大夏」, 商의「大濩」, 周의「大武」)가 궁정예악활동 가운데 보존될 수 있었던 것으로부터 알 수 있는 것은, 씨족사회에서부터 하상주 삼대에 이르기까지 예의제도 전승의 근본 의미는 민족문화의 공동심리의 특징을 구성했다는 것이며, 이는 바로 예악활동 가운데 엄격히 준수하는 법규, 예절을 통해 사회군체와 개인의 행위를 제약함으로써 그로 하여금 심리상에 사회윤리규범에 적응하고 복종하게 하려는 것이며, 그 근본에 있어서는 바로 질서와 친연관계로서 유대를 맺은 종법제와 왕권통치를 유지하려는 것이다."(修海林, 『古樂的沈浮―中國古代音樂文化的歷史考察』, 濟南, 山東文藝出版社, 1989, p. 21)
155 "此皆孔子正名之義也. 觚可不觚則名實亂矣."(楊樹達, 『論語疏證』, 上海, 上海古籍出版社, 2006, p. 148)
156 "上觚指其器, 下觚指其制"(朱熹, 『四書或問』 卷11), "上觚字指其器, 下觚字語其制也."(趙順孫, 『論語纂疏』 卷3) 등.
157 "觚者學書之牘, 或以記事, 削木爲之, 蓋簡屬也. 孔子歎觚, 卽此之謂. 其形或六面或八面, 皆可書. 觚者稜也, 以有稜角, 故謂之觚"(史游 撰; 顔師古 註, 『急就篇』 卷1), "觚, 稜也. 或曰酒器, 或曰木簡. 皆器之有稜者也."(朱熹, 『論語集註』 卷3), "古人之器多有觚. 如酒器, 便如今花甁中間有八角者. 木簡是界方而六面, 卽漢所謂操觚之士者也."(黎靖德 編, 『朱子語類』 卷33)
158 "孔子所歎之觚, 則酒器而非木簡也. 何以知其然. 以觚爲簡, 起于秦漢以後, 孔子未嘗見之也. 又以勢言之, 酒觚可削而圓, 木簡不可削而圓也. 木簡而規圓之, 豈不成趕麵杖耶. 是以知孔子之歎, 蓋酒器而非木簡也"(楊愼, 『丹鉛續錄』 卷一), "竊謂觚爲酒器, 見於禮經, 爲木簡, 見於漢急就章, 則謂爲簡屬者, 秦漢之後之稱, 非孔子所謂也. 論語釋故亦謂木簡爲觚之名起於秦漢. 孔子所謂觚當是酒器."(程樹德, 『論語集釋』 卷12) 한편 木簡을 觚라고 칭했던 시기가 언제부터인지는 정확히 알 수 없지만, 20세기 이후 발견된 簡牘으로 보더라도 그 가장 이른 연대는 다만 춘추 말기까지 내려갈 뿐이다.(何雙全, 『簡牘』, 蘭州, 敦煌文藝出版社, 2004, p. 8 참조)
159 현재 출토된 靑銅觚로 보면, 商代 초기에 시작하여 商代에 성행했으며 西周 초기부터 점점 줄어들더니 西周 중기에 이르면 거의 보이지 않게 된다.(朱鳳瀚, 『古代中國靑

銅器』, 天津, 南開大學出版社, 1995, p. 119; 段書安 주편, 『中國靑銅器全集』 卷1, 夏·商(一), 北京, 文物出版社, 2006, p. 23)

160 『儀禮·燕禮』, 『儀禮·大射』, 『儀禮·特牲饋食禮』, 『儀禮·少牢饋食禮』 등

161 그 외에 다른 재질로 된 觚로 신석기시대에 이미 존재했던 陶觚나 혹은 흔적으로만 알 수 있을 뿐인 漆觚 등도 있지만, 공자가 "觚不觚, 觚哉, 觚哉."에서 언급한 觚가 陶觚나 漆觚와 같은 생활용기가 아닌 禮器로서의 靑銅觚임엔 이론의 여지가 없을 것이다. "觚不觚, 觚哉, 觚哉."는 공자가 직접 儀禮의 현장을 목격한 후 나온 언급이라는 지적이 여러 곳에 기재되어 있다. "古者獻以爵而酬以觚 …… 孔子於獻酬之際, 見而歎之"(楊愼, 『丹鉛續錄』 卷1), "孔子於獻酬之際, 見而歎之"(劉宗周, 『論語學案』 卷3), "古書獻以爵, 酬以觚, 此夫子因獻酬之際有所感也"(程樹德, 『論語集釋』 卷12) 등.

162 "韓詩外傳云, 一升曰爵, 二升曰觚, 三升曰觶, 四升曰角, 五升曰散"(魏了翁, 『儀禮要義』 卷4; 陳祥道, 『禮書』 卷98; 周祈, 『名義考』 卷12), "韓詩說, 一升曰爵, 爵盡也, 足也. 二升曰觚, 觚寡也, 飮當寡少. 三升曰觶, 觶適也, 飮當自適. 四升曰角, 角觸也, 飮不自適觸罪過也. 五升曰散, 散訕也, 飮不自節爲人謗訕也"(魏了翁, 『春秋左傳要義』 卷6), "觚, 酒器名, 量可容二升者"(毛奇齡, 『論語稽求篇』 卷3; 鄭方坤, 『經稗』 卷11), "子曰觚不觚注馬曰, 觚禮器, 一升曰爵, 二升曰觚"(何晏集解; 陸德明 音義; 邢昺 疏, 『論語注疏』 卷6 考證) 등.

163 청동기는 酒器·兵器·食器·水器·樂器로 구분되며, 이 중 酒器는 다시 斟酒器·灌酒器·飮酒器·盛酒器·調酒器로 나뉜다. 여기서 觚는 飮酒器로 분류된다.(段書安 주편, 『中國靑銅器全集』 卷1, 夏·商(一), p. 11 및 『中國靑銅器全集』 卷2, 商(二), p. 4 참조)

164 夏商周 시대에 靑銅은 아주 귀중한 합금이었는데, 이를 가지고 주로 禮器를 만들었다. 祖上神에 대한 제사나 귀빈접대 및 성대한 儀式을 거행할 때 등에 쓰였다. "禮不下庶人"(『禮記·曲禮上』)이란 대목에서 알 수 있듯이 청동기 자체는 권력과 신분의 상징이었다.(段書安 주편, 『中國靑銅器全集』 卷2, 商(二), p. 18 참조) 신분이 아주 높든 아니면 조금 높든 간에 권력을 소유한 자들은 그 청동기를 제사나 의례에 사용함으로써 자신의 권력을 과시하고 강화하였던 것이다. 다음의 구절들은 상고인들에게 있어 제사가 갖는 의미가 어떠한 지를 말해 준다. "凡治人之道, 莫急於禮. 禮有五經, 莫重於祭. 夫祭者, 非物自外至者也, 自中出生於心也. 心怵而奉之以禮, 是故唯賢者能盡祭之義"(『禮記·祭統』), "君子將營宮室, 宗廟爲先, 廐庫爲次, 居室爲後.

凡家造, 祭器爲先, 犧賦爲次, 養器爲後."(『禮記·曲禮下』) 張光直은 종묘와 제사가 곧 한 나라의 권위를 상징하는 것이며, 따라서 제사에 관련된 사물들, 예컨대 祭器는 더없이 이처럼 중요했으며 씨족이 단결하는 데 상징적인 존재가 되었다고 말한 바 있다.(張光直,『美術, 神話與祭祀』, 瀋陽, 遼寧敎育出版社, 1988; 李徹 譯,『神話·美術·祭祀』, 서울, 東文選, 1990, p. 75 참조) 儀禮에서의 사용이 바로 靑銅禮器로서의 觚의 궁극적인 용처인 것이다. 따라서 商周시대의 靑銅器는 일상생활용기가 아니므로 그것의 의향적 용도로 禮器 외의 다른 境遇數는 있을 수 없다. 한편 九鼎은 "역대에 걸처 정통왕조를 상징하는 상징물"(張光直,『中國靑銅時代』, p. 22)인데, "〈楚子伐陸渾之戎, 遂至於雒, 觀兵于周疆. 定王使王孫滿勞楚子. 楚子問鼎之大小輕重焉. 對曰〉在德不在鼎. 昔夏之方有德也, 遠方圖物, 貢金九牧, 鑄鼎象物 …… 用能協于上下, 以承天休. 桀有昏德, 鼎遷於商, 載祀六百. 商紂暴虐, 鼎遷於周. 德之休明, 雖小重也. 其姦回昏亂, 雖大輕也."(『左傳·宣公 3年』)의 문장에서 우리는 구정이 국가를 상징하는 것으로 거기에는 각 지방의 동물 그림이 그려져 있고, 각 지방의 금속 또한 모두 그 곳에 포함되어 있으므로 周王은 여러 方國의 금속자원에 대한 사용권과 소유권을 가질 뿐만 아니라, 각 방국의 〈천지를 교통하는 도구(희생동물)〉까지도 장악하고 있다는 것을 알 수 있다.(張光直,『美術, 神話與祭祀』, pp. 154-155 참조) 구정에 대한 이 같은 신화는 우리들에게 신성한 청동예기를 장악하는 목적이 제왕의 통치를 합법화시키기 위한 것임을 말해주고 있다. 청동예기는 명확하면서도 유력한 상징물이 되었는데 그것 자체가 財物이므로 富를 상징하며, 소유한 자는 능히 조상들과 교통할 수 있으므로 성대한 의식을 상징하였고, 또한 금속자원의 장악을 상징하고 있다. 이는 바로 조상과의 교통에 대한 독점 및 정치권력에 대한 독점을 의미하는 것이다.(張光直,『美術, 神話與祭祀』, p. 158 참조)

165 祭器로서의 청동기 표면의 문양은 대개 신화적 토템의 성격을 갖는다. 祭器가 하늘의 조상과 지상의 후손을 잇는 상징물이라면 이 토템은 天人 교통의 전령사 역할을 수행한다고 여겨진다. 張光直의 견해에 의하면, "商周시대의 청동기에 그려져 있는 동물문양은 무당을 도와 天地神人이 서로 교통할 수 있게 해주는 각종 동물들의 형상이다."(張光直,『美術, 神話與祭祀』, p. 110)

166 觚는 樂器가 아니므로 청각적인 의미를 지닌 형상은 없다. 미각적이거나 촉각적인 요소는 더더욱 그것의 속성과는 관계가 없다. 그렇다면 觚의 형상적 속성에서 의미가 있는 것은 시각적인 것으로서의 문양과 모양뿐이다.

167 商周시대 청동기에는 대부분 두 개씩 짝을 이루어 좌우대칭인 동물문양이 있거나 혹

은 일부 사람과 동물의 형상을 함께 새긴 문양이 있다.(張光直,『美術, 神話與祭祀』, pp. 103-104 참조) 실제로 필자가 조사한 모든 청동기, 즉 上海博物館에 진열된 10여 개의 觚; 段書安 주편,『中國青銅器全集』卷1, 夏·商(一), No.142~162;『中國青銅器全集』卷2, 商(二), No. 103~128;『中國青銅器全集』卷4, 商(四), No. 65~69;『中國青銅器全集』卷5, 西周(一), No. 95~98; 梅寧華·陶信成 主編,『北京文物精粹大系』"青銅器"篇, 北京, 北京出版社, 2002, No. 32~34; 段振美 主編,『安陽文物精華』, 北京, 文物出版社, 2004, No. 20; 邯鄲市文物研究所 編,『邯鄲文物精華』, 北京, 文物出版社, 2005, No. 45~46; 徐天進 主編,『吉金鑄國史』, 北京, 文物出版社, 2002, No. 7~8 등의 도록에 나오는 60개 이상의 商代 초기~西周 초기의 觚에는 빠짐없이 동물문양이 새겨져 있다.

168 朱鳳瀚, 앞의 책, p. 118.

169 朱鳳瀚, 앞의 책, pp. 119-120 참조.

170 段書安 주편,『中國青銅器全集』卷2, 商(二), p. 6.

171 商代 말기~西周 초기는 청동기의 최고조기인데, 商代 후기의 青銅觚와 西周 초기의 青銅觚는 그 形制의 특징에 있어 하나로 묶을 수 있다. 朱鳳瀚은, 西周 초기의 觚가 대체로 商代 말기의 형태를 답습한 것이라 한다.(朱鳳瀚, 앞의 책, p. 761) 또 馬承源도 西周 초기의 청동기는 商代 말기와 대동소이하다고 말한 바 있다.(段書安 주편,『中國青銅器全集』卷1, 夏·商(一), p. 21 참조)

172 朱鳳瀚, 앞의 책, p. 761.

173 上海博物館에 전시된 觚 및 앞서 열거한 도록들을 참고하여 〈觚-A型〉과 〈觚-B型〉의 形制를 비교해보면 다음과 같다. 먼저 〈觚-A型〉의 形制이다. (1) 높이 약 13~22cm, 口徑 약 10~19cm, (2) 腹部와 圈足 사이에 2~4개의 十字鏤孔 (대부분은 3개), (3) 敞口, (4) 束腰, (5) 圈足, (6) 平底. 다음으로 〈觚-B型〉의 形制이다. (1) 높이 약 30cm 내외, 口徑 약 15cm 내외, (2) 腹部와 圈足 각각에 대칭인 4개의 扉稜, (3) 大侈口, 喇叭形口, (4) 高體細腰, 鼓腹, (5) 圈足, (6) 平底.

174 朱鳳瀚, 앞의 책, p. 119 및 段書安 주편,『中國青銅器全集』卷1, 夏·商(一), p. 23 참조. 殷墟(商代 말기)에서 발굴된 약 1000여 건의 청동기 중 觚는 245건(岳洪彬,『殷墟青銅禮器研究』, 北京, 中國社會科學出版社, 2006, p. 26 및 p. 73 참조)으로 상당히 많으나 西周 초기 이후로는 대폭 감소한다. 西周 초기의 청동기는 주로 墳墓에서 출토되었는데, 그 중 가장 완전한 71座의 분묘로부터 발굴된 309건의 青銅禮器에서 觚가 차지하는 점유율을 殷墟에서 발굴된 청동기 중 觚의 점유율과 비교해 보면

그 명확한 변화를 확인할 수 있다.

觚	殷墟 第4期	西周 초기	西周 중기
	20.9%	2.59%	1.31%

(岳洪彬, 앞의 책, pp. 334~336 참조)

175 商代 초기는 B. C. 16~14세기이고 商代 후기는 B. C. 14~11세기이다. 공자가 처했던 춘추시대 말기는 B. C. 6~5 세기이다.(徐天進 主編, 앞의 책, 시대표기 참조)

176 西周의 "禮樂征伐, 自天子出"(『論語·季氏』)은 東周에 이르러 "禮樂征伐, 自諸侯出"(上同)로 변했다. "非其鬼而祭之, 諂也"(『論語·爲政』)라든지 "季氏八佾舞於庭", "三家者, 以雍徹", "季氏旅於泰山", "禘自旣灌而往者 ……", "邦君樹塞門, 管氏亦樹塞門"(이상 『論語·八佾』) 등은 모두 공자가 禮의 분수를 넘어선 자들의 僭越 행위를 비판한 사례들이다.

177 "子曰, 殷因於夏禮, 所損益, 可知也. 周因於殷禮, 所損益, 可知也. 其或繼周者, 雖百世, 可知也"(『論語·爲政』), "子曰, 周監於二代, 郁郁乎文哉. 吾從周"(『論語·八佾』), "三分天下, 有其二, 以服事殷, 周之德, 其可謂至德也已矣"(『論語·泰伯』) 등.

178 "腹之四稜, 削之可以爲圓"(楊慎, 『丹鉛續錄』 卷1), "腹作四稜, 削之可以爲圓"(呂大臨 編, 『考古圖』 卷5), "不觚者, 蓋當時失其制而不爲稜也"(朱熹, 『論語集註』 卷3) 등.

179 "孔子於獻酬之際見而歎之"(楊慎, 『丹鉛續錄』 卷一), "洪慶善云, 古書獻以爵, 酬以觚. 此夫子因獻酬之際有所惑也. …… 論語所記夫子之言, 在當時皆有根因. 今雖不可得知, 要當黙識之爾"(程樹德, 『論語集釋』 卷12) 등.

180 "觚者, 禮器. 所以盛酒二升曰觚, 言觚者用之當以禮. 若用之失禮, 則不成爲觚也. 故孔子歎之."(邢昺 疏, 『論語注疏』 卷6) 이 외에 다음의 견해들도 있다. "觚不觚者戒酗也. 觚酒器名, 量可容二升者, 其義寡也. 古量酒以三升爲當, 五升爲過, 二升爲寡, 而制器者卽因之. 故凡設器命名, 義各有取. 君子顧其名當思其義, 所謂名以實稱也. 今名雖爲觚, 而飮常不寡, 實則不副, 何以稱名, 故曰觚哉觚哉. 按禮器有爵散觶角諸酒器名, 而皆有取義. 故韓嬰作詩說有云, 一升曰爵, 爵盡也. 二升曰觚, 觚者少也, 飮常寡少也. 三升曰觶, 觶適也, 飮之體適適然也. 四升曰角, 角觸也, 不能自適, 但觸罪過也. 五升曰散, 散者訕也, 飮不知節徒爲人謗訕也. 若觸亦五升, 所以爲餉, 觥亦五升, 所以明罰, 雖同是五升, 而觥觸異稱. 是禮器稱名, 其必以義起如此. 今淫酗之家, 飮常過多. 雖復持觚, 亦不寡少, 故夫子借觚以嘆

之"(毛奇齡,『論語稽求篇』卷3), "皇疏引王肅云, 當時沈湎於酒, 故曰觚不觚, 言不知禮也. 又引蔡謨云, 酒之亂德, 自古所患, 故禮設三爵之制. 尙書著明酒誥之篇, 易有濡首之戒, 詩列賓筵之刺, 皆所以防沈湎, 王氏之說是也"(程樹德,『論語集釋』卷12).

181 "不觚者, 蓋當時失其制而不爲稜也."(朱熹,『論語集註』卷3) 이 외에 다음의 견해들도 있다. "孔子有言觚不觚觚哉觚哉, 蓋傷觚之不復舊觚也. 所謂削方爲圓斲樸爲雕者, 茲之謂矣"(王世貞,『觚不觚錄』序), "今夫子云不觚者何, 大抵觚之不觚, 以漸而成, 其時有爲圓制者, 史酷吏傳云, 破觚爲圜是也"(毛奇齡,『四書賸言』卷2), "夫子之歎不觚, 亦世道喜圓惡方之一端也"(程樹德,『論語集釋』卷12).

182 "古人制器必尙象, 以一觚言之. 上圓象天, 下方象地."(楊愼,『丹鉛續錄』卷1)

183 『儀禮』나『周禮』에 묘사되어 있는 觚의 사용규정에 반해 觚 대신 다른 禮器가 그 자리에 쓰인 것을 공자가 "不觚"라 하여 비난했을 가능성도 있겠다. 하지만 이는 어법적인 면에서 볼 때 설득력이 떨어진다. 그럴 경우엔 "觚不觚"가 아니라 "觚不用" 혹은 "觚不在" 등의 표현이 쓰였을 것이다.

184 당시 1升의 표준용량을 지금의 단위로 환산하면 대략 200cc이다. 〈商鞅方升〉은 秦孝公 18년(B.C. 344) 商鞅變法 시 규정된 標準升인데, 크기는 가로7×세로12.5×깊이2.27~2.3cm이며, 현재 기준으로 실측한 결과 부피는 201cc이다.(馬承源,「商鞅方升和戰國量制」,『中國靑銅器硏究』, 上海, 上海古籍出版社, 2002, pp. 507-509 참조) 이 논문에 의하면, 秦始皇 역시 여전히 商鞅이 규정한 量制를 그대로 채용했음을 알 수 있다. 商鞅方升으로부터 물경 122년 후인 秦始皇 26년에 제작된 〈始皇方升〉의 크기는 6.9×12.4×2.33cm이며, 부피는 199.58cc이다.

185 〈各諸侯國容量一覽表〉

國 別	鄒	齊	秦	楚	韓	趙	東周	中山	魏	燕
1升의 용량(cc)	200	205	200	226	169	175	199	180	225(益)	117(觛)

(丘光明,『中國古代度量衡』, 北京, 商務印書館, 1996, p. 76)

186 실제 商이 과도한 음주풍습 때문에 망했다는 지적이『書經』에 기재되어 있다. "王若曰, 明大命于妹邦. 乃穆考文王肇國在西土, 厥誥毖庶邦庶士越少正御事, 朝夕曰, 祀茲酒. 惟天降命肇我民, 惟元祀. 天降威, 我民用大亂喪德, 亦罔非酒惟行, 越小大邦用喪, 亦罔非酒惟辜. 文王誥敎小子有正有事, 無彝酒. 越庶國飮惟祀, 德將無醉. 惟曰, 我民迪小子, 惟土物愛, 厥心臧, 聰聰祖考之彝訓, 越小大德, 小子惟一. 妹土. 嗣爾股肱, 純其藝黍稷, 奔走事厥考厥長, 肇牽車牛遠服賈, 用孝養厥父母,

厥父母慶, 自洗腆, 致用酒. 庶士, 有正, 越庶伯君子. 其爾典聽朕教. 爾大克羞耉惟君, 爾乃飮食醉飽. 丕惟, 爾克永觀省, 作稽中德, 爾尙克羞饋祀, 爾乃自介用逸. 玆乃允惟王正事之臣, 玆亦惟天若元德, 永不忘在王家. 王曰, 封. 我西土棐徂邦君御事小子, 尙克用文王敎, 不腆於酒. 故我至于今, 克受殷之命. 王曰, 封. 我聞惟曰, 在昔殷先哲王, 迪畏天, 顯小民, 經德秉哲, 自成湯咸至于帝乙, 成王畏相. 惟御事, 厥棐有恭, 不敢自暇自逸, 矧曰其敢崇飮. 越在外服侯甸男衛邦伯, 越在內服百僚庶尹惟亞惟服宗工, 越百姓里居, 罔敢湎于酒, 不惟不敢, 亦不暇. 惟助成王德顯, 越尹人祗辟. 我聞亦惟曰, 在今後嗣王酣身, 厥命罔顯于民, 祗保越怨不易, 誕惟厥縱淫泆于非彝, 用燕喪威儀, 民罔不盡傷心. 惟荒腆于酒, 不惟自息乃逸, 厥心疾很, 不克畏死, 辜在商邑, 越殷國滅無罹. 弗惟德馨香祀, 登聞于天, 誕惟民怨, 庶羣自酒, 腥聞在上. 故天降喪于殷, 罔愛于殷, 惟逸, 天非虐, 惟民自速辜. 王曰, 封. 予不惟若玆多誥. 古人有言曰, 人無於水監, 當於民監, 今惟殷墜厥命, 我其可不大監, 撫于時. 予惟曰, 汝劼毖殷獻臣, 侯甸男衛, 矧太史友內史友, 越獻臣百宗工. 矧惟爾事, 服休服采. 矧惟若疇, 圻父薄違, 農父若保, 宏父定辟. 矧汝剛制于酒. 厥或誥曰, 羣飮, 汝勿佚, 盡執拘, 以歸于周, 予其殺. 又惟殷之迪諸臣惟工, 乃湎于酒, 勿庸殺之, 姑惟敎之. 有斯明享, 乃不用我敎辭, 惟我一人弗恤, 弗蠲乃事, 時同于殺. 王曰, 封. 汝典聽朕毖, 勿辯乃司民湎于酒."(『書經·周書·酒誥』). 한편 출토된 유물로 보더라도 商代까지는 靑銅禮器가 酒器 위주이며 그 품종도 매우 다양했지만 西周로 넘어가면서 酒器는 줄어들고 대신 食器 위주가 되었음을 알 수 있다. 馬承源은 商代 초·중기의 靑銅禮器는 酒器 위주이며 商代 말기에는 더욱 그러한데, 酒器 품종의 다양함은 商族 朝野의 술을 좋아했던 습속을 반영(段書安 주편, 『中國靑銅器全集』 卷1, 夏·商(一), p. 15 참조)한다고 파악한다. 또한 그는, 周人은 계획적 혹은 의도적으로 殷人들의 禮器가 酒器를 중시했던 습속을 타파하고 대신 食器를 중시하는 체제를 건립하려 했다는 점을 西周 초기 청동기의 특수성으로 분석한다. 殷人들은 "群飮"에 대해 관대했지만 周人은 酗酒를 금지했으며, 이로써 사회병폐를 고치려 했다는 것이다.(馬承源, 앞의 책, pp. 21~22 참조)

187 觚의 용량이 3升으로 기재된 典據는 다음과 같다. "梓人爲飮器勺一升爵一升觚三升獻以爵而酬以觚一獻而三酬則一豆矣"(鄭氏 注; 陸德明 音義; 賈公彦 疏, 『周禮注疏』 卷41), "韓詩外傳所謂三升曰觚, 是也"(楊愼, 『丹鉛續錄』 卷1 및 劉宗周, 『論語學案』 卷3), "韓詩外傳亦云, 三升曰觚. …… 說文云, 觚者, 鄕飮酒之爵也. 觶受三升者, 謂之觚. 據此則觚又爲三升矣"(陳士元, 『論語類考』 卷19), "觚, 飮器, 受

三升"(錢時, 『融堂四書管見』 卷3), "三禮圖曰, 觚受三升"(李昉 등, 『太平御覽』 卷761) 등.

188 朱鳳瀚, 앞의 책, p. 119 참조. 林巳奈夫는 이어 그렇게 주둥이가 과도하게 넓은 商代 말기의 觚는 술잔(酒杯)보다는 단술(醴)을 담아 놓고 수저로 그것을 퍼내어 먹는 그릇(盛酒器)으로 쓰였을 것이라 추정한다.

189 "古人制器必尚象, 以一觚言之. 上圓象天, 下方象地."(楊愼, 『丹鉛續錄』 卷1)

190 觚의 윗 주둥이 부분은 圓이며, 네 개의 扉稜은 평면도상에서 사각형, 즉 方의 모양이 된다. 이들이 각각 하늘과 땅을 상징하는 형태라는 점에서, 이는 觚가 天地를 소통시키는 祭器의 역할을 수행함을 충족시켜 준다.

191 '"高祖反秦之政, 破觚爲圜除其嚴法約三章耳."(『史記』 卷122 「酷吏列傳」 第62, 臺北, 大申書局, 1977, p. 3131) 여기서 司馬遷이 "破觚爲圜"을 말한 것은 秦代의 엄한 형벌을 漢高祖가 부드럽게 한 것을 비유한 것이다. "春秋之世, 蓋已有破觚爲圜者矣."(楊愼, 『丹鉛續錄』 卷1)라 한 것을 봐도, 고래로 이러한 "破觚爲圜"은 제도파괴를 비유하는 대명사임을 알 수 있다. 공자 역시 觚를 거론한 것은 그러한 전형적 비유방식을 빌어 구제도[周代의 典章]를 옹호한 것이다.

192 "春秋之世, 蓋已有破觚爲圜者矣"(楊愼, 『丹鉛續錄』 卷1), "今夫子云不觚者何. 大抵觚之不觚, 以漸而成, 其時有爲圜制者, 史酷吏傳云破觚爲圜是也. 此必當時成語史用之耳. 此初之不觚也. 然其圜制, 先時猶全腹上至口周身珊畫爲四大棱, 餘橫起直垂皆有細稜, 如故尙不失觚義, 至後時則從腹下至足僅爲饕餮雲雷之狀, 從腹上至口已平光無棱矣. 此繼之不觚也. 然猶有于足以內藏四小棱者, 似亦不敢盡沒其義, 迨後幷此而無之則終不觚矣. 蓋由世俗日趨簡便所以全失, 聖人寓典法于制器之精意, 一物如此其他可知, 故夫子歎之."(毛奇齡, 『四書賸言』 卷二)

193 "孔子於獻酬之際, 見而歎之. 歎其事雖微, 而輕變古制, 不師先王也. 有秦人開阡陌廢井田焚詩書尙律法之漸矣與, 春秋大復古而譏變法同一旨與."(楊愼, 『丹鉛續錄』 卷1) 한편 공자의 구제도 혹은 기존제도의 수호의지가 觚의 형식에 대한 준수로 상징화되었듯이, 후세에 秦代의 구제도타파를 통해 신질서를 수립하려 했던 漢代 역시 觚의 형식파괴로써 그들의 의지를 상징적으로 표현하였다. "破觚爲圜, 應劭云, 觚八稜有隅也, 高祖反秦之政, 破觚爲圜除其嚴法約三章耳"(司馬貞, 『史記索隱』 卷27, 酷吏列傳第六十二), "破觚爲圜, 漢興破觚而爲圜斲琱而爲樸, 孟康曰, 觚方也. 師古曰, 去嚴刑而從簡易, 抑巧僞而務敦厚也."(楊侃, 『兩漢博聞』 卷1)

194 馬承源에 의하면, 춘추시기 이후 卿大夫의 역할이 커지고 사회경제상 수공업이 발전

함으로써 禮器든 생활용기든 간에 청동기에 대한 통치계층의 수요와 요구가 커지게 되었는데, 이에 새로운 器形의 청동기가 나타나게 되었으며 이러한 변화는 춘추 중기 (B.C. 6~5세기)에 시작되었다고 한다.(段書安 주편, 『中國靑銅器全集』 卷1, 夏·商 (一), p. 29 참조) 여기서 말하는 새로운 器形 가운데 하나가 바로 "破觚爲圞"의 형태를 지닌 觚일 것이며, 마치 '新聲'으로서의 鄭聲에 대한 비판과 마찬가지로 공자는 그러한 새로운 모양을 비판했을 것이다.

195 이는 제작상의 편리 혹은 사용상의 편의를 도모했던 결과일 수 있다. "徒取其利於工之易鑄, 而不知失其象, 便於人之易持, 而不計其頓之危也." (楊愼, 『丹鉛續錄』 卷1)

196 西周時代의 옛 제도와 질서를 그 시대에 다시 이바지시키려 노심초사했던 공자의 안목에는, 정나라의 음악이 사람의 감성만을 자극하는 빠르고 기교에 가득 찬 저속한 음악으로 비칠 수밖에 없었다. 따라서 "음악이란 모름지기 韶樂처럼 盡善盡美해야 한다."("樂則韶舞", 『論語·衛靈公』; "子謂韶, 盡美矣, 又盡善也. 謂武, 盡美矣, 未盡善也", 『論語·八佾』)는 신념을 지녔던 공자로서는, 그것이 端雅한 古樂의 규범에 부합하지 못했기에 받아들일 수가 없었다. "정나라 음악은 단정치 못하다.("鄭聲淫", 『論語·衛靈公』)"라는 힐책은 이러한 연고를 지닌다. 공자는 더 나아가 "선정적인 정나라 음악이 정통 雅樂을 혼란케 함을 미워한다."("惡鄭聲之亂雅樂也", 『論語·陽貨』)고 했을 뿐 아니라, "정나라 음악을 내쳐야 한다."("放鄭聲", 『論語·衛靈公』)라고 자신의 입장을 분명히 했다. 古樂이란 옛 禮制를 위한 것인데, 周代의 예제를 지키기 위해선 주대의 樂制가 절대로 필요한 요소였다. 이 때문에 그는 鄭의 음악을 비판했던 것이다. '淫'은 지나치다는 뜻이다. 공자가 "鄭聲淫"이라 말한 것은 그 형식으로 보나 음악에서의 소리의 높낮이로 보나 雅樂의 전통적인 규정과 요구를 넘어섰음을 가리킨다. 이러한 형식적인 음성의 과도함이 의미하는 것은 五聲音階의 한도를 넘어선 것일 수도 있다. 혹은 雅俗樂의 구별은 俗樂의 소리가 五聲 범위를 넘어선 것에 있는 것이 아니라 俗樂의 소리가 음률에 들어맞지 않는 데에 있다고 볼 수도 있다. 雅樂의 소리는 모두 음률에 들어맞는데, 樂에 五聲이 있는 것이 마치 詩에 四聲이 있는 것과 같아 樂이 음률에 들어맞지 않는 것은 詩에 八病이 있는 것과 같다는 것이다. 음악의 발전이란 측면에서 볼 때, 商代에 이르러 오성의 음계가 이미 갖추어졌으며, 周代 초기에 정치적 수단을 통하여 이 五音을 유관 禮儀 규정 및 윤리 관념과 밀접하게 결합시켰다. 五聲의 범위를 넘어서면 禮의 입장에서 받아들일 수 없는 것이다. 춘추시대에 이르러 음양오행사상가들의 가공을 거쳐 이러한 규정은 이론적으로 한층 견고해졌으니, 五聲의 범위를 넘어서면 禮가 아니었을 뿐 더러 불합리적인 것으로 간주되었

다.(졸저, 『소나무와 나비: 동아시아미학의 두 흐름』, 서울, 심산, 2004, 주)169)
197 張光直의 견해에 의하면, "무속의식이나 樂舞, 또는 동물예술과 청동예기 등과 같은 문자 이외의 수단―이것들을 통하여 상제나 하늘에 있는 신령들과의 교통을 독점하고자 하는 목적을 이루었다."(張光直, 『美術, 神話與祭祀』, p. 172)
198 八佾舞에서의 "八佾"이란 형식이 天子의 권위를 확인시켜주는 효과와 동일하다. "天子用八, 諸侯用六, 大夫四, 士二."(『左傳·隱公 5年』)
199 "A *ku* that is not truly a *ku*. A *ku* indeed! A ku indeed!"(D. C. Lau, trans., *Confucius: The Analects*, London, Penguin Books, 1979, p. 84)
200 "A *gu* that is not a *gu*――is it really a *gu*? Is it really a *gu*?"(Edward Gilman Slingerland, trans., "The Analects," in Philip J. Ivanhoe and Bryan W. Van Norden, eds., *Readings in Classical Chinese Philosophy*, New York and London, Seven Bridges Press, 2001, p. 18)
201 "A horn-gourd that is neither horn nor gourd! A pretty horn-gourd indeed, a pretty horngourd indeed."(Arthur Waley, trans., *The Analects of Confucius*, London, George Allen and Unwin, 1938, p. 120)
202 상징이 형성되는 과정은 다음과 같다. 첫째로 현상이나 관념에 대한 비자발적, 무의식적 접촉이 이루어진다. 비자발적이거나 무의식적인 접촉의 이면에는 인간의 역사적 전통에 대한 본능적인 신뢰와 승인이 깔려 있다. 다음 단계로는 최초로 접촉된 그러한 현상이나 관념에 대한 지속성이 나타난다. 즉 전승에 대한 개인적, 집단적 동일화와 局地性이라는 씨족적 전습에 의한 고정화로부터 사람들은 안정감을 얻게 되는데, 그와 같은 안정에 대한 추구로 인해 일단 받아들인 현상이나 관념이 지속되기를 원하는 것이다. 그리고 마지막 단계에서 상징이 형성된다. 현상이나 관념의 始原的 본질은 소외되고 기호적 의미만 남게 되는 것이다. 이 기호적 의미가 상징으로 기능하게 된다.(졸저, 『유가사유의 기원』, p. 36 참조)
203 『논어』 전반에 인간을 통제하고 지배하는 '힘'의 원천은 具體物에서 抽象物로 이미 바뀌어져 있다. 즉 공자의 시기에는 인간의 意識을 이끄는 원동력은 '九鼎'(『左傳·宣公3년』)·'깃발·도끼'(『書經·牧誓』) 등과 같은 권력상징물에서 祭儀에서 보이는 儀式性이나 예악의 禮儀性 같은 것으로 바뀐 것이다. 다시 말해서 공자시대는 실물(具象物)보다는 상징적 형식――예악이나 예의에서의 숫자, 모양, 횟수, 색깔, 방위 등――이 더 상징작용을 발휘하는 '상징부호'의 단계에 진입한 것이다.
204 "Is a ritual goblet that is not a ritual goblet really a ritual goblet? Is it a ritual

goblet?"(David L. Hall and Roger T. Ames, *Thinking Through Confucius*, Albany, State University of New York Press, 1987, p. 270)

205   "A *gu* ritual drinking vessel that is not a *gu* ritual drinking vessel——a *gu* indeed! A *gu* indeed!"(Roger T. Ames and Henry Rosemont Jr., trans. and introd., *The Analects of Confucius: A Philosophical Translation*, p. 109)

206   "Even if a *gu* is not used as a *gu*, it is indeed a *gu*, it is indeed a *gu*."(Raymond Dawson, trans., *Confucius: The Analects*, Oxford and New York, Oxford University Press, 1993, p. 22) 이는 설사 祭器로 사용되지 않는다 하더라도 觚는 여전히 觚라고 단정한 해석이다. 이 해석은 『논어』의 도처에 등장하는 은유적 비유의 메커니즘을 무시하고 사실관계에 입각한 논리만 고려하였으며, 나아가 보기 드물게 '哉'를 한탄이 아닌 단정으로 규정하고 있다. 이는 공자의 참뜻을 크게 왜곡한 것이다.

207   "A *gu* not used as a *gu*. What a *gu*! What a *gu*!"(E. Bruce Brooks and Taeko Brooks, *The Original Analects: Sayings of Confucius and His Successors*, New York, Columbia University Press, 1998, p. 36)

208   "A *gu* ritual vessel that does not function as a *gu* ritual vessel. An inauthentic *gu*! An inauthentic *gu*!"(Wayne Alt, "Ritual and the Social Construction of Sacred Artifacts: An Analysis of Analects 6.25", *Philosophy East & West*, Vol. 55, No. 3, 2005)

209   "A cornered vessel without corners——A strange cornered vessel! A strange cornered vessel!"(James Legge, 앞의 책, p. 192)

210   Georges Nataf, *Symboles Signes et Marques*, Paris, Berg International, 1981; 金正蘭 역, 『상징·기호·표지』, 서울, 1995, p. 267에서 재인용.

211   기호학에서 記表는 기호의 표현면이고, 記意는 기호의 내용면을 말한다. 즉 기표는 '기호로 가리키는 것'이고 기의는 '기호에 의해 가리켜 지는 바'이다.

212   意象思惟는 감성형상과 추상의의가 결합된 기호적 사유로써, 감성적 지각표상과도 다르고 이성적 추상개념과도 다른, 구체적 형상을 통해 추상의의를 표현하는 것을 말한다.(蒙培元,「中國傳統思維方式的基本特徵」, 張岱年·成中英 등, 『中國思維偏向』, 北京, 中國社會科學出版社, 1991, p. 26 참조)

213   "子曰, 書不盡言, 言不盡意. 然則聖人之意其不可見乎. 子曰, 聖人立象以盡意, 設卦以盡情僞, ……."(『周易·繫辭上』)

214   "得意在忘象, 得象在忘言"(『周易略例·明象』). 여기서 '忘'은 실제적 의미가 없다. 다만 言意관계에서의 象의 역할을 강조하는 기능을 할 뿐이다.

215 "觚哉觚哉, 言非觚也. 以喩爲政不得其道則不成"(何晏 集解, 『論語注疏』 卷6), "作觚而不用觚法, 觚終不成. 猶爲政而不用政法, 豈成哉. 疾世爲政不用政法, 故再言焉"(皇侃 義疏, 『論語集解義疏』 卷3), "有觚之實, 然後有觚之名. 有觚之名而無觚之實, 則觚不觚矣. 尚得謂之觚哉, 詩有南箕北斗之喩, 揚子雲有象龍之論, 凡皆譏其有名無實者也. 孔子之時, 實不稱名者多矣, 故其歎如此"(陳祥道, 『論語全解』 卷3), "朱子: '不觚者, 蓋當時失其制而不爲棱也'; 程子: '觚而失其形制, 則非觚也. 擧一器, 而天下之物, 莫不皆然. 故君而失其君之道, 則爲不君. 臣而失其臣之職, 則爲虛位'; 范氏: '人而不仁, 則非人, 國而不治, 則不國矣'"(朱熹, 『論語集註』 卷3), "夫子之意, 本爲觚發而推之, 則天下之物皆然也. 上觚指其器, 下觚指其制, 觚哉觚哉嘆之失其制也"(朱熹, 『四書或問』 卷11), "伊川解日, 觚而失其形制, 則非觚也. 故君而失其君之道, 則爲君不君, 臣而失其臣之職, 則爲虛位. 又語錄曰, 觚之爲器不得其法制, 則非觚也. 擧一器, 而天下之物, 莫不皆然. 天下之事, 亦猶是也. 范曰, 觚之爲器, 必有法焉. 不合於法則不觚, 不觚則不足以爲器矣. 故曰觚哉. 擧一器, 而天下莫不皆然. 人而不德, 則不人. 國而不治, 則不國矣. 呂曰. 名失其實, 非特在觚. 謝曰, 觚之所以爲觚者, 以其合度也. 器不合度, 尚何觚之可名哉. 猶學者一不中節, 雖賢者, 猶爲過之, 則非禮之禮, 非義之義, 雖禮, 非禮. 雖義, 非義也. 楊曰, 名者, 人治之大. 故孔子爲衛以正名, 爲先觚而不觚, 則何爲哉. 尹曰, 觚之不觚, 不得爲觚矣. 猶爲君必盡君道, 爲臣必盡臣道, 推之事物, 亦如是而已"(朱熹, 『論語精義』 卷3下), "觚而失所以爲觚之制, 其得謂之觚乎. 故有是物必有是則. 苟失其則, 實已非矣. 其得謂是名哉. 故凡言君不君臣不臣父不父子不子, 皆以失其則故也. 至於人生於天地之中, 其所以名爲人者, 以天之降善無不備也. 失其所以爲人之道, 則雖名爲人也, 而實何如哉. 聖人重歎於觚意, 蓋深遠矣"(張栻, 『論語解』 卷3), "大約指禮敎言, 知和而不知禮, 是破觚而爲圓也. 故聖人歎之"(劉宗周, 『論語學案』 卷3) 등.

216 『論語·顏淵』

217 그런데 우리는 '觚不觚'에서의 '名—형상' 도식과 "君君臣臣父父子子"에서의 '名—역할' 도식을 분간하지 못하고 동일하게 파악하는 경우를 볼 수 있다. 예컨대 W. Alt가 이러한 오류를 범하고 있다. "The ruler must rule, the minister minister, the father father, and the son son." "Excellent!" exclaimed the Duke. "Indeed, if the ruler does not rule, the minister not minister, the father not father, and the son not son, even if there were grain, would I get to eat of it?"(Ames and Rosemont, *The Analects of*

Confucius, p. 136) "It is instructive to note how Ames and Rosemont treat constructions such as *fu bu fu* 父不父 and *zi bu zi* 子不子 in this passage. They translate the second occurrences of *fu* and *zi* as verbs of action: "The father (does not) father" and "The son (does not) son." Since both constructions are grammatically identical to *gu bu gu* 觚不觚, one can only wonder why they treat the second occurrence of *gu* in 6.25 as a noun phrase rather than a verb of action. Following their lead in 12.11, I suggest that 6.25 be rendered into English as follows: "A *gu* ritual vessel that does not function as a *gu* ritual vessel. An inauthentic *gu*! An inauthentic *gu*!"(Wayne Alt, 앞의 논문, p. 468 주)22) "觚不觚, 觚哉, 觚哉."에 대한 Alt의 이 번역은 문제가 있다. Ames가 의식했을지는 몰라도, 父不父의 구조에서 父는 그 자체로 행위성을 내재한 (행위할 것을 의도한) 것이지만, 觚不觚에서의 觚는 다만 code를 내포한 형상(상징)을 전달하는 역할만 하는 icon이기 때문에 행위동사가 아닌 명사로 처리하는 것이 타당하다. Alt는 같은 논문에서 이와 연관된 유사한 오류를 또 다시 범하고 있다. "A *gu* is what it is only because it is used, or can be used, as the rites of the ancient *Shang* rulers prescribed that a *gu* should be used. Analogously, an exemplary person is exemplary because he or she practices the rites and follows the rules of propriety with the sort of precision and emotional tone called for by the situation. One way to read 6.25 is as a warning to the student of the Confucian way. A comparison is being made. The constitution of sacred artifacts through their use as prescribed by the rites is being compared with the social construction of exemplary persons through their adherence to appropriate rules and conventions of propriety."(Wayne Alt) 여기서 그가 말하고 있는 것은 결국 正名의 문제이다 그러나 觚와 君子를 연결함에 있어 觚에 대한 대목(it is used)의 해석에 문제가 있다. 君子가 禮(즉 형식/文)의 단련을 통해 진정한 군자가 된다는 구도와 상응하려면(그러한 결론을 도출해 내리면) 觚도 형상(squary)의 준수를 통해 진정한 觚가 된다는 식의 전제로 정의해야만 했다.

218 『論語·顔淵』
219 李澤厚 역시 6.25의 대목을 문학적 표현방식으로서의 類比思惟로 이해하고 있다.(李澤厚, 앞의 책, p. 182 참조)
220 이럴 때의 의인화는 "생명이 없는 사물을 비유의 형식으로 무엇인가를 생생하게 묘사하게 하는 데 도움을 주는, 요컨대 인간이 이 사물 속에서 자신이 설명하려는 것을 침투시켜 보고 있다는 것"(B. Snell, *Die Entdeckung des Geistes — Studien zur Entstehung des*

europäischen Denkens bei den Griechen, Göttingen, Vandenhoeck & Ruprecht, 1955; 김재홍 역, 『정신의 발견 — 서구적 사유의 그리스적 기원』, 서울, 까치, 1994, p. 307)을 의미한다. 이와 같은 의인화에는 두 가지 의미가 담겨 있다. 하나는 자신을 통해서 사물을 해석하는 것이고, 다른 하나는 사물을 통해서 자신을 표현하는 것이다. 다시 말하자면 심미주체의 주관적 관념인 인륜도덕을 심미객체로서의 자연물에 투사하여 이루어지는 이 심미는, 곧 인격미로써 자연미를 규정하고 평가하거나 혹은 자연미로부터 인격미를 향수하는 것이다.(졸저, 『소나무와 나비: 동아시아 미학의 두 흐름』, p. 71 참조)

221 대나무 그림을 예로 들어 설명해 보자. 굳은 절개가 있는 군자는, 사계절에 걸쳐 울창한 常綠과 곧은 가지라는 物性을 지닌 대나무에 미적 관심을 가지고 이에 그것을 회화제재로 삼는다. 이제 두 번째 단계로, 그림 속에서 그 대나무는 어떠한 상황에도 변하지 않는 높은 지조와 기개를 보여주는 자신을 반영하는 피사체가 된다. 실물로서의 대나무는 소멸되고 자신의 정신세계를 나타내주는 상징으로서의 대나무가 탄생한 것이다. 이것이 예술이며, 예술효과는 다음 세 번째 단계에서 일어난다. 감상자는 이 대나무 그림을 보고 선·색·구도의 미술적 아름다움을 감상하는 것이 아니라 지조와 기개라는 '가치'를 읽는다. 그리하여 대나무에 의해 도덕적으로 강화된 심미주체는 이제 오직 자신의 덕성과 유사한 물성을 지녔다는 이유로 대나무로부터 미감을 느끼게 된다. 이러한 순환이 어느 정도 지속되면 대나무는 특정한 덕성의 상징이 되어버릴 뿐 아니라 사람들도 이제 대나무를 자연사물로서가 아니라 특정한 덕성의 대체물이자 상징물로 인식하게 된다. 따라서 이 심미체험의 핵심어는 궁극적으로 지조나 기개가 아니라 바로 대나무이다.

222 전통이란, 집단이 공유하는 형식(禮)에 대한 준수라는 자기상징기능을 통해 소속감을 확인하고 이 소속감을 바탕으로 '擬似信念〈객관적, 합리적 근거와 기준 없이 스스로만의 도덕적 근거와 기준에 의한 신념〉에 대한 자기확신'을 공고히 함과 동시에 그 의사신념을 다시 집단 공유의 신념으로 변모시키는 전 과정으로서의 총합체이다.

223 형상적 정보에 의미와 가치가 부여되면 그 형상에서 이데올로기가 생산된다. 다시 말해서 시각적 형상들로부터 인식적 이데올로기가 생산되는 것이다. 이러한 이데올로기를 시각적 이데올로기라 부를 수 있다.

224 『논어』에서의 예악붕궤를 비판한 例는 다음과 같다. "非其鬼而祭之, 諂也"(『論語·爲政』), "季氏八佾舞於庭"(『論語·八佾』), "三家者, 以雍徹"(『論語·八佾』), "季氏旅於泰山"(『論語·八佾』), "禘自旣灌而往者……"(『論語·八佾』), "邦君樹塞門,

管氏亦樹塞門"(『論語・八佾』) 등.

225 正名에서의 '正'의 의미는 일반적으로 'rectification'으로 英譯된다. 한편 David L. Hall과 R. Ames는 '正'을 'ordering'으로 이해한다. (David L. Hall and Roger T. Ames, *Thinking Through Confucius*, p. 268 참조)

226 『論語・述而』

227 『論語・顔淵』

228 Kurtis Hagen은 仁・君子・禮 등의 새로운 의미 혹은 개정된 의미의 창출을 正名으로 이해하고 있다. "Infusing new meaning into existing terms for constructive purposes is an important part of the *zhengming* process and it is widely accepted that Confucius, though claiming to be a mere transmitter and not an innovator, did precisely this." ("*Xunzi*'s Use of *Zhengming*: naming as a constructive project", *Asian Philosophy*, Vol. 12, No.1, 2002, p. 35) Hagen은 공자가 의도하는 正名이 '의미의 창출'이 아니라 '名—형상'과 '名—역할' 관계의 준수임을 이해하지 못하고, 그것을 아마도 荀子의 正名 개념과 혼동하고 있는 듯싶다. 仁・君子・禮 등의 새로운 의미 혹은 개정된 의미의 창출은 正名이 아니라 다른 새로운 용어, 예컨대, 'renovation of names' 혹은 Hagen 자신의 표현대로 're-characterizing(위의 논문, p. 36) of names'로 달리 범주화해야 할 것이다.

229 "子曰, 視其所以, 觀其所由, 察其所安, 人焉廋哉, 人焉廋哉."(『論語・爲政』) "My virtue, my emotions, my intentions are confirmed only insofar as they are seen by, and exposed to, the intersubjective field of vision of others."(Lee Seung-whan, "Yugajok mom gua sosokduen sam" (The Confucian body and the life of belonging), Jontong gua hyundae (Tradition and modernity), Summer 1999, pp. 16-51 at p. 22; Hahm Chaibong, "Confucian Rituals and the Technology of the Self: A Foucaultian Interpretation", *Philosophy East & West* Volume 51, Number 3 July 2001, p. 317에서 재인용) "The Confucian body, then, can be "read" or "decoded" by others. Even my virtue, my inner thoughts, and my intentions are always exposed and revealed through the body."(Hahm, 위의 논문, p. 317) 예악체계를 국가권력의 종속체가 아닌 내재권력의 종속체로 만들기 위해서, 유가는 예악이 갖는 형식성과 개체의식의 연관성에 주목한다. 여기서 유가가 예악체계로 기대하는 효과는 순종이다. 그러나 그러한 순종은 최종적으로 신체를 조작함으로써 가능하다. 각종 예법에 보이는 자세와 횟수, 그리고 표정 등 신체조작으로부터 나오는 상징성은 궁극적으로 관념과 사고를

구속하게 되기 때문이다.(졸저,『유가사유의 기원』, pp. 172-176 참조)

230 "어떤 사회에선 신체는 매우 치밀한 권력의 그물 안에 포착되는 것이고, 그 권력에 신체의 구속이나 금기, 혹은 의무를 부과해 왔다. 그렇지만 기술적인 측면에서 몇 가지 사항이 새로운 것이다. 첫째, 통제의 규모가 다르다. 즉 분리할 수 없는 단위로서 신체를 한 덩어리로, 대량으로 다루는 것이 문제가 아니라, 세세하게 신체에 작용하고 미세한 강제력을 신체에 행사하며 기계적인 수준 — 운동, 동작, 자세, 속도 — 에까지 그 영향력을 확보하는 것이 이제는 문제가 되었다. 즉 활동하고 있는 신체에 미치는 미세한 권력이 문제가 된 것이다. 둘째, 통제의 대상이 다르다. 그 대상은 행위의 의미 있는 구성요소나 혹은 신체의 표현형식이 아니라, 동작의 구조와 유효성, 그리고 그 내적 조직인 것이다. 구속의 대상은 신체의 기호가 아니라 체력이어서, 참으로 중요한 단 하나의 의식은 바로 훈련의 의식이다. 셋째, 통제의 양상이 다르다. 그것은 활동의 결과보다는 활동 과정에 주목하여, 지속적이고 확실한 강제력을 전제삼아서 최대한으로 상세하게 시간과 공간, 그리고 운동을 바둑판 눈금처럼 분할하는 기호체계화에 의거하여 행해진다. 신체의 활동에 대한 면밀한 통제를 가능케 하고, 체력의 지속적인 복종을 확보하며, 체력에 순종—효용의 관계를 강제하는 이러한 방법을 바로 '규율'이라고 부를 수 있는 것이다."(Michel Foucault, *Surveiller et Punir*, 1975, translated from the French by Alan Sheridan, *Discipline and Punish: The Birth of the Prison*, Westminster, MD, USA: Vintage, 1995; 吳生根 譯,『감시와 처벌 — 감옥의 역사』, 서울, 나남출판, 1996, pp. 205-206)

231 공자가 政事의 첫 조치로 正名을 거론한 것도 바로 이 점 때문이다. "子路曰, 衛君, 待子而爲政, 子將奚先. 子曰, 必也正名乎. 子路曰, 有是哉, 子之迂也, 奚其正. 子曰, 野哉, 由也. 君子, 於其所不知, 蓋闕如也. 名不正則言不順, 言不順則事不成, 事不成則禮樂不興, 禮樂不興則刑罰不中, 刑罰不中則民無所措手足."(『論語·子路』)

232 "The rectification of names demands reliance upon a concrete standard. The standard that Confucius took as his basis was the institutional system of the Chou's flourishing period."(蕭公權, *A History of Chinese Political Thought*, Trans. Frederick W. Mote, Princeton, Princeton University Press, 1979, p. 270)

233 "顔淵問爲邦, 子曰, 行夏之時, 乘殷之輅, 服周之冕, 樂則韶舞."(『論語·衛靈公』)

234 『論語·衛靈公』

235 공자는 과거의 일에 모두 이유가 있었을 것이란 점을 거론한 바 있다. 예컨대 그 예를

『荀子』에서 찾아볼 수 있다. "子貢觀於魯廟之北堂, 出而問於孔子曰, 鄕者, 賜觀於太廟之北堂, 吾亦未輟, 還, 復瞻被九蓋皆繼, 被有說邪? 匠과絕邪? 孔子曰, 太廟之堂, 亦嘗有說, 官致良工, 因麗節文, 非無良材也, 蓋曰貴文也."(『荀子·宥坐』)

236 "古人制器必尙象, 以一匜言之. 上圓象天, 下方象地."(楊愼, 『丹鉛續錄』卷1)

237 공자 스스로 商代의 禮를 볼 수 없다고 말했다. "子曰, 夏禮, 吾能言之, 杞不足徵也. 殷禮, 吾能言之, 宋不足徵也. 文獻, 不足故也, 足則吾能徵之矣."(『論語·八佾』)

238 그렇다면 사실 공자가 언급한 不觚의 내용이 扉稜이 없는 觚가 아니라 2升 용량을 준수하지 않은 觚라 하여도 논지는 그대로 유효한 것이다.

239 "사물은 우리가 보기 때문에 존재하는 것이고, 우리가 무엇을 어떻게 보는가 하는 것은 우리에게 영향을 끼쳐 온 예술에 의존한다. …… 지금 사람들이 안개를 보는 것은 거기에 안개가 있기 때문이 아니라, 시인이나 화가들이 그 안개 효과의 신비스런 아름다움을 그들에게 가르쳐 왔기 때문이다."(Oscar Wilde, *Intentions*, New York, Albert & Charles Boni, 1930, p. 41) 와일드의 이러한 기조는 "예술이 삶을 모방하는 것이 아니라 삶이 예술을 모방"(Oscar Wilde, 앞의 책, p. 39)한다는 전제에서 나온다. "사군자에서의 대나무를 예로 들어 이러한 顚倒된 모방을 설명해 보자. 사람들이 사물로서의 대나무나 작품으로서의 대나무그림을 애호하는 것은 무슨 까닭일까? …… 대나무 자체가 더 할 수 없는 아름다움을 뿜어내기 때문은 아니다. 역대로 수많은 유가적 예술가들이 유가적 德性을 전파하기 위해 다양한 장르의 예술로써 대나무의 아름다움을 과분할 만큼 칭송해 왔다는 데 답이 있다. 그런데 이러한 정황이 어느 정도 지속되면 대나무는 특정한 덕성의 상징이 되어버릴 뿐 아니라 사람들도 이제 대나무를 자연사물로서가 아니라 특정한 덕성의 대체물, 상징물로 인식하게 된다. 즉 예술가들이 행해 왔던 그러한 칭송의 느낌이 어느덧 내 자신의 미적 판단처럼 교묘하게 자리 잡게 되어 버리는 것이다. 따라서 자연으로서의 대나무는 유가적으로 정형화된 예술의 옷을 입고 있는 셈이 된다. 달리 말하자면 심미주체에 의해 포착된 자연이 거꾸로 예술을 모방한다는 얘기다. 유가예술정신에서의 '표현'이 갖는 구조를 굳이 이른다면, 바로 '자연을 모방하는 예술'이 아닌 '예술을 모방하는 자연'이라 하겠다."(졸저, 『소나무와 나비』, pp. 126~127)

240 David Swartz, *Culture and Power: the Sociology of Pierre Bourdieu*, the University of Chicago Press, 1997; 陶東風 역, 『文化與權力: 布爾迪厄的社會學』, 上海, 上海譯文出版社, 2006, pp. 7-9 참조.

241　David Swartz, 앞의 책, p. 88.
242　Pierre Bourdieu가 분석한 문화자본의 세 가지 존재양상은 다음 글에 나온다. J. G. Richardson ed., "The forms of capital", In *Handbook of Theory and Research for the Sociology of Education*, New York, Greenwood Press, 1986, pp. 241-258; David Swartz, 앞의 책, pp. 88-89 참조.
243　이러한 신체화 형식으로 존재하는 문화자본은 어릴 때부터 쌓이는 것이기에, 보르디외는 아동에게 문화차이의 민감성을 교육하는데 시간을 쏟을 것을 요구한다.(David Swartz, p. 88)
244　확대된 고등교육은 커다란 교육(학위)시장을 창출했고, 이러한 시장은 현재의 사회계급구조의 재생산 방면에 결정적인 의의를 갖는다고 본 것이다. 그래서 부모들은 자식들에게 좋은 교육을 시키기 위해 투자하는 것이, 그들이 직업시장에서 유리한 지위를 점하는 관건이라 생각한다. 이러한 투자의 과정은 경제자본에서 문화자본으로의 전화를 포함한다.(David Swartz, 앞의 책, p. 89)
245　葉舒憲은 商代의 官學으로부터 춘추시기 孔門私學에 이르기까지 上古의 敎學체제는 書寫문학이 아닌 口頭전통으로 이루어졌음을 지식고고학적 각도에서 고찰한 바 있다. 자세한 것은 葉舒憲, 앞의 논문, pp. 66-74 및 본서 제1장 3절 참조.
246　"In Confucianism, what determines and confirms my being is not the metaphysical, the transcendental, or the rational, but my physical body and the intricate intersubjective social network within which it is placed."(Hahm, 앞의 논문, p. 317)
247　다음 구절들에서 그 좋은 예를 볼 수 있다. "曾子有疾, 召門弟子曰, 啓予足. 啓予手. 詩云, 戰戰兢兢, 如臨深淵, 如履薄冰. 而今而後, 吾知免夫. 小子"(『論語·泰伯』), "子曰, 視其所以, 觀其所由, 察其所安. 人焉廋哉. 人焉廋哉."(『論語·爲政』)
248　마지막 두 구, "席不正"~"不親指"는 의미가 모호하여 지금까지도 해석이 분분한데, 여하간 공자의 일상에 대한 묘사는 아니다. 한편 呂大臨은 『四書辨證』에서 이를 다음과 같이 분류한 바 있다. '言語之變'("孔子於鄕黨"~"誾誾如也"), '容貌之變'("君在踧踖如也"~"私覿愉愉如也"), '衣服之變'("君子不以紺緅"~"必有明衣"), '飮食之變'("齊必變食"~"必齊如也"), '應事接物之變'("席不正不坐"~"不親指")(程樹德 撰, 『論語集釋』 二, 北京, 中華書局, 2006, p. 636)
249　김기주·황지원·이기훈 역주, 『공자성적도』, 서울, 예문서원, 2003, p. 2.
250　JULIA K. MURRAY, "The Temple of Confucius and Pictorial Biographies of the Sage", *The Journal of Asian Studies*, Vol. 55, No. 2 (May, 1996), p. 271 참조.

251 『孔子聖蹟圖』는 여러 media와 다양한 판본으로 제작되었다. 본 논문은 『孔子聖蹟圖』의 도판에 대해 기호학적 분석에 한하므로 media 및 판본 사이의 형식적, 양식적 특징에 대한 비교 혹은 고찰은 고려하지 않고, 여러 판본 가운데 하나만을 예시 대상으로 삼기로 한다. 이 글에서는 孔廟에 所藏된 石刻版本으로 제작한 孔祥林 主編의 『孔子聖蹟圖』(濟南, 山東友誼出版社, 1997)를 저본으로 한다. 모두 104폭의 그림 중 이 글에서는 58폭의 도판을 사용하였다. 『孔子聖蹟圖』의 역사에 대해서는 孔祥林의 앞의 책, 서론 및 Murray의 앞의 논문 pp. 269-277 참조.

252 『孔子聖蹟圖』에는 『論語·鄕黨』에 나타난 공자의 일상 동작이 모두 이미지화되어 나타나는 것도 아니고, 또 『論語·鄕黨』에 나오는 일상 동작만 이지미화된 것도 아니다.

253 이하 동작 도판은 『孔子聖蹟圖』각각의 전체 그림 가운데 공자의 모습만 캡처한 것이다. 한편 도판 일련번호와 표제 역시 이 책의 표기를 따른다.

254 각기 항목에 해당하는 그림 가운데 하나씩만 예시하도록 한다.

255 아래 원문은 「鄕黨」편에 나오는 내용이다.

256 경우에 따라서 공자와 상대하는 특정한 사람〈공자보다 높은 계층〉도 공자에 상응하는 크기로 그려져 있다.

257 원근법을 무시한 듯한 수평적 구성은 畵法의 미숙함을 의미하는 것이 아니라 주제와 이데올로기에 따른 또 다른 재현 기법을 의미하는 것이다. 그것은 서양화의 세계와는 또 다른 세계의 에피스테메(episteme)를 반영한다.(박소현, 「권력, 이미지, 텍스트 - 明淸代 公案 삽화를 중심으로」, 성균관대 大東文化硏究院, 『대동문화연구』 61집, 2008, p. 282) 두루마리에 그려진 동양화는 수평으로 이동하는 움직이는 시선과 시간의 흐름을 반영하고 있기 때문에 동양화는 시각여행 또는 회화적인 서사라고 불리기도 한다.(우훙 저, 서성 역, 『그림 속의 그림 - 중국화의 매체와 표현』, 서울, 이산, 1999, p. 61 참조; 박소현, 앞의 논문, p. 282에서 재인용)

258 이른바 正面性의 원리는 J. Lange 및 A. Erman이 발견한, 고대 이집트 예술에 보이는 인체묘사의 법칙이다. 이 법칙에 따르면, 이집트 예술에서의 인체는 그것이 어떠한 자세를 취하고 있든 간에 가슴의 평면만은 그 전부가 감상자 쪽, 즉 정면으로 향하도록 묘사된다. 따라서 상체는 한 줄의 수직선에 의하여 서로 똑같은 두 개의 부분으로 대칭 분할된다.(Arnold Hauser, *Sozialgeschichte der Kunst und Literatur*, München, C. H. Beck'sche Verlagsbuchhandlung, 1953; 白樂晴 역, 『文學과 藝術의 社會史 - 古代·中世篇』, 서울, 창작과 비평사, 1995, p. 49 참조) 이런 점에서 보면 인체묘사의 법칙으로서의 정면성의 원리는 궁극적으로 절대적 권위, 초인간적 위대함, 신비적인 위

엄 등을 표현하려는 것이었다고 할 수 있다. 여기에는 두 가지 심리적 동기가 작용하고 있다. 하나는 엄격한 태도의 인물묘사를 통하여 그 정중함에 의례적인 형식주의의 위용을 부가하는 것이고, 다른 하나는 정면성의 원리에 바탕을 두고 그려진 인물의 권위를 감상자에게 전달하여 그들도 그 권위의 엄격함에 상응하는 심리적 畏敬을 갖게 하려는 것이다.(졸고, 「'亞'形의 正面尊重主義: 유가미학의 原型 패러다임 분석」, 성균관대학교 유교문화연구소, 『유교문화연구』 18집, 2011 참조)

259 『聖賢像贊』은 明代 崇禎시기(1628-1644) 呂維祺(1587-1641)가 편찬한 版畵書로, 孔子와 그의 제자들 및 明代 呂兆祥에 이르기까지 많은 賢人들의 肖像이 간략한 傳記과 역대 帝王 및 名人들의 讚과 더불어 묘사되어 있다.

260 〈聖蹟圖〉는 『孔子聖蹟圖』를, 그리고 〈像贊〉은 『聖賢像贊』을 각각 가리킨다. 별도 표기가 없을 때는 『聖賢像贊』의 그림이다.

261 예컨대, "吾從周"(『論語·八佾』), "拜下, 禮也. 今拜乎上, 泰也. 雖違衆, 吾從下."(『論語·子罕』)

262 예컨대, "子曰, 麻冕, 禮也. 今也純, 儉, 吾從衆."(『論語·子罕』)

263 "의사소통의 목적에 따라 차이가 있겠지만, 보통 일상적인 언어생활에서의 의사소통은 언어에 의해 실현되는 것이 30%를 넘지 않고 반면에 비언어적 소통 수단인 몸짓에 의한 실현이 70%에 해당한다고 한다. 그리고 이 30%에 해당하는 언어적 요소도 순수한 언어적 표현보다는 강세나 어조에 의한 비중이 더 크다고 한다. 우리의 일상 언어생활에서 많은 말을 하고 있는 것 같지만 대부분이 동작이고 언어 소통도 말하는 것보다는 듣는 시간이 더 많은 것이 사실이다."(성광수/김성도, 「한국인의 언어 예절과 신체 언어」, 한국기호학회 엮음, 『몸짓 언어와 기호학』, 서울, 문학과지성사, 2002, p. 88.)

264 〈표10〉을 보라.

265 意象 구조는 형상을 통해 의미를 표현하는 방식을 말하는 것으로, 기호학에서 말하는 記表와 記意의 관계와 같은 체계이다.

266 즉 공자의 몸짓은 비언어적(non-verbal) 언어로서의 신체 언어(body language)라 할 수 있다. 신체언어는 통상 "말을 하지 않고 자신의 감정이나 뜻을 나타내는 방법으로서 신체적 동작이나 신호의 사용"(Longman, *Dictionary of English Language and Culture*) 혹은 "말보다는 신체의 부위나 동작으로써 자신의 사상이나 감정을 남에게 보이는 수단"(Collins Cobuild, *English Dictionary for Advanced Learners*)으로 이해된다.

267 시각이데올로기는 말하자면 그림의 재현적 형상들 속에서 생산된 이데올로기, 다시 말해서 '시각적 형상들로부터 생산된 인식 이데올로기'를 말한다. 예컨대 사군자라 부르

는 문인화 가운데 하나인 대나무 그림에서, 대나무라는 재현된 형상이 실질적으로 말하는 것은 하나의 식물이 아닌 '君子의 기개'라는 도덕성, 즉 인식 이데올로기이다. 필자는 이처럼 형상이 생산(표현)하는 이데올로기를 시각 이데올로기라 부른다.

268 '公的인 害의 原理'는 공공의 이익이 제도의 실행에 대한 침해를 막으려 할 때 개인의 자유를 제한하는 처사가 정당화될 수 있다는 점의 근거를 말한다.(Joel Feinberg, *Social Philosophy*, Englewood Cliffs, New Jersey, Prentice-Hall, Inc., 1973; 문창옥 역, 『사회철학』, 서울, 종로서적출판주식회사, 1992, pp. 41-46 참조)

269 신체에 대한 禮의 속박은 『禮記·內則』에 잘 나타나 있다.

270 『左傳·昭公二十五年』에 나오는 禮에 대한 설명이 바로 이 점을 실증한다.("子大叔見趙簡子. 簡子問揖讓周旋之禮焉. …… 謂之成人, 大不亦宜乎.")

271 Hayek가 *The Constitution of Liberty*, Chicago, The Univ. of Chicago Press, 1960, p. 160에서 인용한 M. Polanyi의 말이다.(石元康, 「自發的秩序與無爲而治」, 香港, 『中國社會科學季刊』, 1994年 第7期, p. 92에서 재인용)

272 이 지점이 바로 공자가 최고의 경지로 설정한 "從心所欲, 不踰矩"(『論語·爲政』)의 단계이다.

273 石元康, 앞의 논문, p. 93.

274 "儒家에서 말하는 禮는 비록 아주 구체적인 일련의 典章이지만 이는 결코 政·刑과 等價物이 아니다. 禮의 목적과 작용은 비록 民을 제어하는데 있지만 그러나 그것은 政刑과 또 다른 성격을 갖는 것이다. 『禮記·樂記』에서 말하는 이른바 '禮以道(導)其志', '政以一其行, 刑以防其奸'에는 분명히 未然과 已然, 感化와 暴力의 구별이 있다."(龐樸, 『稂莠集 — 中國文化與哲學論集』, 上海, 上海人民出版社, 1988, p. 246)

275 Michel Foucault, 앞의 책, pp. 228-231 참조.

276 졸저, 『유가사유의 기원』, p. 176.

277 "[Ethos] was the subject's mode of being and a certain manner of acting visible to others. One's ethos was seen by his dress, by his bearing, by his gait, by the pose with which he reacts to events, etc."(James Bernauer and David Rasmussen, eds., *The Final Foucault*, Cambridge, MIT Press, 1994, p. 6.; Hahm, 앞의 논문, p. 321에서 재인용) 또한 "유가 전통에서 나의 존재를 확인시켜주는 것은 몸과 유리된 순수의식이 아니라, 나의 '몸'을 바라보는 공동체 안의 상호 주관적 시선이다."(이승환, 「'몸'의 기호학적 고찰—유가 전통을 중심으로」, 한국기호학회 엮음, 『삶과 기호』, 서울, 문

학과 지성사, 1997, p. 48) 이점을 잘 드러내는 구절을 『大學』에서 찾을 수 있다. "小人閒居, 爲不善, 無所不至, 見君子而后, 厭然揜其不善 而著其善, 人之視己, 如見其肺肝, 然則何益矣. 此謂, 誠於中, 形於外, 故君子必愼其獨也. 曾子曰, 十目所視, 十手所指, 其嚴乎."(「傳文」)

278 기호학에서의 일반적인 '명찰 붙이기(labelling)'는 도상 이미지를 통해 〈텍스트가 원래 의도한〉 정보를 전달하는 하나의 상황에 국한된다. 이러한 상황들은 각각 개별적이다. 하나의 텍스트(명찰)를 달고 있는 하나의 이미지는 하나의 정보를 제공하는 것으로 상황은 종료된다. 여기서는 "이미지가 주된 정보의 기초이고 텍스트는 보충이나 주석의 역할을 한다. 예컨대 멀티미디어적 장치가, 사람들이 정보를 받아야 하고 안내받아야 하는 공공장소, 박물관, 또는 작품 속에서 백과사전적인 대상의 그래픽적인 재현, 사진, 도면, 도식을 나타내는 경우이다."(Bernard Bosredon, "Communication non-verbale et Communication verbale dans l'interaction image/texte"(「이미지/텍스트 상호 작용에서 비언어적 커뮤니케이션과 언어적 커뮤니케이션」), 한국기호학회 엮음, 『몸짓 언어와 기호학』, 서울, 문학과지성사, 2002, p. 65) "도상적인 성격의 시각 정보와 언어적 정보를 연결시키는 명찰 붙이기를 위해서는, 우선 텍스트에 연결된 이미지 장치가 있어야 하고, 이 장치는 다음과 같이 말할 수 있도록 텍스트에 중립적인 관점을 유지해야 한다: '나는 텍스트가 말하는 바를 보여준다.' 그런 다음 이러한 실행이 다른 관계, 문맥상 혹은 구문상의 성격에서 같은 유형의 다른 장치들과 연관되어서는 안 된다. 달리 말하면, 이미지는 다른 이미지와 문맥상의 관계를 가지면 안 되며, 텍스트도 다른 텍스트와 문맥적으로 관계가 있어서는 안 된다. 이미지의 유일한 맥락은 명찰붙이기의 텍스트이며, 텍스트의 유일한 맥락은 이미지이다."(Bernard Bosredon, 같은 곳)

279 Roland Barthes, Annette Lavers trans., "Myth Today", *Mythologies*(1957), New York, Hill and Wang, 1972, pp. 116~121 참조; 박소현, 앞의 논문, p. 272에서 재인용.

280 『論語·鄕黨』등 공자와 연관된 텍스트를 明代에 보편적으로 이미지화한 것은 이러한 판각문화의 물질적 성숙과도 연관이 있다. 궁극적으로 판각 자체가 가지고 있는 '동일성의 반복'이라는 조건 때문에 텍스트의 이미지화는 애초 기대했던 것 이상의 성과를 거둔 셈이다.

281 "비록 존재론적으로는 한 사람의 내면성(감정과 의지)이 외면성(눈빛과 낯빛)에 우선한다고 할 수 있지만, 그 사람의 내면성에 대한 이해는 전적으로 밖으로 정시된 事象, 즉 눈빛과 낯빛이라는 '원본적 소여'에서 출발하는 수밖에 없다."(이승환,「'몸'의 기

호학적 고찰―유가 전통을 중심으로」, 한국기호학회 엮음, 『삶과 기호』, 서울, 문학과 지성사, 1997, p. 52)
282 이에 대한 자세한 설명은 Bernard Bosredon, 앞의 글, pp. 66-67 참조.
283 "人而不仁, 如禮何."(『論語·八佾』)
284 니부어(R. Niebuhr)는 귀족계급이 '有閑階級의 생활양식'을 찬양하였고, 이 예절을 도덕의 범주로 파악하였다고 말한다.(Reinhold Niebuhr, *Moral man and immoral society: a study in ethics and politics*, New York, Scribner, 1960, pp. 125-126 참조.) 또 단톤(Robert Darnton)은 新文化史를 논하면서, 계급을 결정하는 요인은 '계급' 자체라기보다는 '階級意識'이라는 계급구분법을 제시한 바 있다. 즉 계급의 구분에서 중요한 것은 마르크스(K. Marx)가 논했던 생산수단의 여부가 아니라 문화적 경험의 차이라는 것이다. 예컨대, 부르주아가 부르주아인 것은 생산수단을 소유하고 있기 때문이 아니라 그들이 '특유한 생활양식'을 발전시켜 그것을 소유했기 때문이라고 말한다.(조한욱, 『문화로 보면 역사가 달라진다』, 서울, 책세상, 2000, p. 11 참조.) 한편 小島毅도 송대 이후의 사대부들이 정치적, 사회적 지도자가 될 수 있었던 근원은 경제적인 계급 출신이라는 것보다는 '문화적인 위신'에 근거한 것이었다고 말하고 있다.(小島毅, 『朱子学と陽明学』; 신현승 역, 『사대부의 시대』, 서울, 동아시아, 2004, pp. 34-35 참조) 니부어가 말하는 '유한계급의 생활양식'이나 단톤이 말한 부르주아의 '특유한 생활양식'은 곧 문인계층의 '유가적 생활양식', 즉 六藝라 할 수 있다. 小島毅가 언급한 '문화적인 위신'은 바로 이러한 유가적 생활양식으로부터 세워지는 것임은 말할 나위가 없다.
285 "子曰, 君子無所爭. 必也射乎. 揖讓而升, 下而飮. 其爭也君子."(『論語·八佾』)
286 "子曰, 射不主皮, 爲力不同科, 古之道也."(『論語·八佾』)
287 "三揖而後, 升堂也. 下而飮."("子曰, 君子無所爭. 必也射乎. 揖讓而升, 下而飮. 其爭也君子"에 대한 朱熹註)
288 위에서 인용한 『論語·八佾』의 두 구절은 六藝와 威信의 관계를 보여주는 예인데, 여기서 문화차이를 생산하고 이로부터 위신을 구축하는 내용을 확인할 수 있다. "子曰, 君子無所爭. 必也射乎. 揖讓而升, 下而飮. 其爭也君子."(『論語·八佾』)에 대한 주희는 주석은 이렇다. "揖讓而升者, 大射之禮, 耦進, 三揖而後, 升堂也. 下而飮, 謂射畢揖降, 以俟衆耦皆降, 勝者乃揖, 不勝者升, 取觶立飮也."(朱熹, 『論語集註』) 또 "子曰, 射不主皮, 爲力不同科, 古之道也."(『論語·八佾』)에 대한 주희의 주는 이렇다. "古者, 射以觀德, 但主於中, 而不主於貫革, 蓋以人之力, 有强弱不同等也.

記曰, 武王克商, 散軍郊射, 而貫革之射息, 正謂此也. 周衰禮廢, 列國兵爭, 復尙貫革. 故孔子歎之."(朱熹, 『論語集註』) 여기서 "武王克商, 散軍郊射, 而貫革之射息, 正謂此也. 周衰禮廢, 列國兵爭, 復尙貫革. 故孔子歎之."는 바로 "射以觀德"의 근거이다.

289 그 도덕과 이상을 실현하기 위한 가장 효과적인 통로로 구상된 禮·신체규범·儀禮의 과정 등이 문화자원이다.

290 "개체와 집단은 각종 문화적, 사회적, 기호적 자원을 가지고 사회 질서 속에 처한 지위를 유지하고 개선하려 든다."(David Swartz, 앞의 책, p. 86)

291 "'몸의 언어'는 '정보 전달'의 기능보다는 공동체 안에서의 유대감을 공고하게 하기 위해 '공유하는 신념의 표상'을 나누어 갖게 하는 기능을 효율적으로 수행한다."(이승환, 앞의 논문, p. 44) "눈빛, 낯빛 뿐 아니라 의복과 말투까지 모두가 역학관계를 드러내주는 사회적 약호체계라고 할 수 있다. 사회적 약호가 갖는 주요기능은 수평관계 안에서의 '교감적 기능'과 수직관계 안에서의 '사회 통제 기능'에 있다."(이승환, 앞의 논문, p. 57)

292 儒敎의 영역 내에서 볼 때, 권력·유가·예술의 결합의 한 양상으로서의 『孔子聖蹟圖』의 생산은 두 가지 성격을 갖는다. 하나는 체계적 偶像化이고 다른 하나는 민간통속 사회에까지 폭넓게 침투하는 邊緣化이다. 체계적 우상화의 또 하나 구체적 예로는 孔廟를 들 수 있다. 공자가 '素王'으로 우상화된 것은 道統과 治統의 결합의 의미한다. 역대 제왕은 그들의 祖廟와 宗廟에 대한 제사를 통해 자신들의 정권전승의 정통성을 스스로 긍정하는 의식을 거행하는데, 이러한 상징적 내용의의를 孔廟에 덧씌움으로써 공자의 道統으로부터 추출할 수 있는 유가의 상징성을 治統에 이용하는 것이다. 그런데 이러한 문화현상의 중심은, 제사라는 매개를 통해 자신의 권위를 향촌사회에까지 확대하려는 권력의 기도에 의해 민간사회로까지 邊緣化하게 된다. 그러한 예는 關羽라는 三國시대의 영웅을 '關聖帝君'이라는 형상으로 각색한 데서 확인할 수 있다.(졸저, 『유가사유의 기원』, 결론 참조) 關帝의 儒家化 및 그 의의와 기능에 대해선, Prasenjit Duara의 *Culture, Power, and the State — Rural North China, 1900-1942*, Standford University Press, 1988; 王福明 역, 『文化, 權力與國家 — 1900-1942年的華北農村』, 南京, 江蘇人民出版社, 1995. pp. 127-134 및 雷頤의 「文化與權力」, 『二十一世紀』 1993年 10月 第19期에 잘 나타나 있다.

293 A. N. Whitehead, 앞의 책, p. 64.

294 儒敎의 '구원'과 '굴레'라는 양면성에 대해선, 졸저, 『유가사유의 기원』, 결론 부분

참조.

295 顧頡剛, 앞의 논문, p. 489 참조. 그는 이 논문에서『論語』에 '君子'라는 말이 7, 80회, '聖人'이란 말은 5회 기재되어 있다고 하였는데, 필자의 셈에 의하면 정확히는 聖人이 4회, 君子는 판본에 따른 차이를 감안하면 105-109회 기재되어 있다.

296 "子曰, 聖人, 吾不得而見之矣. 得見君子者, 斯可矣."(『論語·述而』)

297 "인류학의 입장으로부터 볼 때, 소위 '無所不通'한 聖人은 문명시대의 原始巫術形象에 대한 일종의 神化的 기억이다. '通乎大道'라는 것은 巫人이 超自然界와 서로 교왕하는 신비한 권능을 뜻하며, '應變不窮'은 巫人만이 지닌 法術的 기능을 나타내는 것이다. 정치통치가 종교통치를 대체한 周代에 이르러, 神의 신분을 가졌던 '聖人'들이 자연스럽게 그 주요지위에서 물러나게 되었을 즈음 정치권력을 장악한 계층인 君子들이 그들을 대신해 이데올로기의 무대를 점거해버렸다."(葉舒憲,『詩經的文化闡釋 ― 中國詩歌的發生研究』, 武漢, 湖北人民出版社, 1994, pp. 237-238)

298 Arthur Anthony Smith, *The Role of Values in the Social Theories of Max Weber and Jürgen Habermas*, Ann Arbor, Univ. Microfilms International, 1980; 김득룡 역,『베버와 하버마스』, 서울, 서광사, 1991, pp. 11-16 참조.

299 A. A. Smith, 앞의 책 p. 20 참조.

300 『論語·顏淵』

301 Clifford Geertz, 앞의 책, p. 353.

302 "神農時諸侯, 始造兵者也."(唐 陸德明 撰,『經典釋文』卷28「莊子音義下」)

303 "子謂韶, 盡美矣, 又盡善也. 謂武, 盡美矣, 未盡善也."(『論語·八佾』)

304 졸저,『유가사유의 기원』, pp. 62-63 참조.

305 "君子, 成人之美, 不成人之惡, 小人, 反是"(『論語·顏淵』), "色厲而內荏, 譬諸小人, 其猶穿窬之盜也與"(『論語·陽貨』).

306 "小人, 比而不周"(『論語·爲政』), "小人, 同而不和"(『論語·子路』), "小人, 不知天命而不畏也, 狎大人, 侮聖人之言"(『論語·季氏』).

307 "君子, 懷德, 小人, 懷土, 君子, 懷刑, 小人, 懷惠"(『論語·里仁』), "君子, 喩於義, 小人, 喩於利"(『論語·里仁』), "小人, 難事而易說也, 說之雖不以道, 說也. 及其使人也, 求備焉"(『論語·子路』), "小人, 下達"(『論語·憲問』), "小人, 求諸人"(『論語·衛靈公』), "小人之過也, 必文"(『論語·子張』).

308 Clifford Geertz, 앞의 책, p. 131.

309 "文質, 彬彬然後, 君子"(『論語·雍也』).

310 Sigmund Freud, *Totem and Taboo*, Tr. under the General Editorship of J. Strachey, London, The Hogarth Press, 1955; 김종엽 역, 『토템과 타부』, 서울, 문예마당, 1995, p. 46.

311 "身修而后家齊, 家齊而后國治, 國治而后天下平"(『大學』)

312 Reinhold Niebuhr, 앞의 책, pp. 30-31

313 Reinhold Niebuhr, 앞의 책, p. 25 참조.

314 孟子와 이타적 충동, 荀子와 이기적 충동의 각각의 관계에 대해서는 졸저, 『유가사유의 기원』, pp 273-281 참조.

315 이 새도매저키즘적 현상은 '지배—종속' 관계 뿐 아니라 관련된 사람들 사이에 공생적 의존관계가 있어야만 발생한다. Lynn S. Chancer, *Sadomasochism in Everyday life: The Dynamics of Power and Powerlessness*, 심영희 역, 『일상의 권력과 새도매저키즘』, 서울, 나남출판, 1994, p. 8 참조.

316 Clifford Geertz, 앞의 책, p. 205.

317 '망탈리테'는 사회문화 현상의 바닥에 자리 잡은 집단무의식으로 이해된다.(조한욱, 앞의 책, p. 39 참조)

318 Reinhold Niebuhr, 앞의 책, p. 123.

319 "君子, 喩於義, 小人, 喩於利"(『論語·里仁』)

320 "興於詩, 立於禮, 成於樂."(『論語·泰伯』)

321 "志於道, 據於德, 依於仁, 游於藝."(『論語·述而』)

322 문인예술은 詩書畵一體를 모토로 한다.

323 졸고, ""虛假文人"現象: 儒家美學範式在朝鮮後期藝術社會學裏的意義和價値」, 서울, 성균관대 유교문화연구소, 『儒敎文化硏究』(國際版) 6집, 2006.

324 조한욱, 앞의 책, p. 105.

325 金觀濤, 『在歷史的表象背後—對中國封建社會超穩定結構的探索』, 成都, 四川人民出版社, 1983, pp. 114-115.

326 자세한 것은 馮國瑞, 『系統論·信息論·控制論與馬克思主義認識論』, 北京, 北京大學出版社, 1991, 제7장 제4절 참조.

327 "克己復禮爲仁"(『論語·顔淵』)이란 대목을 상기해 보자. '仁'이라는 도덕은 바로 '禮'라는 형식을 통해 발현되는 것이다.

328 여기서의 양식이란 바로 아이콘과 코드의 조합을 의미한다.

329 朴一浩, 「E. 캇시러의 상징형식으로서 예술에 관한 연구」, 서울, 서울대 대학원 박사

학위 논문, 1996, p. 6 참조.

330 E. Cassirer, *AN ESSAY ON MAN—An Introduction to a Philosophy of Human Culture*, Yale Univ. Press, New Haven, 1944; 甘陽 譯, 『人論』, 上海, 上海譯文出版社, 1986, p. 33.

331 朴一浩, 앞의 논문, p. 42 참조.

332 朴一浩, 앞의 논문, p. 47 참조.

333 E. Cassirer, 『人論』, p. 203.

334 벨(C. Bell)은 예술이란 '미적 정서를 불러일으키는 의미있는 형식'이라고 정의한다. 그리고 미적 정서란 심미대상이 갖는 단일하고 정의될 수 없는 가치이고 직접적으로 경험되는 것인 바, 예술작품의 순수형식들에 의해서만 산출되며 삶의 경험으로 환원할 수 없는 그 자체로 독특한 가치라고 주장한다.(C. Bell, *Art*, 1913, Reprinted by arrangement with Chatto & Windus Ltd. Capricorn Books, New York, 1958, p. 17 참조; 朴一浩, 앞의 논문, p. 2에서 재인용-)

335 I. Kant, *Kritik der Urteilskraft*, Grossherzog Wilhelm Ernst Ausgabe, Druck von Breitkopf und Härtel in Leipzig; 宗白華 譯, 『判斷力批判』 上卷, 北京, 商務印書館, 1993, pp. 74-79 '심미판단의 제4계기(樣相)' 참조.

336 朴一浩, 앞의 논문, p. 63 참조.

337 "子擊磬於衛, 有荷蕢而過門者曰, 有心哉, 擊磬乎"(『論語·憲問』) 이 대목에서의 공자와 카시러의 상통은 다음의 朱熹 註에 잘 적시되어 있다. "此荷蕢者亦隱士也. 聖人之心, 未嘗忘天下, 此人, 聞其磬聲而知之, 則亦非常人矣."

338 E. Cassirer, *The Philosophy of Symbolic Form I*, tr. by R. Manheim, New Haven, Yale Univ. Press, 1953-1957; 于曉 等譯, 『語言與神話』, 北京, 生活·讀書·新知 三聯書店, 1992, p. 249.

339 "知者樂水, 仁者樂山. 知者動, 仁者靜"(『論語·雍也』)

340 "歲寒, 然後知松柏之後彫也."(『論語·子罕』)

341 "君子之德風, 小人之德草."(『論語·顏淵』)

342 錢鍾書는 중국의 觀物傳統의 특징적인 구조로 다음 두 가지를 지적한 바 있다. 하나는 생명이 없는 것을 생명이 있는 것으로 간주하는 것(animism)이고, 다른 하나는 사람이 아닌 것을 사람으로 간주하는 것(anthromorphism)이다.(錢鍾書, 『管錐編』, 北京, 中華書局, 1991, p. 1357 참조)

343 회화에서 형태라고 부르는 것, 즉 선·조형성·색채 등과 같은 순수하게 시각적인 것들

은 사실 그 어느 하나도 그 자체로서 가치를 지니는 것은 아니다. 조형적 가치는 존재하지 않는다. 존재하는 것은 조형성과 그것을 창조한 화가의 상상력과의 관계일 뿐이다.(Lionello Venturi, *Pour Comprendre la Peinture*; 정진국 역, 『회화의 이해』, 서울, 눈빛, 1999, pp. 17-18 참조) 벤츄리의 이러한 견해는 공자 및 유가의 미학체계의 성격에 대한 좋은 설명이다.

344 졸고, 「"'虛假文人'現象: 儒家美學範式在朝鮮後期藝術社會學裏的意義和價値」 참조.

345 졸저, 『아이콘과 코드: 그림으로 읽는 동아시아미학범주』, 서울, 미술문화, 2006, 서문 참조.

346 이러한 문인예술관의 뿌리는 사실 고대의 전통적인 유가적 사유형태에 닿아있다. "과거의 인물들을 분명코 영원한 '現存'으로 인식하도록 하고, 다른 한편으로 역사적 前例들을 참조하는 깊이 뿌리박힌 습관을 초래한다. …… 이 사실이 역사적 보기들을 사용해서 추상개념들을 만들어 내는 중국어의 경향을 설명해 준다. 달리 표현하면, 일반적으로 어떤 개인이 한 특별한 글자의 化身이 되고 있고, '독재자'라고 말하는 대신에 독재자의 이름을 사용하는 것이다."(V. A. Rubin, *Individual and State in Ancient China — Essays on Four Chinese Philosophers*, New York, Columbia Univ. Press, 1976; 임철규 역, 『중국에서의 개인과 국가 — 공자, 묵자, 상앙, 장자의 사상연구』, 서울, 현상과 인식, 1985, p. 39.)

347 이하 본문에서 예시하는 모두 20폭의 그림은 일찍이 아래 필자의 두 졸저에서 각기 다른 분류 기준에 의해 거론된 바 있다. 이 그림들에 대한 다른 각도의 미학적 설명에 대해선, 『아이콘과 코드: 그림으로 읽는 동아시아미학범주』 및 『상징과 인상: 동아시아미학으로 그림읽기』(서울, 학고방, 2007) 참조.

348 이 때문에 '君子畵'에 이러한 아이콘들이 복수로 출현하더라도 그것들은 모두 동일 속성을 지니는 것이기에 단일 아이콘에 의한 직접 제시형으로 취급하도록 한다.

349 "水陸草木之花, 可愛者甚蕃, 晉陶淵明, 獨愛菊, 自李唐來, 世人甚愛牡丹, 予獨愛蓮之出淤泥而不染, 濯淸漣而不妖, 中通外直不蔓不枝, 香遠益淸, 亭亭淨植, 可遠觀而不可褻翫焉. 予謂菊, 花之隱逸者也. 牡丹, 花之富貴者也. 蓮, 花之君子也. 噫! 菊之愛, 陶後鮮有聞, 蓮之愛, 同予者何人, 牡丹之愛, 宜乎衆矣."(周敦頤, 『周敦頤集』 卷三, 「雜著」)

350 유가철학 내에서, '經'이라 함은 절대 변할 수 없는 근본으로서의 도덕규범과 원칙을 의미한다. 이러한 도덕적 원칙은 시간과 장소의 구분 없이, 그리고 어떠한 상황 아래에

서도 반드시 적용되어야 하는 보편성이다. 한편 '權'은 어떤 특수한 상황 아래서는 經에 얽매이지 않는 임기응변을 발휘하는 것을 의미한다. 유가에서 말하는 '權'에 대해선 다음 문장 참조. "淳于髡曰, 男女授受不親, 禮與. 孟子曰, 禮也. 曰, 嫂溺, 則援之以手乎. 曰, 嫂溺不援, 是豺狼也. 男女授受不親, 禮也. 嫂溺, 援之以手者, 權也."(『孟子·離婁上』)

351 "知者樂水, 仁者樂山. 知者動, 仁者靜"(『論語·雍也』)

352 유가의 隱藏은 '入世的 隱居', 즉 적당한 시기에 다시 세상으로 나가 자신의 道를 펼칠 것을 기약하는 遁世이다. "用之則行, 舍之則藏"(『論語·述而』), "天下, 有道則見, 無道則隱"(『論語·泰伯』).

353 "文質彬彬, 然後君子."(『論語·雍也』)

354 '讀書人'은 문인사대부와 거의 중첩되는 의미와 내용을 가진 말이었다.(小島毅, 앞의 책, p. 34 참조) 訪友畵에서의 주인공은 대개 독서를 하고 있다.

355 『孟子·梁惠王下』

356 졸고, 「"虛假文人"現象: 儒家美學範式在朝鮮後期藝術社會學裏的意義和價値」 참조.

357 余英時, 『中國思想傳統的現代詮釋』, 南京, 江蘇人民出版社, 1991, p. 160.

358 "興於詩, 立於禮, 成於樂."(『論語·泰伯』), "志於道, 據於德, 依於仁, 游於藝."(『論語·述而』)

359 카시러는 상징형태 세계의 발전 과정을 "'繪畵的 묘사'에서 출발해 '口頭的 표현'을 거쳐 '방향성을 부여하며 다른 한편 실천으로 이끄는 앎'으로 연장된다."는 공식으로 요약한 바 있다.(Jürgen Habermas, *Vom sinnlichen Eindruck zum symbolischen Ausdruck*, Frankfurt am Main, Suhrkamp Verlag, 1997; 홍윤기 역, 『의사소통의 철학』, 서울, 민음사, 2004, p. 17 참조) 여기서 '회화적 묘사'를 아이콘의 배치로, 그리고 '구두적 표현'은 코드에 대한 암묵적인 상호 합의 아래 그 아이콘으로써 소통하는 것으로 이해한다면, 아이콘과 코드의 조합이 생산하는 시각적 이데올로기는 궁극적으로 창작자든 감상자든 심미주체로서의 문인들에게 '방향성을 부여하며 다른 한편 실천으로 이끄는 앎'을 제공하게 되는 것이다. 문인세계관에서 진행되는 아이콘과 코드의 조합 및 그것의 소통과 그 소통의 결과 혹은 기능의 전 과정이 카시러의 소위 상징형태의 발전 과정과 동일한 구조임을 알 수 있다.

360 E. Cassirer, *Symbol, Myth, and Culture*; 于曉 等譯, 『語言與神話』, pp. 189-194 참조.

361 공자가 왜 다음과 같은 형식파괴를 비난했는지 상기해 보라. "季氏八佾舞於庭", "三

家者, 以雍徹", "季氏旅於泰山", "禘自既灌而往者 ……", "邦君樹塞門, 管氏亦樹塞門" 등(이상 『論語・八佾』).

362 "〈아폴로적 인간은〉 中道를 지키고, 알려진 地圖 안에만 머무르며, 혼란을 일으키는 정신적인 상태에 대해서는 쓸데없이 참견하지 않는다."(R. Benedict, *Patterns of Culture*, 1934; 김열규 역, 『문화의 패턴』, 서울, 도서출판 까치, 1993, p. 96.) 아폴로적 인간 혹은 아폴로적 세계관에 대한 자세한 내용은 졸저, 『유가사유의 기원』, 제8장 10절 참조.

363 E. Cassirer, *The Philosophy of Enlightenment*, tr. by F. C. A. Koelln and J. P. Pettegrove, Boston, Beacon Press, 1955; 顧偉銘 等譯, 『啓蒙哲學』, 濟南, 山東人民出版社, 1996, p. 275.

364 E. Cassirer, 『人論』, p. 282 참조.

365 "형식, 구성 등에 대한 모든 고려가 전적으로 선전에 대한 고려에 종속되는 경우에만 예술이 선전선동이 된다."(Janet Wolff, *Aesthetics and the Sociology of Art*, London, George Allen & Unwin, 1983; 이성훈 역, 『미학과 예술사회학』, 서울, 이론과 실천, 1994, p. 71)

366 졸고, 「"虛假文人'現象: 儒家美學範式在朝鮮後期藝術社會學裏的意義和價値」 참조.

참고문헌

- A. N. Whitehead, *Symbolism: Its Meaning and Effect*, New York, G. P. Putnam's Sons, 1959; 鄭淵弘 역, 『상징작용: 그 의미와 효과』, 서울, 서광사, 1989.
- Arnold Hauser, *Sozialgeschichte der Kunst und Literatur*, München, C. H. Beck'sche Verlagsbuchhandlung, 1953; 白樂晴 역, 『文學과 藝術의 社會史 — 古代·中世篇』, 서울, 창작과 비평사, 1995.
- Arthur Anthony Smith, *The Role of Values in the Social Theories of Max Weber and Jürgen Habermas*, Ann Arbor, Univ. Microfilms International, 1980; 김득룡 역, 『베버와 하버마스』, 서울, 서광사, 1991.
- Arthur Waley, trans., *The Analects of Confucius*, London, George Allen and Unwin, 1938.
- B. Snell, *Die Entdeckung des Geistes — Studien zur Entstehung des europäischen Denkens bei den Griechen*, Göttingen, Vandenhoeck & Ruprecht, 1955; 김재홍 역, 『정신의 발견 — 서구적 사유의 그리스적 기원』, 서울, 까치, 1994.
- Bernard Bosredon, "Communication non-verbale et Communication verbale dans l'interaction image/texte", 한국기호학회 엮음, 『몸짓 언어와 기호학』, 서울, 문학과 지성사, 2002.
- Clifford Geertz, *The Interpretation of Cultures*, New York, Basic Books, Inc., 1973; 문옥표 옮김, 서울, 까치, 1999.
- D. C. Lau, trans., *Confucius: The Analects*, London, Penguin Books, 1979.
- David L. Hall and Roger T. Ames, *Thinking Through Confucius*, Albany, State University of New York Press, 1987.
- David Swartz, *Culture and Power: the Sociology of Pierre Bourdieu*, the University of Chicago Press, 1997; 陶東風 역, 『文化與權力: 布爾迪厄的社會學』, 上海, 上海譯文出版社, 2006.
- E. Bruce Brooks and Taeko Brooks, *The Original Analects: Sayings of Confucius and His Successors*, New York, Columbia University Press, 1998.
- E. Cassirer, *AN ESSAY ON MAN—An Introduction to a Philosophy of Human Culture*, Yale Univ. Press, New Haven, 1944; 甘陽 譯, 『人論』, 上海, 上海譯文出版社, 1986.

- _____, *Symbol, Myth, and Culture*; 于曉 等譯,『語言與神話』, 北京, 生活·讀書·新知 三聯書店, 1992.
- _____, *The Philosophy of Enlightenment*, tr. by F. C. A. Koelln and J. P. Pettegrove, Boston, Beacon Press, 1955; 顧偉銘 等譯,『啓蒙哲學』, 濟南, 山東人民出版社, 1996.
- _____, *The Philosophy of Symbolic Form I*, tr. by R. Manheim, New Haven, Yale Univ. Press, 1953-1957; 于曉 等譯,『語言與神話』, 北京, 生活·讀書·新知 三聯書店, 1992.
- Edward Gilman Slingerland, trans., "The Analects," in Philip J. Ivanhoe and Bryan W. Van Norden, eds., *Readings in Classical Chinese Philosophy*, New York and London, Seven Bridges Press, 2001.
- Michel Foucault, *Surveiller et Punir*, 1975, translated from the French by Alan Sheridan, *Discipline and Punish: The Birth of the Prison*, Westminster, MD, USA: Vintage, 1995; 吳生根 譯,『감시와 처벌 — 감옥의 역사』, 서울, 나남출판, 1996.
- Georges Nataf, *Symboles Signes et Marques*, Paris, Berg International, 1981; 金正蘭 역,『상징·기호·표지』, 서울, 1995.
- Hahm Chaibong, "Confucian Rituals and the Technology of the Self: A Foucaultian Interpretation", *Philosophy East & West*, Volume 51, Number 3 July 2001, University of Hawai'i Press.
- Henri Maspero, *La Chine antique*; 金漢珉 역,『古代中國』, 서울, 도서출판 까치, 1995.
- I. Kant, *Kritik der Urteilskraft*, Grossherzog Wilhelm Ernst Ausgabe, Druck von Breitkopf und Härtel in Leipzig; 宗白華 譯,『判斷力批判』上卷, 北京, 商務印書館, 1993.
- J. Bleicher, *The Hermeneutic Imagination*, Routledge & Kegan Paul, 1982; 이한우 역,『해석학적 상상력』, 서울, 문예출판사, 1993.
- James Legge, trans., *Confucian Analects*, in *The Chinese Classics*, vol. 1, Shanghai, Oxford University Press, 1935.
- Janet Wolff, *Aesthetics and the Sociology of Art*, London, George Allen & Unwin, 1983; 이성훈 역,『미학과 예술사회학』, 서울, 이론과 실천, 1994.
- Joel Feinberg, *Social Philosophy*, Englewood Cliffs, New Jersey, Prentice-Hall, Inc., 1973; 문창옥 역,『사회철학』, 서울, 종로서적출판주식회사, 1992.

- JULIA K. MURRAY, "The Temple of Confucius and Pictorial Biographies of the Sage", *The Journal of Asian Studies*, Vol. 55, No. 2 (May, 1996).
- Jürgen Habermas, *Vom sinnlichen Eindruck zum symbolischen Ausdruck*, Frankfurt am Main, Suhrkamp Verlag, 1997; 홍윤기 역, 『의사소통의 철학』, 서울, 민음사, 2004.
- Kurtis Hagen, "*Xunzi*'s Use of *Zhengming*: naming as a constructive project", *Asian Philosophy*, Vol. 12, No.1, 2002.
- Lionello Venturi, *Pour Comprendre la Peinture*; 정진국 역, 『회화의 이해』, 서울, 눈빛, 1999.
- Lynn S. Chancer, *Sadomasochism in Everyday life: The Dynamics of Power and Powerlessness*, 심영희 역, 『일상의 권력과 새도매저키즘』, 서울, 나남출판, 1994.
- M. Eliade, *Das Heilige und das Profane*, Hamburg, 1957; 이은봉 역, 『성과 속』, 서울, 한길사, 1998.
- _____, *Patterns in Comparative Religion*, New York, 1958; 이은봉 역, 『종교형태론』, 서울, 한길사, 1996.
- Oscar Wilde, *Intentions: The decay of lying, Pen, pencil and poison*, New York, BRENTANO'S, 1907.
- Prasenjit Duara, *Culture, Power, and the State — Rural North China, 1900-1942*, Standford University Press, 1988; 王福明 역, 『文化, 權力與國家 — 1900-1942年的華北農村』, 南京, 江蘇人民出版社, 1995.
- R. Benedict, *Patterns of Culture*, 1934; 김열규 역, 『문화의 패턴』, 서울, 도서출판 까치, 1993.
- Roger T. Ames and H. Rosemont Jr., trans. and introduction, *The Analects of Confucius: A Philosophical Translation*, New York, Ballantine Publishing Group of Random House, 1998.
- Raymond Dawson, trans., *Confucius: The Analects*, Oxford and New York, Oxford University Press, 1993.
- Reinhold Niebuhr, *Moral man and immoral society: a study in ethics and politics*, New York, Scribner, 1960.
- Sigmund Freud, *Totem and Taboo*, Tr. under the General Editorship of J. Strachey, London, The Hogarth Press, 1955; 김종엽 역, 『토템과 타부』, 서울, 문예마당, 1995.
- V. A. Rubin, *Individual and State in Ancient China — Essays on Four Chinese Philosophers*,

New York, Columbia Univ. Press, 1976; 임철규 역, 『중국에서의 개인과 국가 — 공자, 묵자, 상앙, 장자의 사상연구』, 서울, 현상과 인식, 1985.
- Wayne Alt, "Ritual and the Social Construction of Sacred Artifacts: An Analysis of Analects 6.25", *Philosophy East & West*, Vol. 55, No. 3, 2005.
- Xiao Gong-quan(蕭公權), *A History of Chinese Political Thought*, Trans. Frederick W. Mote. Princeton, Princeton University Press, 1979.
- 邯鄲市文物研究所 編, 『邯鄲文物精華』, 北京, 文物出版社, 2005.
- 顧頡剛, 「春秋時代的孔子和漢代的孔子」, 『顧頡剛古史論文集』(第二冊), 北京, 中華書局, 1993.
- 孔祥林 主編, 『孔子聖蹟圖』, 濟南, 山東友誼出版社, 1997.
- 郭沫若, 『十批判書·孔墨的批判』, 北京, 東方出版社, 1996.
- 丘光明, 『中國古代度量衡』, 北京, 商務印書館, 1996.
- 金觀濤, 『在歷史的表象背後 — 對中國封建社會超穩定結構的探索』, 成都, 四川人民出版社, 1983.
- 김기주·황지원·이기훈 역주, 『공자성적도』, 서울, 예문서원, 2003.
- 나은선, 「광주 박금자발레단의 창작발레 "춘향" 마임에 있어서 Pantomime 기법 적용의 필요성」, 조선대학교 대학원 무용학과 석사논문, 2001.
- 南懷瑾, 『南懷瑾講述論語中的名言』, 蘇州, 古吳軒出版社, 2006.
- 段書安 主編, 『中國靑銅器全集』卷1, 2, 4, 5, 北京, 文物出版社, 2006.
- 段振美 主編, 『安陽文物精華』, 北京, 文物出版社, 2004.
- 唐 陸德明 撰, 『經典釋文』.
- 雷頤, 「文化與權力」, 『二十一世紀』1993年 10月 第19期.
- 李澤厚, 『論語今讀』, 北京, 三聯書店, 2004.
- 馬承源, 『中國靑銅器硏究』, 上海, 上海古籍出版社, 2002.
- 梅寧華·陶信成 主編, 『北京文物精粹大系』"靑銅器"篇, 北京, 北京出版社, 2002.
- 毛峰, 「回歸道德主義: 孔子文明傳播思想論析」, 『南開學報(哲學社會科學版)』, 2005年 3期.
- 박소현, 「권력, 이미지, 텍스트 — 明淸代 公案 삽화를 중심으로」, 성균관대 大東文化研究院, 『대동문화연구』 61집, 2008.
- 朴一浩, 「E. 캇시러의 상징형식으로서 예술에 관한 연구」, 서울, 서울대 대학원 박사학위논문, 1996.

- 龐樸,『稂莠集 — 中國文化與哲學論集』, 上海, 上海人民出版社, 1988.
- 上海古籍出版社 編,『古代藝術三百題』, 上海古籍出版社, 上海, 1989.
- 西嶋定生,『中國古代の社會と經濟』, 東京, 東京大學出版會, 1981; 변인석 역,『중국고대사회경제사』, 서울, 도서출판 한울, 1994.
- 徐傳武,「八卦與八音如何相配」,『文獻』, 1996년 1期.
- 徐天進 主編,『吉金鑄國史』, 北京, 文物出版社, 2002.
- 石元康,「自發的秩序與無爲而治」, 香港,『中國社會科學季刊』, 1994年 第7期.
- 성광수/김성도,「한국인의 언어 예절과 신체 언어」, 한국기호학회 엮음,『몸짓 언어와 기호학』, 서울, 문학과지성사, 2002.
- 小島毅,『朱子学と陽明学』; 신현승 역,『사대부의 시대』, 서울, 동아시아, 2004.
- 修海林,『古樂的沈浮—中國古代音樂文化的歷史考察』, 濟南, 山東文藝出版社, 1989.
- 岳洪彬,『殷墟青銅禮器研究』, 北京, 中國社會科學出版社, 2006.
- 楊伯峻,『論語譯注』, 北京, 中華書局, 1980.
- 楊樹達,『論語疏證』, 上海, 上海古籍出版社, 2006.
- 余英時,『中國思想傳統的現代詮釋』, 南京, 江蘇人民出版社, 1991.
- 葉舒憲,「"學而時習之"新釋 —〈論語〉口傳語境的知識考古學發掘」,『文藝爭鳴』, 2006年 2期.
- _____,『詩經的文化闡釋 — 中國詩歌的發生研究』, 武漢, 湖北人民出版社, 1994.
- 劉寶楠,『論語正義』, 上海, 上海書店, 1992.
- 陸信禮,「〈論語〉"學"字解」,『孔子研究』 2009年 5期.
- 이강제,「古典 解釋과 言語 研究」, 중국어문논역학회,『중국어문논역총간』 제5집, 2000.
- 이승환,「'몸'의 기호학적 고찰—유가 전통을 중심으로」, 한국기호학회 엮음,『삶과 기호』, 서울, 문학과 지성사, 1997.
- 李澤厚,『論語今讀』, 北京, 生活·讀書·新知 三聯書店, 2005.
- 林安弘,『儒家禮樂之道德思想』, 臺北, 文津出版社, 民國77.
- 임태승,「'亞'形의 正面尊重主義: 유가미학의 原型 패러다임 분석」, 성균관대학교 유교문화연구소,『유교문화연구』 18집, 2011.
- _____,「"虛假文人"現象: 儒家美學範式在朝鮮後期藝術社會學裏的意義和價値」, 서울, 성균관대 유교문화연구소,『儒教文化研究』(國際版) 6집, 2006.
- _____,「오래된 학교의 깊은 비밀: '成均'의 신화철학적 의미 분석」, 성균관대 대동문화

- 연구원,『대동문화연구』제75집, 2011.
- _____,『상징과 인상: 동아시아미학으로 그림읽기』, 서울, 학고방, 2007.
- _____,『소나무와 나비: 동아시아미학의 두 흐름』, 서울, 심산, 2004.
- _____,『아이콘과 코드: 그림으로 읽는 동아시아미학범주』, 서울, 미술문화, 2006.
- _____,『유가사유의 기원』, 서울, 학고방, 2004.
- 張光直,『美術, 神話與祭祀』, 瀋陽, 遼寧敎育出版社, 1988; 李徹 譯,『神話·美術·祭祀』, 서울, 東文選, 1990.
- _____,『中國靑銅時代』, 北京, 三聯書店, 1983.
- 張岱年·成中英 等,『中國思維偏向』, 北京, 中國社會科學出版社, 1991.
- 荻生徂徠, 이기동 외 역,『論語徵 1』, 서울, 소명출판, 2010.
- 錢穆,『論語新解』, 北京, 三聯書店, 2005.
- 錢鍾書,『管錐編』, 北京, 中華書局, 1991.
- 程樹德 撰,『論語集釋』, 北京, 中華書局, 2006.
- 丁若鏞,「論語古今註」,『與猶堂全書』II,『韓國文集叢刊』282, 民族文化推進會, 서울, 2002.
- 趙誠,「金文的學·教」, 吉林大學古文字硏究室 編,『中國古文字硏究』第一輯, 吉林大學出版社, 1999.
- 조한욱,『문화로 보면 역사가 달라진다』, 서울, 책세상, 2000.
- 朱鳳瀚,『古代中國靑銅器』, 天津, 南開大學出版社, 1995.
- 朱熹,『四書章句集注』, 北京, 中華書局, 1983.
- 竹添進一郞,『漢文大系 1』,『論語集說』, 富山房, 1984.
- 湯用彤,「論成 周學禮」,『中國哲學史』2010年 4期.
- 馮國瑞,『系統論·信息論·控制論與馬克思主義認識論』, 北京, 北京大學出版社, 1991.
- 馮友蘭,『中國哲學史』,『三松堂全集』第2卷, 鄭州, 河南人民出版社, 2001.
- 何雙全,『簡牘』, 蘭州, 敦煌文藝出版社, 2004.
- 한흥섭 역,『예기·악기』, 서울, 책세상, 2007.
- 項群勝,「周代禮樂"舞佾說"評析」, 合肥,『科敎文匯』2007年 第2期.
- 『논어』, 유교문화연구소 옮김, 성균관대학교 출판부, 서울, 2012.

표목록

표1: 『論語』에서의 '學'의 내용
표2: 『論語』에 나타난 암기와 학습의 관계
표3: 口傳문화와 유관한 『論語』 구절
표4: 『史記·孔子世家』와 『論語』에 나타난 '옛 일'에 관한 記事
표5: 숫자가 동사 앞에 쓰인 경우
표6: 숫자의 해당 내용이 뒤이어 바로 제시되는 경우
표7: 八卦·八方·八風·八音·八音재료 관계
표8: 「大武」의 마임 동작과 의미 대조
표9: 「大武」의 진행과정
표10: 「鄕黨」편의 상황별 동작
표11: 항목별 동작 묘사
표12: 『공자성적도』에 나타난 話行의 동작 기호
표13: 弟子·賢人의 자태 묘사
표14: 『공자성적도』에 나타난 공자와 제자의 일상
표15: 가치결합체의 성격 분석
표16: 담론지배 순환 고리

도판목록

그림크기: 세로×가로cm

그림01:「歲寒三友圖」, 淸, 金俊明·文柟·金傳, 종이에 수묵, 127.5×48.2cm, 중국 南京博物院 소장.
그림02:「瀟湘風竹圖」, 淸, 李方膺, 종이에 수묵, 168.3×67.7cm, 중국 南京博物院 소장.
그림03:「雪松圖」, 朝鮮, 李麟祥, 종이에 수묵, 117.2×52.6cm, 한국 국립중앙박물관 소장.
그림04:「愛蓮圖」, 淸, 原濟, 종이에 채색, 77.8×46cm, 중국 廣州美術館 소장.
그림05:「高山流水圖」, 淸, 梅淸, 종이에 수묵, 249.5×121cm, 중국 北京故宮博物院 소장.
그림06:「觀泉圖」, 元, 趙孟頫, 종이에 채색, 53.9×24.8cm, 臺北故宮博物院 소장.
그림07:「松亭秋色」, 明, 董其昌, 『山水小景八幅册』 가운데 하나, 종이에 수묵, 29.4×22.9cm, 중국 上海博物館 소장.
그림08:「書畵合璧金箋册」, 明, 董其昌, 종이에 채색, 32.5×23.5cm, 미국 개인 소장.
그림09:「老梅圖」, 朝鮮, 金弘道, 종이에 채색, 17.6×22.3cm, 한국 개인 소장.
그림10:「幽竹枯槎圖」, 金, 王庭筠, 종이에 수묵, 42.5×86.5cm일본 京都藤井有隣館 소장.
그림11:「携琴訪友圖」, 淸, 上睿, 종이에 채색, 28.1×107.3cm, 중국 旅順博物館 소장.
그림12:「梅花草屋圖」, 朝鮮, 田琦, 종이에 채색, 29.4×33.2cm, 한국 국립중앙박물관 소장.
그림13:「西園雅集圖」, 明, 李士達, 종이에 채색, 25.8×140.5cm, 중국 蘇州市博物館 소장.
그림14:「觀瀑圖」, 南宋, 夏圭, 비단에 채색, 24.7×25.7cm 臺北故宮博物院 소장.
그림15:「滄浪濯足圖」, 明, 周臣, 비단에 채색, 165×82cm, 중국 山東省博物館 소장.
그림16:「靜聽松風圖」, 南宋, 馬麟, 비단에 채색, 226.6×110.3cm, 臺北故宮博物院 소장.
그림17:「踏雪尋梅圖」, 淸, 蕭晨, 종이에 채색, 123×58.5cm, 靑島市博物館 소장.
그림18:「枯木怪石圖」, 北宋, 蘇軾, 종이에 수묵, 그림 크기 및 소재 알 수 없음.
그림19:「竹石圖」, 明, 徐渭, 종이에 수묵, 122×38cm, 중국 廣東省博物館 소장.
그림20:「松石圖」, 淸, 汪之瑞, 종이에 수묵, 179.5×78.2cm, 중국 上海博物館 소장.

* 각 장의 내용은 다음 각 논문을 해당 사항에 따라 韓譯, 증보 및 재정리한 것이다.

제1장:
「〈論語〉首篇初三句 巵解」
 (서울, 한국유교학회, 『유교사상문화연구』 49집, 2012. 9, pp. 149~175)

제2장:
「"吾日三省吾身"의 '三'字 巵解」
(서울, 한국유교학회, 『유교사상문화연구』 53집, 2013. 9, pp. 5~22)

제3장:
「定式의 聖顯 ―『論語・八佾』에 나타난 유가적 형식의 상징작용 분석」
(서울, 한국철학회, 『철학』 제99집, 2009. 5, pp. 1~22)

제4장:
"Observance of Forms: An Aesthetic Analysis of Analects 6.25"(英文)
(미국, Springer, *Dao: A Journal of Comparative Philosophy*, Volume 11, Issue 2, 2012. 5, pp. 147~162)

제5장:
"Signs of the Sacred: The Confucian Body and Symbolic Power"(英文)
(미국, University of Hawai'i Press, *Philosophy East & West*, Volume 65, Number 4, 2015. 10, pp. 1030~1051)

제6장:
「君子小人的兩面功能與儒家社會政策」(中文)
(서울, 성대 유교문화연구소, 『儒教文化研究(國際版)』 13집, 2010. 2, pp. 133~144)

제7장:
「문인회화 양식에 나타난 유가적 형식의 미학적 의미와 기능」
(서울, 한국철학회, 『철학』 제92집, 2007. 8, pp. 1~28)

논어의 형식미학

초판인쇄	2017년 1월25일
초판발행	2017년 1월30일

지은이	임태승
펴낸이	안위정
펴낸곳	B2(도서출판 삐투)
주소	경기도 양평군 개군면 무수울길 9-6
전화	070-7534-4525
팩스	070-7614-3586
이메일	b2publishing@naver.com

등록번호	126-92-30155
등록일	2014년 6월1일
ISBN	979-11-953006-1-7 93150

값 25,000원
© 임태승 2017

❖ 이 저서는 2007년 정부(교육과학기술부)의 재원으로 한국연구재단(구 학술진흥재단)의 지원을 받아 수행된 연구임.(NRF-2007-361-AL0014)